KALÉIDOSCOPE

DU MÊME AUTEUR
CHEZ LE MÊME ÉDITEUR

Album de famille
La Fin de l'été
Il était une fois l'amour
Au nom du cœur
Secrets
Une autre vie
La Maison
   des jours heureux
La Ronde des souvenirs
Traversées
Les Promesses
   de la passion
La Vagabonde
Loving
La Belle Vie
Un parfait inconnu
Star
Cher Daddy
Souvenirs du Vietnam
Coups de cœur
Un si grand amour
Joyaux
Naissances
Le Cadeau
Accident
Plein Ciel
L'Anneau de Cassandra
Cinq Jours à Paris
Palomino
La Foudre
Malveillance

Souvenirs d'amour
Honneur et Courage
Le Ranch
Renaissance
Le Fantôme
Un rayon de lumière
Un monde de rêve
Le Klone et moi
Un si long chemin
Une saison de passion
Double Reflet
Douce-Amère
Maintenant
   et pour toujours
Forces irrésistibles
Le Mariage
Mamie Dan
Voyage
Le Baiser
Rue de l'Espoir
L'Aigle solitaire
Le Cottage
Courage
Vœux secrets
Coucher de soleil
   à Saint-Tropez
Rendez-vous
A bon port
L'Ange gardien
Rançon
Les Echos du passé
Seconde Chance

Impossible
Eternels Célibataires
La Clé du bonheur
Miracle
Princesse
Sœurs et amies
Le Bal
Villa numéro 2
Une grâce infinie
Paris retrouvé
Irrésistible
Une femme libre
Au jour le jour
Offrir l'espoir
Affaire de cœur
Les Lueurs du Sud
Une grande fille
Liens familiaux
Colocataires
En héritage
Disparu
Joyeux Anniversaire
Hôtel Vendôme
Trahie
Zoya
Des amis si proches
Le Pardon
Jusqu'à la fin des temps
Un pur bonheur
Victoires
Coup de foudre
Ambitions

Danielle Steel

KALÉIDOSCOPE

Roman

*Traduit de l'anglais (Etats-Unis)
par Catherine Pageard*

PRESSES
DE LA CITÉ

Titre original : *Kaleidoscope*
First published by Delacorte Press, New York.

© Danielle Steel, 1987
© Presses de la Cité, 1987 pour la traduction française, et 2015 pour la présente édition
ISBN 978-2-258-11828-7

Presses
de | un département **place des éditeurs**
la Cité

place
des
éditeurs

A trois sœurs extraordinaires,
trois petits bouts de femmes,
Samantha, Victoria et Vanessa,
et à leur délicieuse sœur, Beatrix,
qui est déjà une grande,
et à leurs trois grands frères
Trevor, Todd et Nicky,
et à leur petit frère Maxx,
tous extraordinaires :
Et puisse le kaléidoscope en tournant
vous combler chaque fois de joie
comme il nous a comblés, la première fois,
avec chacun de vous, un par un,
cadeaux précieux et tant chéris.
Et puisse-t-il en tournant encore
répandre pour vous de l'amour et des fleurs...
jamais de démons...
Que la vie à chacun de vous soit souriante,
douce et généreuse,
qu'elle vous apporte des êtres qui vous aimeront
et que vous aimerez.
Puissiez-vous être toujours à l'abri des dangers, forts
et heureux... et ensemble !
Serrez-vous les uns contre les autres, mes bien-aimés,
donnez-vous mutuellement la force, et le rire,
et les beaux jours et l'amour... comme nous
vous les avons donnés.
Avec tout l'amour que je vous porte, à vous et à votre papa,
et avec notre amour, à nous tous,
et à chacun.

De tout mon cœur,
D.S.

Kaléidoscope

la première fois,
que la vie
scintille,
comme un diamant
dans la mer,
étincelle
sous le soleil
de midi,
éclate
et s'embrase
une lueur,
un nom flambant neuf,
une brillance,
et puis à peine un tressaillement
et la nuit noire
vient
soudain,
et puis des chansonnettes
et des ritournelles,
des cœurs légers
jusqu'à ce que l'un
se détache

seul,
de l'aube
la plus vive
au crépuscule le plus sombre,
du soleil du matin
aux rêves du soir,
désirs de gloire,
vies
qui parfois
se perdent,
tant d'espoirs
de promesses,
tant de pirouettes,
de la lumière
à l'ombre
du morne
à l'exaltant
de la joie
à la peine,
toujours dans l'attente
du lendemain
et d'un tournant
de la chance,
un rayon d'espoir...
un tour
de magie
un tour
de la vie...
un tout petit tour
du kaléidoscope de la vie.

PREMIÈRE PARTIE

SOLANGE

1

En ce 24 décembre 1943, Sam Walker, tapi au fond d'une tranchée, sa capote imperméable hermétiquement fermée, s'abritait comme il pouvait de la pluie torrentielle qui tombait sur la région située au nord-est de Naples. Agé de vingt et un ans, il n'était jamais venu en Europe avant la guerre. C'était une fichue manière de voir le monde et il avait la nette impression que tout ce qu'il avait vu depuis qu'il avait quitté les Etats-Unis lui suffirait amplement jusqu'à la fin de ses jours. Incorporé à l'automne 42, il avait pris part à l'opération Torch et s'était battu en Afrique du Nord jusqu'en mai 43. A l'époque, il avait pensé qu'il n'y avait pas pire que l'Afrique : là-bas, à cause du vent brûlant et des tempêtes de sable, il avait constamment les yeux rouges, irrités et larmoyants... Mais ici c'était bien pire ! Les mains de Sam étaient si engourdies par le froid qu'il pouvait à peine tenir entre ses doigts – et encore moins allumer – le mégot qu'un de ses camarades lui avait offert comme cadeau de Noël.

C'était un des hivers les plus rigoureux que l'Italie eût jamais connus, et le vent qui venait de la montagne vous glaçait les os. Sam en venait à regretter la chaleur torride du désert. Il avait débarqué en Sicile au mois de juillet avec le 45ᵉ régiment d'infanterie, rattaché à la Vᵉ armée de Clark. Il s'était battu à Naples en octobre, puis à Termoli. Depuis deux mois, les hommes de son régiment passaient leur temps à escalader des rochers ou à ramper au fond de fossés en direction de Rome. Ils se cachaient dans les granges quand ils en trouvaient, volaient leur nourriture et se battaient contre les Allemands pour gagner chaque pouce du terrain qu'ils tachaient de leur sang.

« Merde ! » La dernière allumette de Sam était trempée et le mégot, son seul cadeau de Noël, à peu près dans le même état. Dire que deux ans plus tôt, quand les Japonais avaient attaqué Pearl Harbor, il se trouvait à Harvard – il aurait ri de cette pensée s'il n'avait pas été aussi rompu de fatigue.

Harvard... et sa vie parfaitement équilibrée, sa fameuse cour carrée bordée de platanes, et tous ces jeunes gens intimement persuadés qu'un jour prochain ils allaient conquérir le monde... Sam avait bien du mal à croire qu'il avait fait partie de cette prestigieuse université. Il avait fallu qu'il trime dur avant d'en arriver là. Né à Somerville, il n'était qu'un « bouseux », comme on dit. Pourtant, pendant toute sa jeunesse, il avait rêvé d'entrer à Harvard. Sa sœur Eileen, qui était au courant de ses projets, se moquait ouvertement de lui. Elle, elle ne rêvait que d'une chose : épouser un des garçons de sa classe de terminale. A ses yeux, n'importe quel garçon ferait l'affaire et, pour mettre toutes les chances de son côté, elle avait couché avec la plupart d'entre eux. Finalement, elle s'était mariée à dix-huit ans. Sam n'avait que quinze ans à l'époque mais, comme leurs parents venaient de mourir dans un accident de voiture sur la route de Cape Cod, il avait été obligé de vivre avec sa sœur et son tout jeune beau-frère. A sa sortie du lycée, il avait travaillé pendant un an, acceptant n'importe quel boulot. Il était entré à Harvard quatre mois avant que sa sœur divorce et avait pratiquement cessé de la voir.

Trois jours après avoir été appelé sous les drapeaux, il était allé lui dire au revoir dans le bar où elle travaillait. Il l'avait à peine reconnue dans la lumière tamisée, avec ses cheveux teints en blond. Elle avait eu l'air embarrassé. Ses yeux brillaient de cette lueur fourbe qu'il avait toujours détestée. Eileen avait l'habitude de faire passer ses intérêts en premier et son petit frère n'avait jamais représenté grand-chose pour elle. « Bonne chance... », c'était tout ce qu'elle avait trouvé à dire quand Sam lui avait appris qu'il partait à la guerre. Il s'était demandé s'il devait l'embrasser avant son départ mais elle semblait pressée de reprendre son travail et, au moment où ils se séparaient, elle avait simplement ajouté :

« Ecris-moi pour me dire où tu es...

— D'accord, avait répondu Sam. Prends soin de toi... »

Cette courte entrevue avait soudain réveillé tous les griefs qu'il avait contre sa sœur. Lorsqu'il était petit, celle-ci l'avait torturé pendant des années en lui disant qu'il n'était qu'un enfant adopté. Sam l'avait crue jusqu'au jour où leur mère, prenant Eileen sur le fait, l'avait giflée en expliquant à Sam d'une voix plaintive et avinée que sa sœur n'était qu'une menteuse. En effet, Eileen mentait sans cesse et à propos de tout et, chaque fois qu'elle en avait l'occasion, elle accusait Sam des bêtises qu'elle venait de commettre. La plupart du temps, leur père la croyait.

Entre un père qui, toute sa vie, avait travaillé sur un bateau de pêche, une mère qui buvait trop et une sœur qui passait ses nuits dehors, comment Sam ne se serait-il pas senti un parfait étranger dans sa propre famille ? Quelquefois, avant de s'endormir, il essayait d'imaginer quel genre d'effet cela devait faire d'appartenir à une « vraie » famille. Une famille où, à chaque repas, on vous servait un plat chaud, où les draps étaient changés chaque semaine, où on partait en vacances tous les ans à Cape Cod, où il y avait des chiens, des enfants heureux et des parents qui riaient tout le temps... Sam ne se souvenait pas d'avoir vu ses parents rire ou même sourire et il se demandait si cela leur était jamais arrivé.

Il leur en voulait de mener une vie aussi médiocre et étriquée, et de l'obliger à la partager avec eux. De leur côté, ses parents lui reprochaient sa réussite scolaire, son esprit brillant et ses succès chaque fois qu'il jouait une pièce de théâtre avec la troupe du lycée. Ils ne supportaient pas que leur fils leur parle sans cesse d'autres milieux que le leur, d'autres pays, d'autres gens. Le jour où Sam avait dit à son père qu'il comptait entrer à Harvard, celui-ci l'avait regardé comme s'il était soudain devenu un étranger. Finalement, à force de travail et de ténacité, le rêve de Sam s'était réalisé avec l'obtention d'une bourse. Son entrée à

Harvard lui était apparue comme la consécration de ses efforts passés. Et puis, trois mois plus tard, tous ses espoirs s'étaient subitement effondrés...

La pluie s'abattait sur ses mains gelées quand il entendit une voix par-dessus son épaule :

— Tu veux du feu ?

Perdu dans ses pensées, Sam se contenta de hocher la tête. Puis il jeta un coup d'œil au soldat qui venait de le rejoindre. Grand, blond, les yeux bleus, le nouveau venu était trempé et, à cause de la pluie qui dégoulinait le long de ses joues maigres, il avait l'air de pleurer à chaudes larmes.

— Oui, merci, répondit enfin Sam.

L'espace de quelques secondes, il retrouva cet air heureux qu'il avait des années auparavant, quand il rêvait encore de diriger le club d'art dramatique de Harvard.

— Plutôt réussi comme Noël, non ? dit-il en souriant d'un air ironique.

L'homme sourit à son tour. Il semblait plus âgé que Sam. Mais cela ne voulait rien dire : après ce qu'ils venaient de vivre, certains avaient l'air prématurément vieillis.

— Arthur Patterson, déclara le soldat, comme s'il venait de rencontrer Sam dans une réunion mondaine.

Le moment semblait si mal choisi pour un échange de politesses que Sam ne put s'empêcher de rire.

— Charmant endroit, n'est-ce pas ? Moi qui rêvais de venir en Italie, je crois que je n'ai jamais passé d'aussi bonnes vacances...

— Cela fait combien de temps que tu es ici ?

— Mille ans environ, répondit Sam. L'année dernière, j'ai passé Noël en Afrique du Nord. Un coin fantastique ! Nous étions invités là-bas par un certain Rommel...

Comme Arthur lui tendait obligeamment son briquet, il se pencha vers lui et alluma son mégot.

— Je m'appelle Sam Walker, dit-il après avoir tiré deux bouffées.

— D'où viens-tu ?

« De Harvard », faillit répondre Sam en souvenir du bon vieux temps.

— De Boston.

— Et moi, de New York.

Au point où ils en étaient, Boston et New York auraient aussi bien pu ne pas exister. Les seules villes qui comptaient aujourd'hui étaient Palerme, Salerne, Naples... Et Rome bien sûr, leur objectif final, si jamais ils l'atteignaient un jour...

— Avant tout ce gâchis, j'étais avocat, expliqua Arthur en lançant un regard dégoûté autour de lui.

Deux ans plus tôt, Sam aurait été impressionné. Mais maintenant, ce que chacun avait pu faire dans le passé n'avait plus aucune importance.

— Moi, je voulais être acteur, dit-il.

Jamais il n'en avait parlé à ses parents, encore moins à sa sœur, et les quelques amis auxquels il avait confié son projet ne l'avaient pas pris au sérieux. Quant à ses professeurs, ils lui avaient tous conseillé de choisir un métier plus rentable. Personne n'avait compris ce que signifiait pour lui le fait de jouer sur une scène. Cette opération quasi magique lui permettait de se transformer entièrement : abandonnant sa personnalité, il devenait alors le personnage qu'il était en train d'interpréter. Oubliés, ces parents qu'il haïssait, cette sœur qui le dégoûtait et ce mélange de peur et d'insécurité qu'il éprouvait en vivant avec eux... Même à Harvard, quand il disait qu'il voulait être acteur, on lui riait au nez. Ceux qui sortaient de la prestigieuse université devenaient médecins, juristes ou hommes d'affaires, ils dirigeaient des entreprises ou choisissaient le métier d'ambassadeur.

Ambassadeur... Sam l'était bel et bien ! Un ambassadeur armé d'un fusil à baïonnette qu'il enfonçait dans le ventre de l'ennemi chaque fois qu'il en avait l'occasion.

« Combien d'hommes a tués Arthur ? se demanda-t-il soudain. Et quel effet cela lui fait-il ? » Ce n'était pas le genre de question que l'on posait. Chacun gardait ses impressions pour soi et se débrouillait pour continuer à vivre en pensant le moins possible à tous ces visages crispés par la mort, une lueur d'étonnement au fond des yeux.

— Qu'est-ce qui t'a donné envie de devenir acteur ? demanda Arthur.

— Rien de spécial, mentit Sam, qui n'avait aucune envie de se lancer dans de longues explications. Le métier me semblait intéressant...

Il lui semblait ridicule de raconter à cet inconnu que, dès qu'il montait sur scène, il se sentait un autre homme, sûr de lui et en pleine possession de ses moyens.

— Quand j'étais à Princeton, je faisais partie de la chorale, se souvint Arthur.

— Ma parole, nous sommes complètement cinglés ! s'écria Sam en éclatant de rire. Nous sommes coincés dans cette maudite tranchée avec de l'eau jusqu'aux chevilles, tu me parles de la chorale de Princeton, et moi, je te raconte que je voulais être acteur, alors que nous ne savons même pas si demain nous serons encore en vie...

Le rire de Sam s'arrêta net et il faillit se mettre à pleurer. Ils avaient beau parler du passé, la situation actuelle restait ce qu'elle était. La mort leur collait à la peau comme une odeur tenace dont il était impossible de se débarrasser. Sam en avait par-dessus la tête, et il n'était pas le seul. Les autres soldats pensaient exactement la même chose. Il n'y avait plus que les généraux pour attacher encore de l'importance à la future prise de Rome. Qu'importe Rome, se disait Sam. Et même Naples ou Palerme... Pourquoi diable se battaient-ils ? Pour libérer New York ou San Francisco ? Aucune de ces deux villes n'avait besoin d'être libérée. Là-bas, les gens continuaient à travailler, à aller au cinéma et à danser. Ils se fichaient pas mal de ce qui se passait en Europe... Sam lança à Arthur un regard empreint de tristesse : il avait follement envie de rentrer chez lui et de revoir sa sœur, même si celle-ci ne lui avait pas écrit une seule fois depuis qu'il était parti de Boston. Il lui avait envoyé deux lettres avant de décider que cela n'en valait pas la peine. Il se sentait seul, abandonné de tous, avec, pour unique compagnon, ce New-Yorkais qu'il connaissait à peine et que pourtant il commençait à aimer.

— Où as-tu fait tes études ?

Patterson faisait des efforts désespérés pour ramener la conversation sur leur passé. Mais Sam n'était pas dupe. Il savait très bien que, quand on fait le guet sous une pluie battante avec les pieds dans la boue, le souvenir du bon vieux temps ne suffit pas à vous réchauffer.

— A Harvard, répondit-il.

— Harvard !

Patterson semblait impressionné.

— Et tu voulais devenir acteur...

Sam haussa les épaules.

— J'avais ça dans l'idée... En réalité, comme j'avais choisi la littérature comme matière principale, à ma sortie de l'université je me serais certainement retrouvé professeur dans une ville quelconque. Je me serais rabattu sur les quelques morveux qui auraient fait partie de la troupe théâtrale du lycée.

— Et tu aurais eu une vie plutôt agréable... Je me souviens que quand je faisais mes études à Saint-Paul, nous avions une troupe formidable.

Princeton, Saint-Paul... Que faisaient-ils donc tous là ?... surtout ceux qui étaient morts.

Soudain, Sam eut envie d'en savoir un peu plus sur ce compagnon d'infortune qui semblait tombé du ciel.

— Tu es marié ? demanda-t-il.

— Non. Quand la guerre a éclaté, je débutais dans la profession. Je travaillais depuis huit mois dans un cabinet d'avocats et j'étais bien trop occupé pour penser au mariage.

Arthur avait vingt-sept ans, mais il paraissait bien plus que son âge. Son regard sérieux et un peu triste contrastait avec la lueur de malice qui dansait en permanence dans les yeux de Sam. La différence entre les deux hommes ne s'arrêtait pas là : Sam était aussi brun qu'Arthur était blond. En plus, bien que de taille moyenne, son imposante carrure lui conférait une force et une énergie qui semblaient totalement manquer à Arthur. Tout dans l'attitude de celui-ci exprimait la mesure, le calme et même une certaine timidité face à la vie.

— Moi non plus, je ne suis pas marié. Ma sœur vit à Boston. Comme je n'ai reçu aucune lettre d'elle depuis que je suis parti, j'en viens parfois à me demander si elle ne s'est pas fait descendre par un type dans un bar...

Sam avait beau plaisanter, il n'était pas mécontent de pouvoir parler de sa famille. S'il devait mourir demain, au moins y aurait-il quelqu'un en ce bas monde pour se souvenir de lui.

— Et toi ? demanda-t-il. Des frères ? Des sœurs ?

— Je suis fils unique, et mes parents aussi, répondit Arthur avec un sourire. Mon père est mort quand j'étais encore au lycée et ma mère ne s'est jamais remariée. Bien qu'elle n'ose pas me le dire dans ses lettres, je crois que c'est très dur pour elle que je sois aussi loin.

Sam imaginait facilement le genre de mère que devait avoir un type comme Arthur : grande, mince, aussi blonde dans sa jeunesse que son fils et distinguée jusqu'au bout des ongles...

— Mes parents sont morts dans un accident de voiture quand j'avais quinze ans, dit-il.

« Et ça n'a pas été une grosse perte », faillit-il ajouter. Mais il préféra changer de sujet.

— As-tu une idée de notre prochaine étape ? Hier, j'ai entendu dire que nous allions peut-être partir pour Cassino. Si c'est le cas, finie la pluie !

Là-bas, il doit neiger... Encore une sacrée partie de plaisir en perspective !

— L'autre soir, le sergent parlait d'Anzio...

— Voilà qui est mieux. Comme Anzio est situé sur la côte, nous pourrons en profiter pour nous baigner.

L'ironie de cette dernière remarque fit sourire Arthur. Sam lui plaisait : il ne mâchait pas ses mots et la guerre ne lui avait nullement fait perdre son sens de l'humour. En plus, Arthur appréciait le fait d'avoir enfin trouvé quelqu'un avec qui parler. Depuis qu'il était sous les drapeaux, la vie n'était pas facile pour lui. Gâté par ses parents pendant son enfance, surprotégé par sa mère depuis le décès de son père, habitué à vivre dans un univers hautement raffiné, rien ne l'avait préparé à affronter la guerre. Il admirait la facilité avec laquelle Sam semblait s'être adapté aux conditions de vie pénibles et dangereuses qui étaient les leurs.

Après avoir sorti de sa poche la ration de vivres qu'on leur avait distribuée pour Noël, Sam ouvrit d'un air désabusé une boîte de conserve à laquelle il n'avait pas encore touché.

— Puis-je t'offrir un peu de cette succulente dinde de Noël ? proposa-t-il, très grand seigneur. La farce est un peu forte à mon goût, mais les marrons ont l'air délicieux...

— Non, merci, répondit Arthur en éclatant de rire. J'ai déjà mangé.

Décidément, Sam lui plaisait. Non seulement il était amusant, mais il avait un sacré courage ! En ce jour de Noël, Arthur, lui, ne rêvait que d'une chose : rentrer chez lui et se glisser dans un lit bien chaud.

— Mmm... Quel régal ! murmurait Sam, comme s'il était en train de déguster du foie gras. Jamais je n'aurais cru que ces Italiens étaient d'aussi bons cuisiniers.

— Que se passe-t-il, Walker ? Vous avez un ennui ?

Le sergent de leur compagnie venait de les rejoindre en rampant et il les regardait tous les deux d'un air soupçonneux. Sam ne posait aucun problème, mais le sergent l'avait à l'œil car ce garçon-là était impétueux et, plus d'une fois déjà, il avait risqué bêtement sa vie. Quant à Patterson, c'était une autre histoire : rien dans le ventre et bien trop d'éducation pour faire un bon soldat.

— Non, sergent, répondit Sam. J'étais simplement en train de dire que la nourriture était fabuleuse... Puis-je vous offrir un peu de foie gras ? ajouta-t-il en tendant au sergent sa boîte de conserve largement entamée. Avec un toast, peut-être...

— Ça suffit, Walker ! Quand vous êtes arrivé ici, personne ne vous a dit que vous étiez invité dans un restaurant de luxe.

— Et moi qui croyais !... s'écria Sam en éclatant de rire. J'ai dû mal lire le carton d'invitation que m'a envoyé l'armée américaine.

Nullement impressionné par les galons du sergent, et encore moins par sa mine renfrognée, il se remit à manger comme si de rien n'était.

— Nous repartons demain, messieurs, annonça le sergent au moment de les quitter. J'espère que ce départ précipité ne vous obligera pas à modifier l'organisation de votre vie mondaine.

— Vous pouvez compter sur nous, sergent, répliqua Sam entre deux bouchées. Vous savez bien que nous ne pouvons rien vous refuser...

Cette plaisanterie arracha un sourire au sergent. Il admirait cette capacité qu'avait Sam non seulement de rire, mais aussi de faire rire les autres hommes. Ils en avaient bien besoin, surtout en ce moment. « Que Walker en profite, se dit-il en reprenant sa lente reptation dans la boue. Qui sait si demain il aura encore le cœur à rire... »

— Depuis que je suis arrivé, ce type ne me lâche pas d'une semelle, se plaignit Arthur dès que le sergent eut disparu.

— Oui, il est collant, mais c'est ce qui fait son charme, marmonna Sam en fouillant dans ses poches pour voir s'il n'y avait pas oublié un mégot.

Tel un prestidigitateur, Arthur, après avoir ouvert sa capote, lui tendit une cigarette, presque entière.

— Où as-tu réussi à dénicher une chose pareille ? s'exclama Sam. Je n'ai jamais vu autant de tabac d'un coup depuis une semaine. Ma dernière cigarette venait de la poche d'un Allemand. Mort, bien entendu...

Arthur ne put réprimer un frisson. Fouiller dans la poche d'un mort... Sam, lui, en était parfaitement capable, grâce à l'insouciance de son âge, et à son courage.

Cette nuit-là, les deux hommes dormirent côte à côte et, au petit matin, ils découvrirent que la pluie s'était enfin arrêtée. La nuit suivante, ils couchèrent dans une grange qu'ils avaient enlevée à l'ennemi après une rapide escarmouche et, deux jours plus tard, ils atteignaient les rives du Volturno. Cette marche forcée coûta une dizaine d'hommes à leur régiment et resserra les liens d'amitié entre Sam et Arthur. Quand ce dernier, après douze heures de marche, refusa soudain d'avancer, ce fut Sam qui le traîna, puis le porta à moitié. Ce fut lui encore qui, le lendemain, permit à Arthur d'échapper au feu nourri d'un tireur embusqué et de les sauver tous.

Tandis que les combats pour la prise d'Anzio et Nettuno se poursuivaient, leur division reçut pour mission de s'attaquer à la ville de Cassino, point stratégique de la résistance allemande. C'est à ce moment-là qu'Arthur fut blessé. Sur le coup, Sam crut qu'il était mort. Il gisait en effet à un mètre de lui, la poitrine ensanglantée et les yeux vitreux. Après avoir déchiré sa chemise, Sam comprit que la balle l'avait atteint au bras et non en pleine poitrine. Il porta son ami à l'arrière des lignes et le confia à un médecin. Puis il rejoignit son régiment et continua à se battre jusqu'à ce que vienne l'ordre de repli.

Les quatre mois suivants furent un véritable cauchemar. Dès qu'Arthur avait été remis de sa blessure, il avait rejoint Sam et les deux hommes passaient le plus clair de leur temps à ramper côte à côte dans la boue sous une pluie battante. Bien qu'aucun d'eux n'y fasse jamais allusion, la guerre avait créé entre eux un lien indestructible. Ils savaient bien que cette amitié, née dans l'enfer des combats, durerait aussi longtemps qu'ils vivraient l'un et l'autre.

Un matin, alors que leur régiment bivouaquait dans une vallée située au sud de Rome, Sam s'approcha d'Arthur et le secoua sans ménagement.

— Debout, Patterson ! Fini de roupiller ! Le sergent a dit que nous partions dans une demi-heure. Espèce de feignant, ajouta-t-il, quand je pense que tu as eu le culot de nous laisser en plan à Cassino...

A cause de sa blessure, Arthur n'avait pas pris part aux affrontements. Mais Sam lui avait raconté qu'à la fin de l'attaque la ville était complètement détruite. Il avait fallu attendre plusieurs heures avant que l'épaisse fumée qui la recouvrait se dissipe. C'est alors qu'on s'était aperçu que l'imposant monastère de Cassino avait été lui aussi détruit par les bombardements. Depuis la prise de la ville, il n'y avait pas eu de réelle bataille, mais des combats incessants avec les Italiens et les Allemands. Finalement, les efforts du 45ᵉ régiment avaient été récompensés : le 14 mai, ils avaient rejoint la VIIIᵉ armée et traversé le Garigliano. Tous les soldats étaient exténués et Arthur, si on l'avait laissé faire, aurait bien dormi pendant une semaine.

— Debout ! répéta Sam en lui donnant un vigoureux coup de pied dans les fesses. Tu ne vas tout de même pas attendre que les Allemands viennent te chercher.

La blessure d'Arthur le faisait encore parfois souffrir et il récupérait ses forces beaucoup moins facilement que Sam.

— Fais attention, Walker ! conseilla-t-il. Plus ça va et plus tu ressembles à notre sergent.

— Un problème, messieurs ?

Ce satané sergent avait le chic pour toujours arriver quand on ne l'attendait pas. On aurait dit qu'il possédait un sixième sens lui permettant de deviner qu'on était en train de dire du mal de lui. Comme d'habitude, il s'était approché sans faire de bruit et se tenait debout, juste à côté de Sam.

— Encore en train de dormir, Patterson ? fit-il d'un air faussement étonné.

Arthur se dépêcha de se lever.

— La guerre est presque finie, reprit le sergent. Si vous arrivez à rester éveillé jusque-là, vous avez quelques chances d'assister à la victoire.

Cette remarque ironique fit sourire Sam. Il s'entendait plutôt bien avec le sergent et les deux hommes se respectaient.

— Vous aussi, Walker, vous avez décidé de vous la couler douce ? demanda le sergent en se tournant vers lui. Vous croyez que vous allez rester éveillé assez longtemps pour marcher jusqu'à Rome ?

— Je ferai tout mon possible, sergent, répondit Sam au moment où le gradé lançait par-dessus son épaule un tonitruant « Debout là-dedans ! ».

Et, dix minutes plus tard, le régiment reprenait la route.

Le 4 juin, lorsqu'ils arrivèrent sur la Piazza Venezia à Rome, Arthur était si exténué qu'il titubait comme un homme ivre. Autour de lui, les Italiens hurlaient de joie en lançant des brassées de fleurs sur l'armée de libération. Partout ce n'était que bruit, rires et chansons. Electrisé par cette ambiance, les larmes aux yeux, Sam hurlait :

— Nous avons réussi !

Les Italiennes étaient sorties dans la rue et elles se jetaient au cou des soldats en pleurant. Jeunes ou vieilles, vêtues de noir ou en blouse, la plupart d'entre elles portaient aux pieds des chaussures en carton. Cela n'empêchait pas Sam, qui n'avait pas côtoyé une femme depuis plusieurs mois, de les trouver magnifiques. Profitant du fait que l'une d'elles plaçait une énorme fleur jaune dans le canon de son fusil, il la saisit par la taille et la tint serrée dans ses bras, si longtemps qu'Arthur fut presque gêné de les observer.

Ce soir-là, ils dînèrent en ville dans une trattoria en compagnie d'une centaine de soldats américains. La nourriture était excellente et l'ambiance survoltée. Tout le monde riait et chantait. Quelle belle revanche après avoir passé tant de mois dans la boue, la neige et sous la pluie ! Soudain, la guerre était presque oubliée... mais pas pour longtemps.

Au bout de trois semaines de réjouissances, le sergent leur annonça qu'il était temps de repartir. Leur objectif était la ville de Coutances, en Normandie, où ils devaient rejoindre la Ire armée de Bradley. Comparée à ce qu'ils avaient connu jusque-là, cette nouvelle mission semblait de tout repos : la campagne était magnifique en Italie et en France, il faisait chaud, et chaque fois qu'ils arrivaient dans une ville, les femmes leur sautaient au cou. Pourtant, la guerre n'était pas finie. Sam faillit l'apprendre à ses dépens et ce fut son sergent qui lui sauva la vie. Deux jours plus tard, il lui rendait largement la pareille en évitant à sa compagnie de tomber dans une embuscade.

A la mi-août, alors que l'armée allemande était en déroute, le bruit courut dans les rangs qu'ils allaient rejoindre la division Leclerc et marcher sur Paris.

— Paris ! s'écria Sam. Dire que toute ma vie j'ai rêvé de connaître cette ville !

Il manifestait un tel enthousiasme qu'on aurait pu croire que sa chambre était déjà retenue au Ritz et sa place réservée à l'Opéra et aux Folies Bergère.

— Ne te fais pas trop d'illusions ! lui conseilla Arthur. Au cas où tu l'aurais oublié, nous sommes toujours en guerre. Je ne sais pas si nous vivrons assez vieux pour voir Paris...

— Ce que j'aime chez toi, Arthur, c'est ton optimisme, répondit Sam en éclatant de rire.

L'humeur de Sam était au beau fixe. Tandis qu'ils traversaient en vainqueurs les villes et les villages français dans une ambiance de folle gaieté, il était incapable de parler d'autre chose que de Paris. Il avait lu tellement de livres sur cette ville que, sans y être jamais allé, il avait pourtant l'impression de la connaître. Arthur ne partageait nullement son enthousiasme. Les Allemands étaient en train de se replier méthodiquement vers Paris et il pensait que cette stratégie, même si elle servait les intérêts des Américains, ne pouvait que déboucher sur un affrontement meurtrier.

— Tu es complètement fou ! dit-il à son ami. Tu es tellement obsédé par Paris que tu te comportes exactement comme si nous étions en vacances...

Sam avait bien raison de ne pas s'en faire puisque le 25 août, à l'aube, son rêve se réalisa enfin : son régiment entrait en vainqueur dans Paris.

A cette heure matinale, il régnait dans la ville un silence inquiétant. Terrés au fond de leur appartement ou le visage collé contre la vitre, les Parisiens semblaient hésiter à rejoindre les soldats dans la rue. Peu à peu, ils quittèrent leurs immeubles et on commença alors à entendre des cris de joie. Comme quelques mois plus tôt à Rome, la population déferla soudain dans les avenues et sauta au cou des libérateurs tant attendus.

Quatre jours plus tard, les Alliés défilaient en grande pompe sur les Champs-Elysées. Marchant au pas, la baïonnette au canon, Sam pleurait sans retenue. C'étaient des larmes de joie. Quand il était encore en Afrique du Nord ou perdu au fin fond de l'Italie, jamais il n'aurait cru qu'un jour il libérerait Paris. Et pourtant, c'était bien ce qui venait d'arriver et il n'y avait qu'à écouter les vivats de la foule pour s'en persuader.

Après avoir assisté à la messe d'action de grâces célébrée à Notre-Dame, Arthur et Sam s'engagèrent dans la rue d'Arcole, bien décidés à profiter de leur après-midi de repos pour commencer à visiter Paris. Ils flânèrent pendant quelque temps, puis s'installèrent à la terrasse d'un petit café. Aussitôt la patronne leur apporta deux tasses de chicorée et une assiette de biscuits qui venaient tout juste de sortir de son four. Quand ils voulurent régler l'addition, elle leur fit comprendre que c'était un cadeau de la maison et qu'il n'était pas question de les faire payer. Sachant à quel point les Parisiens avaient été rationnés sous l'Occupation, ils la remercièrent chaleureusement.

— Tu vas dire que je suis complètement fou, avoua Sam quand ils se retrouvèrent tous les deux dans la rue, mais depuis que nous sommes arrivés à Paris, je n'ai plus aucune envie de rentrer aux Etats-Unis !

Il était en train de jeter autour de lui un coup d'œil émerveillé quand il remarqua soudain une jeune femme qui marchait à quelques mètres devant eux. Sa flamboyante chevelure rousse sagement coiffée en chignon, elle portait une vieille robe en crêpe bleu marine toute lustrée qui laissait deviner les courbes harmonieuses de son corps. En outre, elle avait une manière de marcher la tête haute qui laissait clairement entendre qu'elle ne devait rien à personne, ni à l'ancien occupant ni aux Américains qui venaient de libérer Paris.

— ... et je ne sais ce que tu en penses, disait Arthur.

Sam, qui ne l'avait pas écouté, aurait été bien en peine de lui répondre. Quand la jeune femme s'arrêta au coin de la rue, puis traversa le pont qui enjambait la Seine pour s'engager sur le quai de Montebello, il la suivit sans s'en rendre compte.

— Où vas-tu ? demanda Arthur, en lui adressant un coup d'œil étonné.

— Je ne sais pas encore, dit Sam, qui continuait à fixer la jeune femme comme si sa vie en dépendait.

Il accéléra l'allure de crainte qu'elle ne disparaisse dans la foule. C'est alors qu'Arthur l'aperçut à son tour. Elle avait dû se rendre compte que quelqu'un la suivait et elle était en train de se retourner. Son visage à la peau laiteuse et aux traits fins faisait penser à un camée ancien et elle avait d'immenses yeux verts. Après les avoir détaillés l'un et l'autre, son regard s'arrêta sur Sam et, sans prononcer un mot, elle lui fit clairement comprendre qu'il avait tout intérêt à garder ses distances.

Sam aurait aimé profiter de l'occasion pour dire quelque chose, mais il ne connaissait pas un mot de français et se contenta de la contempler, bouche bée.

— Jamais vu une fille pareille, murmura-t-il à l'adresse d'Arthur quand la jeune femme recommença à marcher devant eux. Elle est vraiment d'une beauté exceptionnelle.

En plus, il avait l'impression qu'elle n'était pas du genre à sauter au cou du premier soldat venu sous prétexte qu'il avait risqué sa vie pour libérer Paris.

— Elle est ravissante, reconnut Arthur. Mais je ne crois pas qu'elle apprécie le fait d'être suivie.

— Et si tu lui disais quelque chose en français...

— Tu es fou ou quoi ? Le regard qu'elle nous a lancé était tout sauf amical !

Comme la jeune femme venait d'entrer dans un magasin, ils s'arrêtèrent tous les deux, juste à côté de la vitrine.

— Qu'est-ce qu'on fait ? demanda Arthur, gêné.

Il n'avait aucune envie d'importuner cette inconnue : le procédé lui semblait peu correct et indigne de lui.

— Nous allons attendre qu'elle sorte et lui proposer de venir boire une tasse de café avec nous, répondit Sam.

Cette jeune femme paraissait si mince et si fragile qu'il en venait à regretter d'avoir mangé les biscuits que leur avait apportés un peu plus tôt la patronne du café. Comme il aurait aimé pouvoir les offrir à cette inconnue ! Il était évident qu'elle avait dû beaucoup souffrir sous l'occupation allemande... En tout cas, maintenant les choses allaient changer : Sam était bien décidé à s'occuper d'elle et à lui faire oublier les tristes années qu'elle venait de vivre.

Quelques minutes plus tard, la jeune femme ressortait en portant une miche de pain et des œufs dans un panier. Lorsqu'elle aperçut les deux hommes qui l'attendaient, elle s'approcha d'eux et se mit à leur parler en français.

Sam, qui n'avait rien compris, se tourna vers Arthur.

— Que dit-elle ?

En écoutant la jeune femme, Arthur n'avait pu s'empêcher de rougir. Pendant son séjour à Rome, il avait profité de l'ambiance qui régnait dans la ville pour flirter avec quelques belles Italiennes qui ne demandaient que ça, mais il n'avait jamais abusé de la situation. L'insistance de Sam lui paraissait complètement déplacée.

— Elle dit que si nous continuons à l'importuner, elle va aller trouver notre commandant et lui demander de nous mettre aux arrêts, expliqua-t-il. Et tu sais, Walker, j'ai l'impression qu'elle ne plaisante pas...

— Réponds-lui que tu es général, conseilla Sam, retrouvant tout son aplomb. Dis-lui aussi que je suis follement amoureux d'elle.

— Pendant que j'y suis, je peux aussi lui offrir une tablette de chocolat et une paire de bas en soie... Pour l'amour de Dieu, redescends sur terre, Sam ! Et laisse cette fille tranquille !

Juste à ce moment-là, la jeune femme entra dans un second magasin. Arthur saisit alors le bras de Sam et voulut l'entraîner avec lui.

— Allons, viens...

Mais rien n'y fit et, lorsque l'inconnue sortit, elle passa si près d'eux que Sam crut qu'il allait défaillir. Comme il aurait aimé pouvoir caresser cette peau douce et laiteuse qui se trouvait soudain à portée de sa main !

Avant qu'il ait pu faire un geste, la jeune femme se mit à crier en utilisant le peu d'anglais qu'elle connaissait.

— Partez ! dit-elle. Rentrez chez vous ! Partez !

Cette fois, le message était clair. D'ailleurs, elle leva la main comme si elle allait les gifler et ajouta, en français cette fois-ci :

— *C'est compris*[1] *?*

— Non ! répondit Sam aussitôt. Pas *compris* ! Je ne parle pas français... Je suis américain... Je m'appelle Sam Walker et lui, c'est Arthur Patterson... Nous voulons juste faire connaissance avec vous...

Mais il eut beau conclure ce discours débité à toute allure par son sourire le plus charmeur, le regard de la jeune femme ne s'adoucit nullement. Elle semblait tellement en colère que Sam avait de la peine pour elle.

---

1. Tous les passages en italique sont en français dans le texte. (*N.d.T.*)

— *Non !* dit-elle, toujours sur le même ton. *Merde ! Voilà ! C'est compris ?*

— *Merde ?* demanda Sam à Arthur. Qu'est-ce que ça veut dire ?

Quand Arthur eut répondu à sa question, il sourit d'un air heureux, comme si la jeune femme venait de lui faire un compliment.

— *Café ?* proposa-t-il.

Puis, se tournant vers Arthur, il lui dit d'un air suppliant :

— Mon Dieu, Patterson, fais quelque chose ! Essaie au moins de l'inviter à venir boire une tasse de café avec nous.

Arthur, qui avait appris le français au lycée, mais qui n'avait jamais eu l'occasion de le pratiquer, eut bien du mal à trouver ses mots face à cette Française incroyablement belle.

— *Je m'excuse…*, commença-t-il. *Je regrette… Mon ami est très excité… Voulez-vous un café ?*

La réaction de la jeune femme ne se fit pas attendre.

— *Quel sacré culot !* s'écria-t-elle, les larmes aux yeux. *Bande de salopards ! Allez vous faire…*

Puis, faisant soudain demi-tour, elle se mit à remonter à vive allure la rue qu'elle avait descendue un peu plus tôt pour faire ses achats.

— Qu'a-t-elle répondu ? demanda Sam en recommençant à la suivre.

— J'ai cru comprendre qu'elle nous disait d'aller au diable. Pour le reste, je ne sais pas… J'ai l'impression que c'était de l'argot.

— Grands dieux ! s'écria Sam, l'air horrifié.

Le français était déjà une langue tellement compliquée ! Mais il s'inquiétait alors surtout de la perdre dans la foule.

En arrivant dans la rue des Grands-Degrés, la jeune femme s'arrêta brusquement en face d'une porte cochère. Elle poussa le lourd battant, se faufila à l'intérieur de l'immeuble, puis laissa claquer la porte derrière elle.

Sam sourit d'un air victorieux.

— Tu sembles bien content, tout d'un coup ! fit remarquer Arthur.

— Nous savons enfin où elle habite.

— Qui te dit qu'elle n'est pas entrée dans cet immeuble pour voir quelqu'un ?

— Si c'est le cas, tôt ou tard, elle va bien être obligée de ressortir, rétorqua Sam, nullement démonté.

— Et toi, tu as l'intention de l'attendre... Tu es complètement timbré, mon pauvre Walker !

Arthur n'avait aucune envie de faire le pied de grue devant la porte d'une fille qui ne daignait même pas leur adresser la parole.

— Tu peux partir, lui proposa Sam. Je te rejoindrai plus tard. Nous n'avons qu'à nous donner rendez-vous dans le café où nous sommes allés en sortant de Notre-Dame.

— Et toi, tu vas rester là ?

— Exactement, répondit Sam en allumant une cigarette.

Après avoir passé un bon quart d'heure à tenter de convaincre Sam, Arthur comprit qu'il ne céderait pas et il décida de rester avec lui. Il ne voulait pas laisser tomber son ami et se demandait comment toute cette histoire allait se terminer.

Un peu moins d'une heure plus tard, la jeune femme réapparut dans la rue, portant cette fois un filet rempli de livres. Ses cheveux roux dansaient librement sur ses épaules, ce qui ajoutait encore à sa beauté.

Quand elle s'aperçut que les deux hommes l'attendaient sur le trottoir, elle faillit rentrer à nouveau dans l'immeuble. Son moment d'hésitation ne dura que quelques secondes et, finalement, elle passa devant eux la tête haute. Lorsqu'elle arriva à la hauteur de Sam, celui-ci lui toucha doucement le bras pour attirer son attention. Elle fit quelques pas encore, puis s'arrêta net et leur fit face. Ses grands yeux verts flamboyaient de colère.

— Voulez-vous venir manger quelque chose avec nous, mademoiselle ? demanda Sam.

Pour être bien sûr de se faire comprendre, il joignit le geste à la parole et approcha la main de sa bouche.

— *Non*, répondit-elle en imitant le geste de Sam pour montrer qu'elle avait parfaitement compris sa question.

— Pourquoi ? interrogea Sam, soudain paniqué.

Est-ce que cette fille était mariée ? Pourtant, elle ne portait pas d'alliance... Elle semblait très jeune, mais peut-être était-elle déjà veuve...

— *Parce que je ne veux pas.*

Arthur traduisit aussitôt.

— Ce n'est pas une réponse ! se plaignit Sam. Nous sommes deux gars sympas...

Puis, pour bien montrer que ses intentions étaient pacifiques, il leva les deux mains, paumes en l'air.

— Allemands, non... Américains, non..., expliqua l'inconnue en lui lançant un regard las.

Mais Sam n'avait pas dit son dernier mot. Il montra Arthur du doigt, puis pointa son index contre sa propre poitrine.

— Afrique du Nord... Italie... Et maintenant, la France...

Comme il n'était pas certain que cela suffirait à émouvoir la jeune femme, il fit semblant de viser Arthur, puis lui montra le bras de son ami. Voyant qu'elle avait parfaitement compris sa pantomime, il conclut en demandant d'un air implorant :

— Cinq minutes, s'il vous plaît...

Pour la première fois, la jeune femme eut l'air désolée.

— *Non... Je regrette...*, répondit-elle.

Puis, sans ajouter un mot, elle traversa la rue et se mit à marcher sur l'autre trottoir d'un pas vif.

Cette fois-ci, Sam renonça à la suivre.

— Il est évident que cette fille ne veut rien avoir à faire avec nous, fit remarquer Arthur. Allez, partons.

— Tout à l'heure, quand elle reviendra, peut-être aura-t-elle changé d'avis..., rétorqua Sam avec une mine d'enfant déçu.

— Le seul changement possible, mon cher Sam, c'est que cette fois-ci elle revienne avec son père et ses frères et que ceux-ci nous cassent la figure... Pourquoi perdre notre temps à l'attendre quand il y a des centaines de filles qui ne demandent qu'à tomber dans les bras des héros qui viennent de libérer Paris ?

— Je m'en fiche ! Sauter au cou des Américains, ce n'est pas le genre de cette fille et c'est justement pour ça qu'elle me plaît.

— Qu'elle te plaise ou non, elle nous a clairement conseillé d'aller voir ailleurs ! s'écria Arthur, qui en avait par-dessus la tête. Et pour ma part, je suis bien décidé à lui obéir. Est-ce que tu viens avec moi, oui ou non ?

Après avoir hésité pendant quelques secondes, Sam accepta de le suivre. Mais, tout le reste de l'après-midi, il fut incapable de s'intéresser à quoi que ce soit. Le souvenir de la jeune femme rousse qu'il avait rencontrée rue d'Arcole, de ses yeux verts pleins de feu et de tristesse, l'obsédait.

Le soir même, après avoir dîné, il s'éclipsa discrètement, laissant Arthur en compagnie des trois Parisiennes qui avaient partagé leur repas. Sans se presser, il retourna rue des Grands-Degrés dans l'espoir de revoir la jeune femme, même de loin. S'il pouvait seulement lui parler, faire sa connaissance... Il le fallait absolument. En arrivant à la hauteur de son immeuble, il découvrit qu'il y avait un petit café en face de chez elle et alla s'asseoir à la terrasse. Il avait à peine fini d'ingurgiter l'épaisse et noire mixture qu'on lui avait servie que soudain il l'aperçut. Portant toujours son filet rempli de livres, elle était en train de remonter la rue. Arrivée devant la porte de l'immeuble, elle ouvrit son sac à main pour y chercher sa clé. Ne faisant ni une ni deux, Sam jeta quelques pièces de monnaie sur la table et traversa la rue pour la rejoindre.

La jeune femme avait déjà ouvert la porte quand elle jeta soudain un coup d'œil derrière elle, comme si elle craignait, une fois encore, d'être suivie.

En reconnaissant Sam, elle ne put cacher sa surprise. Mais son regard exprimait plus la détresse que la colère.

— *Bonjour, mademoiselle,* lui dit Sam d'un air encore plus penaud qu'auparavant.

— *Pourquoi vous me poursuivez ?* demanda-t-elle, d'une voix lasse.

Sam aurait été bien incapable de lui répondre car il n'avait rien compris et Arthur n'était plus là pour lui servir d'interprète. Voyant son embarras, la jeune femme répéta sa question, en anglais cette fois.

— Je voudrais juste vous parler, répondit Sam d'une voix douce.

D'un geste du bras, la jeune femme lui montra un groupe de femmes qui passaient dans la rue.

— Beaucoup de filles dans Paris, expliqua-t-elle dans son anglais approximatif. Heureuses de parler aux Américains... Ou aux Allemands...

Sam avait parfaitement compris ce qu'elle entendait par là.

— Et vous ? Vous ne parlez qu'aux Français ?

— Français... Allemands... Pareils..., répondit-elle en haussant les épaules.

Comment expliquer à cet étranger à quel point elle était dégoûtée par ce qui s'était passé en France sous l'Occupation ?

— Je m'appelle Sam. Et vous, quel est votre nom ?

Elle hésita un long moment avant de répondre :

— Solange Bertrand.

— Une tasse de café, Solange ? demanda Sam en lui montrant la terrasse de l'autre côté de la rue.

— *Je suis très fatiguée,* dit-elle en montrant son filet de livres.

— Vous faites vos études ?

— J'enseigne... Un petit garçon... Très malade... *Tuberculose.*

Sam hocha la tête d'un air compréhensif. Quelle dignité émanait d'elle !

— Vous n'avez pas faim ? reprit-il.

Comme elle semblait ne pas comprendre sa question, il répéta le geste qu'il avait fait un peu plus tôt dans l'après-midi.

— *D'accord... D'accord...,* répondit Solange en riant. Cinq minutes !

— Le café qu'on vous sert là-dedans est diablement chaud, fit remarquer Sam. Il va falloir faire vite !

Puis il la débarrassa de son filet et lui prit le bras pour traverser la rue.

Le patron du café devait connaître Solange car, lorsqu'ils entrèrent dans la salle, il s'approcha d'elle pour la saluer. Elle commanda une tasse de thé et Sam insista pour qu'elle prenne aussi un peu de pain et de fromage. Maintenant qu'il était assis à côté d'elle, il voyait bien à quel point elle était maigre. Ses longues mains fines étaient très blanches et les os de ses épaules saillaient sous sa robe en crêpe bleu marine.

— Pourquoi faites-vous ça ? demanda-t-elle après avoir bu quelques gorgées de thé et avalé un morceau de pain avec une rapidité qui trahissait sa faim. *Je ne comprends pas.*

Sam lui-même ne savait pas très bien ce qui l'avait poussé à la suivre et pourquoi il tenait à tout prix à parler avec elle.

— Je me suis senti attiré vers vous dès que je vous ai vue, expliqua-t-il en touchant son cœur, puis en lui montrant ses yeux.

Solange ne sembla guère apprécier sa réponse et elle ne put s'empêcher de jeter un regard irrité aux filles qui étaient attablées autour d'eux avec des soldats américains.

— Ce n'est pas la même chose ! corrigea Sam aussitôt. C'est plus... Comment dire ? Plus fort... Plus grand..., ajouta-t-il en ouvrant largement les bras.

— Plus fort..., répéta Solange, qui avait parfaitement compris. Ça n'existe pas !

Elle semblait si triste et si désespérée que Sam lui demanda, alarmé :

— Est-ce que vous avez perdu quelqu'un pendant la guerre ? Votre mari peut-être...

— Mon père... Mon frère... Les Allemands les ont tués... Ils étaient... *dans la Résistance.*

— Et votre mère ?

— Ma mère est morte de *tuberculose*... C'est moi qui l'ai occupée...

— C'est vous qui l'avez soignée, corrigea Sam.

— *J'ai eu peur*, avoua Solange dans un souffle. *De la Résistance*, ajouta-t-elle en mimant la peur à l'adresse de Sam. A cause de ma mère... Elle avait beaucoup besoin de moi...

Incapable de continuer, elle fondit soudain en larmes. Sam lui prit la main et fut le premier étonné qu'elle le laisse faire, du moins un court instant. Il attendit qu'elle ait séché ses yeux pour lui demander :

— Il vous reste de la famille ? D'autres frères ? Des sœurs ? Des oncles et tantes ?

Solange secoua la tête.

Jamais elle ne pourrait expliquer à ce jeune soldat américain ce qu'avait été sa vie sous l'Occupation. Cela faisait deux ans maintenant qu'elle était seule au monde et donnait des cours particuliers qui lui permettaient tout juste de gagner de quoi vivre. Après la mort de sa mère, elle avait bien pensé entrer dans la Résistance à son tour. Mais elle avait eu si peur de subir le même sort que son frère qu'elle avait renoncé à son idée. Celui-ci n'avait que seize ans quand il avait été lâchement dénoncé par un de leurs voisins. Après ça, comment Solange aurait-elle pu faire confiance à qui que ce soit ? Elle avait été une jeune fille gaie et exubérante, mais la guerre avait fait d'elle une femme continuellement sur ses gardes et même haineuse...

Assise en face de ce jeune Américain, pour la première fois depuis bien longtemps, elle se détendait un peu. Et cela lui faisait du bien. Elle avait soudain l'impression de redevenir un être humain.

— Quel âge avez-vous, Solange ?

— Quatre-vingt-dix ans[1], répondit-elle en anglais après avoir réfléchi pendant quelques secondes.

---

1. En anglais *ninety*, quatre-vingt-dix ; *nineteen*, dix-neuf. (*N.d.T.*)

— Dix-neuf, vous voulez dire ! s'écria Sam. En tout cas, ajouta-t-il en riant, pour quatre-vingt-dix ans, vous êtes plutôt bien conservée.

Comprenant son erreur, Solange éclata de rire à son tour.

— Et vous ? demanda-t-elle.

— J'ai vingt-deux ans.

— *Vous étiez étudiant ?*

— Oui, répondit Sam. J'étais inscrit à l'université de Harvard, à Boston.

Il fut tout heureux de voir que le nom de la célèbre université ne lui était pas inconnu.

— Vous avez entendu parler de Harvard ?

— Bien sûr ! C'est comme la Sorbonne, non ?

— A peu près, répondit Sam.

Solange avait fini de boire son thé et elle avait mangé le pain et le fromage que Sam avait commandés pour elle, mais elle ne semblait plus pressée de rentrer chez elle.

— Puis-je vous voir demain ? demanda Sam. Nous pourrions aller nous promener ensemble. Et ensuite, déjeuner, ou dîner...

Au lieu de répondre, Solange lui montra les livres que contenait son filet à provisions.

— Avant ou après vos cours, proposa Sam. Je vous en prie... Je ne sais pas combien de temps je vais rester à Paris...

Le bruit courait que son régiment n'allait pas tarder à quitter Paris pour l'Allemagne. Jamais il ne supporterait de partir maintenant qu'il avait fait la connaissance de Solange. Pas tout de suite ! Pas maintenant qu'il venait de rencontrer son premier amour... Et qu'elle le regardait de ses beaux yeux clairs.

Solange allait répondre par la négative quand elle se ravisa. Il semblait tellement désireux de la revoir qu'elle n'osa pas le décevoir. Durant l'Occupation, il était hors de question qu'elle se lie avec qui que ce soit. Même si maintenant Paris était libéré, elle ne voyait pas pourquoi la situation changerait. Mais Sam lui plaisait. Il semblait tellement différent des soldats qu'elle avait côtoyés jusqu'ici...

— *D'accord*, dit-elle, du bout des lèvres.

— Ne faites surtout pas comme si ma proposition vous enchantait ! lui conseilla Sam en plaisantant.

Puis il la reconduisit jusqu'à la porte de son immeuble. Après l'avoir remercié, Solange lui serra poliment la main, et le lourd battant se referma derrière elle.

Après son départ, Sam remonta à pas lents la rue des Grands-Degrés. En l'espace de quelques heures sa vie venait de changer complètement. C'est en tout cas l'impression qu'il avait et, en cet instant, il aurait juré que sa rencontre avec cette créature de rêve n'était nullement due au hasard.

2

— Où étais-tu passé hier soir ? demanda Arthur
le lendemain matin.

Il était assis en face de Sam dans la salle de restaurant de l'hôtel Idéal, où ils étaient cantonnés
depuis leur arrivée à Paris, et on venait de leur servir le petit déjeuner.

La veille, Sam l'avait quitté sans dire où il allait
et, après le départ des trois Françaises qui dînaient
à leur table, Arthur avait fini la soirée au bar de
l'hôtel.

— J'ai dîné avec Solange, annonça Sam, comme
s'il s'agissait d'un rendez-vous comme les autres.

— Solange ? Qui est-ce ? Une fille que tu as ramas-
sée dans la rue après m'avoir lâchement abandonné ?

— Tu ne te souviens plus de cette jeune femme
que nous avons rencontrée hier après-midi rue
d'Arcole ? Cette rousse aux yeux verts et au port de
reine...

— Tu te fiches de moi ou quoi ? demanda Arthur,
abasourdi.

Puis, croyant qu'il s'agissait encore d'une des
fameuses plaisanteries de Sam, il reconnut en riant :

— Tu as bien failli m'avoir ! Sérieusement, où étais-tu ?

— Avec Solange, répéta Sam, imperturbable.

— Alors, c'est vrai ? Tu as passé la soirée avec elle... Comment diable as-tu fait ?

— Je suis retourné rue des Grands-Degrés et je l'ai abordée au moment où elle rentrait chez elle. Elle donne des cours particuliers à un gamin tuberculeux...

— Comment t'es-tu débrouillé pour savoir tout ça ?

— Solange parle un peu d'anglais. Pas grand-chose, mais cela suffit... Mis à part le fait qu'elle m'a dit qu'elle avait quatre-vingt-dix ans, nous nous sommes parfaitement compris.

« Quel sacré veinard ! » se dit Arthur en observant le sourire radieux de son ami. Sam faisait partie de ce genre de gens qui, quoi qu'ils fassent, réussissaient toujours à décrocher le gros lot.

— Quel âge a-t-elle ? demanda-t-il.

— Dix-neuf ans.

— Et son père n'a pas menacé de te casser la figure quand tu as proposé de l'emmener dîner ?

— Son père et son frère ont été tués par les Allemands. Quant à sa mère, elle est morte de tuberculose. Solange est seule au monde.

— Est-ce que tu vas la revoir ? interrogea encore Arthur.

— Je pense bien ! répondit Sam, qui semblait étonnamment sûr de lui. Et quand la guerre sera finie, je suis bien décidé à l'épouser.

Arthur le regarda d'un air stupéfait. La veille, si Sam lui avait annoncé une chose pareille, il lui aurait dit qu'il était complètement fou. Mais maintenant, il voyait bien que, fou ou pas, Sam avait pris sa décision et que rien au monde ne le ferait changer d'avis.

Ce soir-là, d'ailleurs, Sam et Solange se retrouvèrent à nouveau à l'heure du dîner.

Sam avait insisté pour qu'ils aillent manger au restaurant et, au cours du repas, Solange lui raconta sa vie à Paris sous l'Occupation. Elle lui expliqua qu'elle avait dû ruser pour survivre, sans cesse sous la crainte d'être arrêtée ou même torturée par les Allemands, qui régnaient alors en maîtres dans la capitale. Après la mort de son père, elle s'était retrouvée toute seule pour s'occuper de sa mère. Les deux femmes avaient été obligées de quitter leur appartement et elles avaient emménagé dans une chambre meublée. C'est là que la mère de Solange était morte et comme elle ne savait pas où aller, elle avait continué à habiter rue des Grands-Degrés, même si cette chambre lui rappelait de bien pénibles souvenirs. Profondément traumatisée par la dénonciation dont son frère avait été victime, Solange n'osait plus faire confiance à qui que ce soit en France, et Sam était certainement la première personne à qui elle s'ouvrait enfin.

— Un jour, vous viendrez aux Etats-Unis, dit Sam en commençant à tâter le terrain.

— Trop loin…, répondit Solange en haussant les épaules, comme si elle pensait qu'un tel rêve était irréalisable.

— Ce n'est pas si loin que ça…

— Et vous ? demanda Solange. Harvard encore après la guerre ?

— Peut-être... Je ne sais pas bien.

Sam avait du mal à imaginer qu'il puisse un jour retourner à l'université. Après tout, maintenant que la guerre l'avait obligé à abandonner ses études, pourquoi ne pas en profiter pour essayer de devenir acteur ? Il en avait discuté avec Arthur alors qu'ils se battaient en Italie. Là-bas, tout semblait possible. Mais il se doutait bien qu'à son retour aux Etats-Unis les choses risquaient de lui apparaître sous un jour bien différent.

— Avant la guerre, je voulais être acteur, avoua-t-il soudain.

Solange allait-elle se moquer de lui, elle aussi ?

— Acteur ? dit-elle.

Elle hocha la tête, comme si elle approuvait son choix. Fou de joie, Sam eut envie de l'embrasser. Puis, comprenant qu'il était un peu tôt pour se montrer aussi entreprenant, il préféra appeler le serveur et commander une seconde carafe de vin ainsi que des fruits pour Solange, qui en avait été privée si longtemps. La jeune femme, bien qu'un peu gênée, acceptait sa générosité comme s'il était pour elle un vieil ami. Et pourtant, ce n'était que la deuxième fois qu'ils dînaient ensemble.

Les jours suivants, ils se promenèrent tous les deux le long de la Seine, flânèrent main dans la main dans les rues de Paris, s'arrêtant dans de petits cafés pour pouvoir parler tranquillement.

Malheureusement, la guerre n'était pas finie et un matin, au moment du petit déjeuner, Arthur annonça à Sam :

— J'ai l'impression qu'ils ne vont pas tarder à nous envoyer ailleurs...

Depuis la libération de Paris, le front s'était déplacé vers l'est. Le général Patton, qui commandait la IIIe armée américaine au moment du débarquement en Normandie, se dirigeait vers Nancy.

Pour une fois, le pessimisme d'Arthur était tout à fait justifié. Tôt ou tard, on allait leur annoncer qu'ils devaient repartir. Et Sam était désespéré à l'idée de devoir quitter Solange.

Le 3 septembre, jour où Bruxelles avait été libéré par les Anglais, il était monté pour la première fois dans la chambre de la jeune femme. Après l'avoir débarrassée de sa vieille robe bleu marine, il l'avait tendrement allongée sur le lit et lui avait fait l'amour. Mi-surpris, mi-heureux, il avait alors découvert que Solange était vierge. Plus tard, tandis qu'il la serrait dans ses bras et qu'il embrassait ses joues mouillées de larmes de bonheur, il s'était senti fou d'amour pour elle.

— Je t'aime tellement, Sam, avait-elle murmuré d'une voix douce et rauque.

— Moi aussi, je t'aime.

Solange lui faisait totalement confiance maintenant et il était évident qu'elle commençait à compter sur lui.

Pourtant, quand Sam reçut son ordre de mission deux semaines plus tard, il fut bien obligé de lui dire qu'il allait quitter Paris et recommencer à se battre. La guerre ne lui faisait pas peur, surtout maintenant que la fin des hostilités était en vue. De l'avis général, l'Allemagne n'allait pas tarder à se rendre et il espérait bien être de retour à Paris pour Noël...

C'est en tout cas ce qu'il promit à Solange la veille de son départ alors qu'ils étaient allongés tous les deux dans sa chambre.

La longue chevelure rousse de la jeune femme retombait sur ses seins nus et, en cet instant, on aurait dit que son visage était auréolé de flammèches d'or.

— Quand la guerre sera finie, voudras-tu m'épouser ? demanda Sam en la contemplant amoureusement.

Mon Dieu, comme elle était belle ! Et comme il l'aimait ! Jamais il n'avait éprouvé ce qu'il ressentait pour elle. Ni à Boston ni nulle part ailleurs. Tout en elle le jetait dans l'adoration. Sa voix, la manière qu'elle avait de prononcer son nom, l'odeur de ses cheveux, ses yeux d'eau claire. Mais les yeux de Solange s'étaient emplis de larmes.

— Qu'est-ce qui ne va pas, mon amour ?

— La guerre change beaucoup de choses, Sam, répondit-elle, haussant les épaules en signe d'impuissance. Tu vas aller à Harvard de nouveau. Et tu oublieras Paris...

Sam lui lança un regard stupéfait.

— Alors, comme ça, tu crois que je vais t'oublier ? Tu penses peut-être aussi que, pour moi, tu n'es qu'une passade... Mais je t'aime, Solange ! Et c'est la seule chose qui compte, tu comprends ?

Pour la première fois depuis qu'elle l'avait rencontré, Sam semblait en colère. Solange n'en revenait pas. Au fond, peut-être disait-il vrai... La guerre terminée, il allait revenir la chercher. A moins qu'il ne se fasse tuer... Après avoir perdu tous les êtres qu'elle chérissait, elle ne pouvait supporter l'idée que Sam subisse le même sort.

— Je suis bien décidé à t'emmener aux Etats-Unis dès que la guerre sera finie, reprit Sam. Est-ce que tu accepteras de venir vivre avec moi ?

— Je t'attendrai, promit Solange.

Le lendemain à l'aube, le 45e régiment d'infanterie quittait Paris.

Sam avait la gorge serrée et bien du mal à retenir ses larmes. S'il s'était écouté, il aurait déserté sur-le-champ et serait parti rejoindre Solange.

Dès qu'il se retrouva au front, il se battit avec plus de fougue encore qu'à l'ordinaire, comme si chaque victoire sur l'ennemi le rapprochait un peu plus de la femme qu'il aimait.

Malheureusement, lorsque le mois d'octobre arriva, il se rendit compte qu'il ne pourrait pas tenir ses engagements : jamais il ne serait rentré à Paris pour Noël ! L'armée allemande leur donnait du fil à retordre et n'était pas aussi affaiblie qu'on le disait. L'opération aéroportée qui avait eu lieu à Arnhem en Hollande à la mi-septembre avait été un échec, obligeant le haut commandement à changer de stratégie.

Courant octobre, le froid s'installa. Il se mit à neiger et un vent glacial se leva.

Sam et Arthur se retrouvaient exactement dans la même situation que l'année précédente, lorsqu'ils se battaient en Italie. Sauf que, cette fois-ci, Sam semblait complètement découragé.

— Quel merdier ! dit-il un soir à Arthur.

Assis dans la nuit noire, les mains glacées, les pieds engourdis par la neige et le visage douloureux à cause du froid, il ne pouvait s'empêcher de penser à Solange, qui devait l'attendre à Paris...

Le 16 décembre commençait la bataille des Ardennes. L'armée allemande, commandée par von Rundstedt, lançait une violente contre-attaque. Durant près d'une semaine, elle réussit à vaincre les forces alliées et il fallut attendre le 23 décembre pour que celles-ci reprennent l'avantage. La guerre était loin d'être gagnée.

La veille de Noël, Arthur et Sam se retrouvèrent une fois de plus au fond d'une tranchée. Cette fois-ci, leur abri était rempli de neige et, malgré tous leurs efforts, ils n'arrivaient pas à se réchauffer.

Quand vint l'heure de dîner, Sam sortit sa ration de vivres et se mit à manger.

— Je ne sais pas ce que tu en penses, Patterson, mais il me semble que l'an dernier la dinde était meilleure... Je me demande si nous ne devrions pas changer de chef cuisinier...

Sam avait beau plaisanter, il était exténué. Il ne s'était pas rasé depuis une semaine, avait les traits tirés par la fatigue et paraissait facilement dix ans de plus que son âge.

Le sergent de leur compagnie avait été tué pendant la bataille des Ardennes et il regrettait qu'il ne soit plus là pour les houspiller. En ce jour de Noël, même sa sœur lui manquait. Quant à Solange, n'en parlons pas... Il aurait donné tout ce qu'il avait pour être auprès d'elle.

— Je me demande ce qu'elle est en train de faire aujourd'hui..., dit-il.

Inutile de préciser de qui il était question : Arthur avait compris.

— Je parie qu'elle pense à toi... Sacré veinard !

Arthur en venait à regretter de ne pas avoir tenté sa chance auprès de Solange le jour où ils l'avaient rencontrée pour la première fois rue d'Arcole. Maintenant, il était trop tard.

— Veux-tu un morceau de ce délicieux gâteau au chocolat ? proposa Sam en tendant à son ami un biscuit dur comme du bois.

Arthur fit la grimace.

— Tu te réserves pour le soufflé, observa Sam en souriant d'un air ironique. Comme je te comprends !

— Arrête, tu me donnes faim !

En réalité, Arthur avait trop froid et se sentait trop fatigué pour manger quoi que ce soit.

Quelques semaines plus tard, la bataille des Ardennes se terminait sur une défaite des Allemands. Pourtant, il fallut attendre mars 1945 pour que les forces alliées franchissent enfin le Rhin. Le 25 avril, Américains et Soviétiques opéraient leur jonction près de Torgau, sur l'Elbe. Le 8 mai, à Berlin, l'Allemagne capitulait enfin.

Lorsque Arthur et Sam apprirent la nouvelle, ils se mirent à pleurer à chaudes larmes, comme deux gamins. Ils avaient encore du mal à y croire.

— Mon Dieu, Sam ! s'écria Arthur. Je crois que c'est bien fini cette fois…

Sam laissa éclater sa joie en lançant son casque en l'air et en poussant un retentissant « Hourra ! ». Ils s'embrassèrent comme deux frères, soudés à jamais par ce qu'ils avaient traversé ensemble. Et puis, Sam n'eut plus qu'une idée en tête : rentrer à Paris et serrer Solange dans ses bras. Ensuite, comme il le lui avait promis huit mois plus tôt, il l'emmènerait avec lui.

3

Après l'annonce de la capitulation allemande, Sam apprit qu'il n'avait que trois jours devant lui avant d'être rapatrié aux Etats-Unis. Aussitôt, il quitta Berlin pour se rendre à Paris, où Solange l'attendait.

Il avait espéré profiter de son séjour dans la capitale pour se marier, mais il se rendit compte rapidement qu'en trois jours jamais il n'arriverait à réunir les papiers nécessaires à un mariage. Il décida donc de rentrer aux Etats-Unis *via* Berlin de son côté, puis d'envoyer à Solange la somme dont elle aurait besoin pour payer son voyage. Il savait déjà qu'il ne remettrait pas les pieds à Harvard et que, dès son retour, il allait tenter sa chance comme acteur. Arthur, qui était au courant de ses projets, lui avait conseillé de venir s'installer à New York. Et il lui avait même proposé de venir habiter chez lui. L'idée paraissait excellente et Sam espérait ainsi pouvoir payer plus rapidement le voyage de Solange.

Le jour du départ, Solange avait insisté pour l'accompagner à la gare et quand elle le vit monter dans son compartiment, elle éclata en sanglots.

— Ne pleure pas, chérie, lui dit Sam. Je te promets qu'au mois de septembre nous nous retrouverons à New York.

Sam s'était donné quatre mois pour organiser la venue de la jeune femme et trouver du travail. Il avait vingt-trois ans, avait survécu à la guerre et, maintenant qu'elle était terminée, plus rien ne lui faisait peur.

— Je t'aime, Sam ! cria Solange au moment où le train quittait la gare.

Puis elle agita la main jusqu'à ce que le convoi ait disparu.

— Drôlement mignonne, cette fille ! ne put s'empêcher de remarquer un sergent au moment où Sam s'installait dans son compartiment.

Sam ne releva pas l'allusion. Il n'avait pas envie de parler de Solange avec qui que ce soit. Bien sûr qu'elle était belle ! Il n'y avait qu'à voir les regards admiratifs que lui avaient lancés la plupart des soldats quand elle était arrivée sur le quai de la gare. Mais, pour Sam, Solange était aussi beaucoup plus que ça. Même s'ils n'avaient pas eu le temps de se marier à Paris, elle était déjà et pour toujours *sa* femme.

Le train arriva à Berlin à minuit et quand Sam rejoignit enfin ses quartiers, il s'aperçut qu'Arthur n'était pas encore rentré. Cela ne l'étonna pas outre mesure. Arthur s'était découvert un faible pour les grandes blondes et, depuis qu'ils étaient arrivés à Berlin, il était au septième ciel. Trop fatigué pour l'attendre, Sam se coucha aussitôt et il s'endormit en pensant à son futur mariage avec Solange.

Deux jours plus tard, il quittait l'Allemagne tandis qu'Arthur restait sur place, car son rapatriement ne devait avoir lieu que deux semaines après.

En arrivant aux Etats-Unis, Sam fut d'abord envoyé à Fort Dix, dans le New Jersey, afin d'accomplir les formalités liées à sa démobilisation. De là, il prit le train pour se rendre à New York.

Quand il descendit de son compartiment et posa le pied sur le quai de Penn Station, il eut soudain l'impression d'être arrivé sur une autre planète. Après trois ans passés en Europe dans la boue, la neige et sous la pluie, il se demanda soudain ce qu'il faisait là, debout sur le quai au milieu de tous ces gens qui, eux, menaient une vie normale.

Ce soir-là, il dormit dans un petit hôtel du West Side et, dès le lendemain, il commença ses recherches. Deux choses importaient maintenant : trouver rapidement du travail et s'inscrire le plus tôt possible dans un cours d'art dramatique.

Au moment de sa démobilisation, l'armée lui avait versé cent cinquante dollars et, grâce à cet argent, il put tenir jusqu'à l'arrivée d'Arthur.

Quand son ami l'eut rejoint à New York, il quitta sa chambre d'hôtel et s'installa aussitôt chez lui. Ils dormaient tous les deux dans la même chambre et en profitaient pour parler jusque tard dans la nuit, riant aux éclats à l'évocation de leurs souvenirs.

La mère d'Arthur ne semblait guère apprécier la situation. Elle disait que leurs conversations tardives l'empêchaient de dormir et, dans la journée, quand elle rencontrait Sam, elle lui adressait à peine la parole. Elle le traitait exactement comme s'il était responsable du fait que son fils soit parti à la guerre. Quand Sam et Arthur évoquaient devant elle certaines péripéties de leur séjour forcé en Europe, elle pinçait les lèvres et restait silencieuse. On aurait dit qu'elle leur reprochait d'avoir pris du bon temps ensemble tandis qu'elle-même se rongeait les sangs en attendant le retour de son fils.

Lorsque Arthur décida de louer un appartement, Sam poussa un ouf de soulagement et il le suivit dans son nouveau logement. Il avait trouvé une place de serveur chez P.J. Clarke's, sur la Troisième Avenue, et avait organisé son emploi du temps de manière à pouvoir suivre des cours de théâtre pendant la journée. Il avait aussi pris contact avec un certain nombre d'agents artistiques et attendait qu'on lui propose un petit rôle.

Un jour, un des agents lui suggéra de passer une audition pour jouer dans une pièce que montait un des petits théâtres de Broadway. Sam ne réussit pas à décrocher le rôle, mais cette première audition lui permit de se rendre compte de ce qui n'était pas encore tout à fait au point dans son jeu. Quand, à la fin de juillet, on lui fit passer une seconde audition, cette fois-ci, il s'en sortit haut la main. Il s'agissait d'un simple rôle de second plan dans une pièce qui risquait de ne pas tenir longtemps l'affiche, mais c'était toujours mieux que rien et il s'empressa d'écrire à Solange pour lui annoncer la bonne nouvelle. Dans les lettres qu'il lui envoyait, il ne lui cachait pas que leur vie à New York n'allait pas être facile au début puisqu'ils n'auraient que son salaire de serveur et ses pourboires pour vivre. Mais il était plus que jamais décidé à la faire venir.

Au début du mois de septembre, il lui envoya le prix de son voyage et, le 26 septembre, elle arrivait à New York, sur le *De Grasse*, le seul bateau qui assurât la liaison entre la France et les Etats-Unis depuis la fin de la guerre.

Debout sur le quai, Sam ne se tenait plus d'impatience. Pour l'occasion, il avait emprunté une paire de jumelles à Arthur et il passait en revue l'un après l'autre les passagers qui étaient accoudés au bastingage. N'apercevant Solange nulle part, il fut soudain pris de panique. Finalement, il la découvrit sur le pont inférieur : elle portait une robe blanche et un petit chapeau assorti. Aussitôt, Sam se mit à faire de grands signes dans sa direction. Solange ne bronchait pas et il comprit que, avec le monde qu'il y avait sur le quai, il était inutile d'essayer d'attirer son attention.

C'était une belle journée d'automne, ensoleillée et chaude, et une douce brise soufflait de la mer. Le jour rêvé pour accueillir Solange à New York ! Sam fit les cent pas sur le quai en attendant qu'elle en ait terminé avec les formalités douanières et lorsqu'il la vit enfin sortir de la douane, il se précipita à sa rencontre. Son beau visage mouillé de larmes, son petit chapeau blanc posé de guingois sur sa chevelure rousse, Solange se jeta dans ses bras. Et Sam, riant et pleurant à la fois, la serra contre lui.

En prévision de sa venue, il avait loué un studio minuscule dans la 40e Rue Est, juste en dessous du métro aérien, et c'est là qu'il l'emmena aussitôt.

Le lendemain à six-sept heures, quand il dut partir pour aller travailler, il crut qu'il n'arriverait jamais à quitter Solange. Pourtant, il fallait bien... Maintenant qu'elle habitait avec lui, il avait tellement de mal à se séparer d'elle qu'il négligeait ses cours d'art dramatique. Chaque jour à cinq heures, Solange l'accompagnait jusque chez P.J. Clarke's et lorsqu'il rentrait à deux heures et demie du matin, elle était encore debout. Ils commençaient par faire l'amour, puis ils dînaient et s'endormaient rarement avant le lever du soleil.

Lorsque Noël arriva, Solange fit gentiment remarquer à Sam qu'il serait peut-être temps qu'il se remette sérieusement au travail. Elle avait assisté à certains de ses cours et avait été frappée par la qualité de son jeu, tout comme les autres élèves. Il n'était pas question qu'il renonce à sa carrière d'acteur sous prétexte qu'elle vivait maintenant avec lui... Sam savait qu'elle avait raison. Le métier d'acteur exigeait une discipline de fer et, s'il voulait réussir, il fallait qu'il s'y plie.

Depuis que Solange était arrivée à New York, Sam ne voyait presque plus Arthur. Celui-ci travaillait à nouveau dans le cabinet d'avocats qu'il avait quitté juste avant la guerre et il était donc pris toute la journée. En outre, il avait maintenant une petite amie attitrée, une grande blonde un peu mièvre qui avait fait ses études à l'université de Vassar avant la guerre. Elle s'appelait Marjorie, était coiffée à la dernière mode et avait une voix affreusement snob. Très bon chic bon genre, elle n'appréciait pas les plaisanteries de Sam et ne perdait jamais une occasion de rappeler qu'au fond il n'était qu'un serveur. De plus, elle détestait Solange et, lorsqu'elle était seule avec Arthur, les appelait tous les deux « les romanichels ».

Pendant la guerre, elle avait fait partie des volontaires de la Croix-Rouge et elle ne manquait jamais de le rappeler. En revanche, les souvenirs de guerre d'Arthur et de Sam, et le fait que Solange ait perdu toute sa famille sous l'Occupation, la laissaient complètement froide.

Marjorie avait vingt-huit ans, et il était évident qu'elle ne visait qu'une chose : le mariage. Comme la plupart des femmes de son âge, le départ des hommes à la guerre l'avait empêchée de trouver un bon parti lorsqu'elle était plus jeune et maintenant elle semblait prête à tout pour se faire épouser... Mais Arthur ne se décidait pas. Il confia à Sam que sa mère n'allait pas très fort et qu'elle semblait inquiète à l'idée qu'il puisse se marier. Elle trouvait Marjorie trop vieille et aurait préféré que son fils choisisse quelqu'un d'un peu différent.

Sam, qui connaissait la mère d'Arthur, savait très bien où était en réalité le problème : jamais cette femme possessive ne supporterait de voir son fils lui échapper. Elle ne vivait qu'à travers lui et considérait tous ses amis, hommes ou femmes, comme des rivaux qui, un jour ou l'autre, allaient lui voler son fils. D'ailleurs, elle se débrouillait parfaitement pour qu'Arthur se sente coupable chaque fois qu'au lieu d'aller la voir il sortait avec Marjorie ou avec Sam...

— *Il manque de courage*, fit remarquer Solange, un soir où Sam et elle discutaient d'Arthur.

Puis, après avoir cherché ses mots pendant quelques secondes, elle ajouta, en anglais cette fois-ci :

— Il n'a rien dans le ventre. Pas de cœur.

— Tu te trompes, Solange ! Arthur a un cœur d'or. Seulement, dans certaines situations, il faudrait qu'il se montre un peu plus énergique.

— C'est exactement ce que je te disais ! renchérit Solange. Moi, à sa place, ou bien j'épouserais Marjorie ou bien je la quitterais... En plus, j'en profiterais pour dire *merde* à ma mère une bonne fois pour toutes !

Imaginant soudain la tête que ferait la mère d'Arthur si une chose pareille arrivait, Sam éclata de rire.

Solange et lui s'entendaient à merveille. Et pas simplement quand ils faisaient l'amour. En général, lorsqu'ils discutaient, ils tombaient toujours d'accord. Solange adorait Sam et elle lui était totalement dévouée. Elle éprouvait aussi beaucoup d'affection pour Arthur. C'est lui qui avait été leur témoin quand ils s'étaient mariés, trois jours après l'arrivée de Solange à New York, et qui s'était occupé de tous ses papiers. D'ailleurs, lorsque Solange parlait de lui, elle disait toujours : *mon grand frère*, et Arthur, de son côté, aurait fait n'importe quoi pour elle.

Finalement, Marjorie obtint ce qu'elle voulait et Arthur l'épousa au printemps 1946. Ils se marièrent à Philadelphie car elle était originaire de cette ville. Prétextant son mauvais état de santé, la mère d'Arthur se refusa à faire le voyage et elle n'assista pas à la cérémonie. Solange et Sam non plus, pour la bonne raison qu'ils n'avaient pas été invités. Au dernier moment, Arthur leur avait expliqué d'un air gêné que le mariage aurait lieu dans la plus stricte intimité et que seule la famille proche serait présente.

Quand Solange, en lisant le journal, apprit que le mariage avait été célébré en grande pompe à l'église épiscopale de Philadelphie et que, lors de la réception qui avait suivi, on comptait près de cinq cents invités, elle ne put s'empêcher de remarquer :

— Ce n'est vraiment pas chic de la part d'Arthur !

Sam ne semblait nullement étonné.

— C'est la faute de Marjorie, pas la sienne...

— *Quand même...*, conclut Solange.

L'incident ne fit que la conforter dans l'opinion qu'elle avait d'Arthur : il était lâche. Quant à Sam, il craignait surtout que Marjorie ne s'oppose à leur amitié. En effet, s'il continuait à déjeuner de temps en temps avec Arthur, parfois en compagnie de Solange, Marjorie refusa toujours de se joindre à eux. Quelques jours à peine après le mariage, elle avait annoncé à Arthur son intention de reprendre ses études de droit et de ne pas avoir d'enfant dans l'immédiat. Arthur, qui espérait fonder une famille le plus tôt possible, en fut profondément chagriné.

Mais Solange et Sam avaient bien trop à faire pour s'occuper d'Arthur et de sa femme. Entre son travail et ses cours d'art dramatique, Sam n'avait pas une minute à lui. Quant à Solange, elle s'occupait activement de la future carrière de son mari. Elle était au courant de toutes les pièces qui se jouaient à Broadway, avait ses entrées dans certaines troupes, ce qui lui permettait d'assister aux répétitions, et elle épluchait sans relâche les annonces spécialisées. Grâce à elle, Sam passait régulièrement des auditions et il commençait à être connu dans le milieu théâtral.

A la fin de l'année 1947, juste après Noël, il bénéficia d'un coup de chance extraordinaire : on lui proposa de tenir le rôle principal d'une pièce qui devait être montée par un petit théâtre de Broadway. La pièce resta à l'affiche pendant quatre mois et demi et Sam obtint d'excellentes critiques dans la presse.

Cet été-là, la pièce fut reprise à Stockbridge, dans le Massachusetts, et Sam, qui avait suivi la troupe, décida de profiter de son séjour dans la région pour rendre visite à sa sœur, qu'il n'avait pas revue depuis son retour aux Etats-Unis.

Solange, qui, jusque-là, lui reprochait de négliger sa famille, comprit soudain pourquoi il avait agi ainsi. Eileen habitait maintenant dans un affreux quartier de la banlieue de Boston avec Jack Jones, son second mari, un ex-marine. Elle avait les cheveux décolorés, était outrageusement maquillée et portait une robe si collante qu'elle aurait aussi bien pu être toute nue. De plus, elle semblait complètement soûle. Tout le temps que dura leur visite, elle ouvrit à peine la bouche, laissant Jack Jones dévider des plaisanteries de mauvais goût.

En sortant de chez eux, Sam respira à pleins poumons.

— Maintenant, tu connais ma sœur..., dit-il avec un sourire sans joie.

— J'avoue que je ne comprends pas, reconnut Solange. Que lui est-il arrivé ?

Elle avait du mal à concevoir qu'une femme de l'âge d'Eileen puisse se laisser aller à ce point-là. Elle, avec le peu d'argent dont elle disposait, se débrouillait pour être toujours élégante et impeccable. Sam lui disait souvent qu'elle aurait pu être mannequin. En fait, il la trouvait chaque jour plus belle.

— Il ne lui est rien arrivé du tout, répondit Sam. Elle a toujours été comme ça. Et pour tout dire, je n'ai jamais éprouvé d'affection pour elle.

Si Sam avait chassé depuis longtemps Eileen de sa vie, en revanche, il souffrait de ne plus voir Arthur. Aussi fut-il tout heureux quand celui-ci leur rendit visite à Stockbridge.

Après avoir assisté au spectacle, Arthur félicita chaudement Sam, puis il se répandit en excuses au sujet de sa femme, qui avait tenu à prendre quelques jours de vacances avant la rentrée universitaire. Elle se trouvait actuellement dans la maison de campagne de ses parents, près de Philadelphie, où Arthur ne devait pas tarder à la rejoindre... Sam savait que Marjorie lui battait froid et il s'en moquait éperdument. Arthur était venu jusqu'à Stockbridge rien que pour le voir et c'était la seule chose qui comptait à ses yeux.

Au mois de septembre, une excellente nouvelle attendait Sam lorsqu'il rentra à New York. Pour la première fois de sa carrière, un des grands théâtres de Broadway lui proposait un premier rôle. La pièce s'appelait *Sauvagerie* et elle était montée par un des plus grands metteurs en scène de Broadway. D'ailleurs, les répétitions n'allaient pas tarder à commencer... Solange courut acheter une bouteille de champagne, Arthur s'occupa des contrats et Sam prévint P.J. Clarke's qu'ils allaient être obligés de trouver un nouveau serveur.

Quelques jours plus tard, pour fêter l'événement, Arthur invita Solange et Sam au 21. Comme d'habitude, Marjorie n'était pas là, l'excuse étant cette fois-ci qu'elle avait repris ses cours de droit. Son absence n'assombrit en rien l'ambiance qui régnait autour de la table. Et lorsqu'on leur servit le dessert, Solange annonça à Arthur une autre bonne nouvelle : elle était enceinte et, si tout se passait bien, le bébé devrait naître au mois d'avril.

Arthur, lui aussi, aurait aimé avoir des enfants, mais sa femme avait d'autres idées en tête. Elle était bien décidée à travailler dès qu'elle aurait fini ses études de droit. Et jamais elle n'accepterait d'interrompre sa carrière pour avoir un bébé...

— Comme je vous envie ! avoua Arthur.

Sam avait bien de la chance ! A vingt-six ans, il était en train de démarrer une carrière prometteuse, il avait une femme adorable et n'allait pas tarder à avoir un enfant. Tandis qu'Arthur, à trente-deux ans, se sentait déjà vieux et rassis.

Pendant tout l'automne, Sam travailla comme un forcené et, à force de répéter, il finit par interpréter son rôle à la perfection.

Chaque soir, il rentrait chez lui exténué, mais cela ne l'empêchait pas de faire l'amour à Solange, puis de lui raconter sa journée. Le premier rôle féminin était tenu par Barbara George, une des plus grandes actrices de Broadway. Et, au dire de Sam, elle ne se faisait jamais prier pour lui enseigner le métier.

La première de *Sauvagerie* eut lieu le 9 décembre et ce fut un succès. En lisant les critiques dithyrambiques, Sam faillit pleurer de joie. Dire que cela faisait des années qu'il rêvait d'être acteur ! Cette fois-ci, ça y était : il avait réussi...

4

On aurait dit que Solange avait choisi à la minute près l'heure de son accouchement. Elle ressentit les premières contractions un samedi soir, à la fin du dernier acte de *Sauvagerie*, juste après la chute du rideau et, le lendemain à dix heures, elle mettait au monde une adorable petite fille. Hilary avait hérité des grands yeux verts de sa mère et des cheveux noirs de son père et, quand celui-ci arriva à l'hôpital, elle était nichée dans les bras de sa mère. L'accouchement s'était parfaitement déroulé et Solange semblait très fière, comme si maintenant elle était dépositaire d'un important secret.

Le lendemain, Arthur vint lui rendre visite à la maternité et, lorsqu'il apprit qu'il serait le parrain de la petite Hilary, il en eut les larmes aux yeux. Comme il n'était pas question de demander quoi que ce soit à Marjorie, il fut décidé que Barbara George serait la marraine.

Le baptême fut célébré en grande pompe à la cathédrale Saint-Patrick. Pour l'occasion, Hilary était habillée d'une longue robe en dentelle que lui avait offerte sa marraine. Solange portait un manteau de vison et, à l'annulaire gauche, un diamant, cadeaux que lui avait faits Sam pour fêter la naissance de leur fille.

Leur situation financière avait radicalement changé grâce au succès de *Sauvagerie* et ils en avaient profité pour quitter leur studio situé en dessous du métro aérien. Ils avaient emménagé dans un appartement bien plus confortable, où il y avait une chambre pour Hilary, qui donnait sur un petit jardin, une autre pour eux et un salon de belles proportions qui leur permettait de recevoir leurs amis. Leur appartement ne désemplissait pas, car Sam connaissait maintenant beaucoup de gens dans le monde du spectacle, et Solange était ravie.

Sauvagerie tint l'affiche pendant un an et la dernière représentation eut lieu à la fin de l'année 1949, après Noël. Sam avait reçu maintes propositions pour jouer dans d'autres spectacles et, lorsqu'il eut fait son choix, il s'aperçut qu'il n'avait que quelques jours devant lui avant que ne démarrent les répétitions de sa prochaine pièce. Il en profita pour rester un peu chez lui avec Solange et sa fille. Hilary avait neuf mois et elle marchait déjà à quatre pattes dans l'appartement, rejoignant son père dans la salle de bains quand il se rasait ou se coulant sous la table lorsqu'il buvait son café. Toute la journée, elle gazouillait et, chaque fois qu'elle voyait son père, lançait un « Pa, pa, pa... » qui le ravissait. Sam aurait aimé avoir un second enfant le plus tôt possible, un garçon avec un peu de chance, mais Solange préférait attendre pour se consacrer entièrement à Hilary. Et à Sam, que, depuis la naissance du bébé, elle aimait plus passionnément que jamais.

La maternité l'avait encore embellie. Les journalistes qui s'intéressaient à la carrière de Sam ne manquaient jamais de souligner l'époustouflante beauté de Solange Walker. Solange acceptait de bon gré de répondre aux interviews et, chaque fois, elle en profitait pour mettre l'accent sur l'exceptionnel talent de son mari. Toute la presse était de son avis et fit un excellent accueil à la seconde pièce que Sam joua à Broadway.

Deux ans plus tard, lorsque le contrat de Sam se termina, Solange s'aperçut qu'elle était à nouveau enceinte. Cette fois-ci, l'accouchement eut lieu le soir de la première de la nouvelle pièce que Sam interprétait. Solange dut quitter le théâtre au moment du lever de rideau et ce fut Arthur qui l'accompagna à l'hôpital. Dans le taxi, il était complètement affolé et criait au chauffeur : « Plus vite ! Plus vite ! » Il n'avait pas entièrement tort de s'inquiéter puisque, dix minutes après leur arrivée, Solange accoucha d'une petite fille, rousse cette fois-ci, et qui s'appelait Alexandra.

Quand, un peu plus tard, Arthur fut autorisé à la voir, il lui dit en plaisantant qu'ils avaient tout juste le temps de retourner au théâtre avec le bébé pour assister à la fin du dernier acte. Si Solange avait pu, elle l'aurait bien pris au mot, mais elle était trop fatiguée pour se lever et lui demanda simplement de prévenir Sam.

Le lendemain matin quand Sam arriva à l'hôpital, il fit semblant de ne pas voir le regard de reproche que lui lançait Solange. Il lui expliqua qu'il avait été accaparé par les festivités qui avaient suivi la première. Solange, qui avait attendu sa visite toute la nuit, était bouleversée qu'il n'eût même pas songé à téléphoner pour prendre de ses nouvelles. Elle savait qu'il devait se consacrer pleinement à cette nouvelle pièce, car c'était certainement le rôle le plus difficile de sa carrière. Mais ce n'était pas une raison pour que la naissance de leur fille passe au second plan... Et le superbe bracelet d'émeraudes qu'il lui offrit n'apaisa pas sa peine.

Le jour où Solange devait sortir de l'hôpital, Sam était pris une fois de plus par ses fameuses répétitions, et finalement ce fut Arthur qui vint la chercher et l'accompagna jusqu'à son appartement.

Très vite, elle s'aperçut que Sam ne s'intéressait pas du tout à sa fille et que la seule personne dont il parlait était l'actrice qui jouait le premier rôle dans sa nouvelle pièce. La plupart du temps, il rentrait au petit matin, bien après l'heure de la dernière représentation, et tous ses vêtements étaient imprégnés d'un parfum entêtant qui n'avait rien à voir avec celui qu'utilisait Solange.

Celle-ci n'était pas le genre de femme à se bercer d'illusions. Elle savait que sa vie avec Sam avait beaucoup changé ces derniers temps. Comme elle l'aimait toujours autant, elle ne se plaignait pas. Mais chaque fois qu'elle était seule chez elle, elle éprouvait un sentiment de vide insupportable.

Arthur était l'unique ami à qui elle pouvait confier ce qu'elle ressentait. Lui aussi, il avait ses problèmes : sa vie privée était loin d'être satisfaisante. Il désirait toujours avoir des enfants, mais Marjorie ne voulait pas en entendre parler. Il pensait que Sam avait trouvé en Solange une épouse en or et qu'il se conduisait comme un imbécile. Bien sûr, lorsqu'il la rencontrait pour déjeuner, il ne lui disait jamais ce qu'il pensait de l'attitude de son ami. La plupart du temps, Solange était déprimée et Arthur se débrouillait pour lui remonter le moral comme il pouvait. De toute façon, à quoi cela aurait-il servi de lui dire que Sam se comportait en beau salaud puisqu'elle continuait à l'adorer ?

— Et toi, Arthur, est-ce que tu es heureux ? lui demanda Solange un jour qu'ils déjeunaient ensemble. Non, bien sûr..., répondit-elle à sa place.

Comment un homme pourrait-il jamais être heureux avec une femme aussi égoïste, froide et ambitieuse que Marjorie ?

— Puisque tu as envie d'avoir des enfants, tu n'as qu'à lui en faire un sans lui demander son avis, reprit Solange, le plus sérieusement du monde.

Arthur se mit à rire. Marjorie n'était pas le genre de femme à qui on puisse se permettre de ne pas demander son avis...

— Je ne peux pas l'obliger à avoir un bébé, Solange ! Et puis, un enfant non désiré risque d'être malheureux... Toi, tu as voulu avoir tes deux filles et tu n'as qu'à voir le résultat : Hilary et Alexandra sont adorables et je suis sûr qu'elles sont heureuses.

Arthur raffolait des deux fillettes. Hilary, brune aux yeux verts, ressemblait à son père, et Alexandra, avec ses cheveux d'un roux éclatant et ses yeux bleus pleins d'innocence, était irrésistible.

Solange savait parfaitement pourquoi Sam était si souvent absent de chez lui. Il était de notoriété publique qu'il avait une liaison dont les péripéties faisaient d'ailleurs régulièrement la une des journaux.

— Je ne comprends pas ce qui lui arrive, reprit Arthur. A trente et un ans, il se retrouve aux sommets de la gloire et, en plus, il a une femme exceptionnelle. A sa place, la plupart des hommes seraient aux petits soins avec toi...

— Je ne demande pas à Sam d'être aux petits soins, Arthur ! Je voudrais simplement qu'il rentre un peu plus souvent à la maison et qu'il cesse de m'offrir des bijoux pour se faire pardonner ses infidélités. Je croule sous les diamants...

En tant qu'avocat, c'est Arthur qui s'occupait des affaires de Sam et, à plusieurs reprises déjà, il lui avait conseillé de mettre un peu d'argent de côté. Mais Sam, grisé par le succès, continuait à jeter l'argent par les fenêtres. Pour ses enfants, rien n'était jamais trop beau et il couvrait Solange de fourrures et de diamants. Sans parler de ce qu'il dépensait pour s'habiller et des coûteux cadeaux qu'il faisait à chacune de ses maîtresses.

Jusque-là, Arthur avait espéré que Solange n'était pas au courant. Pour la première fois, il se rendait compte que non seulement elle savait tout depuis le début, mais que chacune des incartades de son mari la rendait profondément malheureuse.

— Honnêtement, je ne sais plus quoi faire...,avoua Solange d'un air las. Est-ce que je dois faire une scène à Sam ou alors attendre tranquillement que sa liaison se termine et qu'il rentre au bercail ? Habituellement, c'est ainsi que les choses se passent. Quand il en a assez de sa maîtresse, il revient toujours à sa famille...

Si Arthur avait osé, il se serait agenouillé aux pieds de Solange et lui aurait juré fidélité comme un preux chevalier du temps jadis. Tant d'amour et d'abnégation chez une femme était vraiment une chose admirable !

— Tu es beaucoup plus sensée que la majorité des Américaines, dit Arthur. Si Sam s'était marié avec une de ses compatriotes, il y a longtemps que sa femme aurait obtenu des preuves pour demander le divorce. Et je peux t'assurer qu'elle ne lui aurait pas fait de cadeau en ce qui concerne le montant de la pension alimentaire.

Cette idée fit sourire Solange.

— Ce n'est pas l'argent de Sam qui m'intéresse, dit-elle. La seule chose au monde qui m'importe, c'est de récupérer mon mari.

Arthur préféra garder pour lui ce qu'il pensait. Quel fichu salopard que ce Sam tout de même ! Arthur s'était toujours demandé ce qui se serait passé s'il avait parlé à Solange le jour de leur rencontre à Paris. Si... Mais tout cela n'avait plus d'importance à présent.

— Je pense qu'il ne va pas tarder à se calmer, reprit Solange d'un air fataliste. A chaque nouvelle pièce, la vedette féminine nous pose toujours un petit problème mais, à la longue, les choses rentrent dans l'ordre... Je dois reconnaître que ce n'est pas facile pour lui tous les jours. A chaque fois, il est tellement pris par son nouveau rôle qu'il se donne à fond. C'est un métier très exigeant où il est hors de question de faire les choses à moitié...

Solange paraissait croire dur comme fer à ce qu'elle disait. Mais Arthur, lui, n'était pas dupe.

— Si Sam se conduit comme il le fait, ce n'est pas à cause de son métier ! s'écria-t-il, soudain hors de lui. En réalité, il est complètement gâté par le succès, par les femmes qui tournent autour de lui... et par toi aussi, Solange ! Tu l'admires comme s'il était Dieu le Père en personne !

— C'est vrai, Arthur... Sam est tout pour moi !

— Si c'est ainsi, ne tente surtout rien ! Il te reviendra bien un jour ou l'autre... Sam est continuellement en scène, dans la vie aussi bien qu'au théâtre. Quand on a compris cela, ce qu'il fait ou ne fait pas n'a plus tellement d'importance...

Solange suivit le conseil d'Arthur : elle se remit à attendre son mari, comme elle l'avait toujours fait. D'ailleurs, elle aurait préféré mourir plutôt que de le perdre. Et six mois plus tard, Sam se souvint qu'il aimait sa femme. L'actrice qui tenait le rôle principal fit une tentative de suicide et la presse annonça qu'elle cessait de jouer « pour raisons de santé ». Une fois de plus, tout rentra dans l'ordre chez les Walker.

La pièce dans laquelle jouait Sam tint l'affiche un an encore et, en 1954, quand les représentations cessèrent, il se dit que le moment était venu de prendre des vacances. Depuis longtemps, il rêvait de retourner en France avec Solange et décida d'emmener toute sa famille à Saint-Tropez.

Ils profitèrent de leur séjour en France pour faire un voyage à Paris avec leurs deux filles. Hilary avait six ans et Solange fut très émue de pouvoir montrer à sa fille la ville où elle était née et où elle avait vécu.

Que de chemin parcouru depuis le jour où, presque dix ans plus tôt, elle avait quitté sa petite chambre meublée pour rejoindre Sam en Amérique ! A cette époque, elle avait son billet de bateau en poche et tout juste de quoi payer ses repas. Elle n'emportait avec elle qu'une petite valise qui contenait le peu de vêtements qu'elle possédait, trois robes et deux paires de chaussures, et était vêtue, en plus de son chapeau, d'un manteau bien trop grand pour elle qui avait appartenu à sa mère... Tandis que pour revenir en Europe, Sam et elle avaient voyagé dans une cabine de première classe sur le paquebot *Liberté*, emmenant avec eux tout un chargement de malles. A Paris, ils étaient descendus au Ritz et Sam n'avait rien eu de plus pressé que d'emmener Solange chez Givenchy, Chanel et Dior.

Deux jours après leur arrivée, il voulut à tout prix l'emmener chez Cartier. Il semblait aussi amoureux que lorsqu'ils s'étaient rencontrés pour la première fois rue d'Arcole et tenait absolument à lui offrir un bracelet.

— Je n'ai absolument pas besoin d'un bracelet en diamants, Sam ! se défendit Solange à l'intérieur de la célèbre bijouterie.

— Je ne connais aucune femme au monde capable de refuser un bracelet !

— Mais moi, j'en ai déjà trois ! lui rappela Solange. Et je préfère que tu économises ton argent...

Sam lui lança un regard contrarié.

— On croirait entendre Arthur...

— Il a raison, Sam ! Un jour ou l'autre, il faudra bien que nous commencions à penser à nos enfants.

— Si c'est comme ça, vous m'en mettrez deux ! dit Sam à la vendeuse.

— *Ah, non, Sam ! Quand même, voyons !* s'écria Solange.

Depuis qu'elle était arrivée en France, elle s'était remise à parler français et elle était tout heureuse de voir que Hilary, elle aussi, s'exprimait parfaitement dans cette langue. Quand elle était avec ses deux filles, elle leur parlait toujours en français et l'aînée était maintenant complètement bilingue.

Au fond, Solange n'avait pas renoncé totalement à ses attaches et rien ne pouvait lui faire plus plaisir que de se retrouver dans son pays. Elle ne se lassait pas de déambuler dans Paris et de découvrir à chaque coin de rue des souvenirs de son enfance. La beauté de la ville le soir l'émouvait tout particulièrement et elle retrouvait à ce contact des émotions qu'elle n'avait pas éprouvées depuis bien longtemps.

Après un dîner chez Maxim's et un autre à La Tour d'Argent, Sam et Solange quittèrent Paris pour retourner aux Etats-Unis. Solange était à la fois ravie de son séjour en France et heureuse de rentrer chez elle, car après dix ans passés à New York, elle s'y sentait chez elle. Ils habitaient maintenant un duplex situé à Sutton Place et, de leurs fenêtres, on avait une vue magnifique sur l'Hudson. Ils avaient la chance de compter parmi leurs voisines Marilyn Monroe, qui était très liée avec Sam. Solange savait qu'ils se voyaient souvent tous les deux, mais que leurs relations étaient toujours restées purement amicales. D'ailleurs, Marilyn était adorable avec Solange et chaque fois qu'elle la rencontrait, elle ne manquait jamais de lui demander pourquoi elle ne faisait pas de cinéma. « Il y a déjà une star dans la famille, lui répondait Solange, et je trouve que cela suffit amplement. »

A l'automne, on proposa à Sam de jouer dans une nouvelle pièce. Mais le rôle ne lui plaisait pas et, à la surprise générale, il préféra tourner un film. Toute la famille Walker déménagea donc à Hollywood pour la durée du tournage.

Aussitôt arrivée à Hollywood, Solange tomba amoureuse de ce monde étrange où se mêlaient réalité et fiction. Sam et elle habitaient au Beverly Hills Hotel dans un pavillon de plain-pied, et leurs deux filles étaient installées avec leur gouvernante dans un second « bungalow » un peu plus petit et situé juste à côté du leur. Ce genre de vie plaisait beaucoup à Solange et elle aurait aimé que Sam continue à tourner des films. Mais lui n'était pas entièrement satisfait par cette première expérience cinématographique et il n'avait plus qu'une envie maintenant : rentrer à New York pour commencer les répétitions de sa nouvelle pièce.

En janvier 1956, Solange et Sam rentrèrent à New York et aussitôt, celui-ci recommença à s'impliquer totalement dans son nouveau rôle. Comme on pouvait s'y attendre, deux mois plus tard, l'actrice qui tenait le premier rôle était devenue sa maîtresse.

Solange supporta très mal cette nouvelle infidélité. Depuis son retour à New York, elle avait recommencé à voir Arthur et il lui arrivait trop souvent de pleurer sur son épaule lorsqu'ils déjeunaient ensemble. La situation d'Arthur ne s'était nullement améliorée depuis un an. Sa mère était morte lorsque les Walker se trouvaient à Hollywood et son mariage avec Marjorie n'était plus que de pure forme. Elle était tellement occupée qu'ils se voyaient à peine. Arthur se sentait affreusement seul et Solange, de son côté, éprouvait exactement le même sentiment. Sam avait beau la couvrir de bijoux et offrir des jouets à ses enfants, cela n'empêchait pas qu'il n'était jamais chez lui et que toute sa famille en souffrait, à commencer par Solange.

Un matin, au petit déjeuner, n'y tenant plus, elle brandit le journal dans lequel elle venait de lire sur son compte d'affreux potins.

— Comment oses-tu agir ainsi ! s'écria-t-elle.

— Tu te fais des idées, Solange ! Chaque fois que je recommence à travailler sur une nouvelle pièce, tu t'imagines des tas de choses...

— Et pour cause ! Chaque fois que tu répètes une nouvelle pièce, tu en profites pour t'envoyer le premier rôle féminin ! Je vais finir par croire que cela fait partie de ton contrat avec le théâtre... Est-ce qu'il n'y a personne d'autre dans la troupe qui puisse se charger de ça ? Ta doublure, par exemple...

De rage, Solange s'était levée de table et Sam en profita pour l'attraper par la taille et l'asseoir sur ses genoux.

— Je t'adore, ma petite capricieuse chérie ! dit-il en riant.

— Je ne suis pas capricieuse du tout, et je sais de quoi je parle ! Inutile d'essayer de me mener en bateau...

Solange aimait trop Sam pour être capable de lui garder rancune. Même quand il rentrait complètement ivre, elle n'osait rien dire. Dans ces cas-là, pourtant, il devenait agressif et n'hésitait pas à s'en prendre à elle. Elle supportait son accès de mauvaise humeur sans broncher et, le lendemain, il suffisait que son Sam adoré la serre dans ses bras pour que l'incident soit oublié...

Au printemps, Solange fut à nouveau enceinte et, juste après Noël, elle accoucha d'une troisième fille, qu'ils appelèrent Megan.

Ce fut une nouvelle fois Arthur qui l'emmena à l'hôpital car Sam se trouvait en Californie. Solange passa deux jours à essayer de le joindre par téléphone pour lui annoncer la naissance de leur fille. Elle savait pertinemment pour quelle raison il se trouvait à Hollywood. Tout le monde était au courant que Sam Walker avait encore fait une nouvelle conquête...

Nullement pressé de voir sa fille, Sam ne rentra à New York que trois semaines plus tard. Cette fois-ci, la coupe était pleine.

— Tu n'hésites pas à m'humilier devant tout le monde ! lui reprocha Solange, le jour de son retour. Et tu te fiches pas mal de moi car tu sais que le jour où tu te décideras à rentrer, je serai encore là à t'attendre... J'en ai assez, Sam ! Je veux divorcer.

— Comme d'habitude, tu te fais des idées, Solange ! Je parie qu'on t'a encore raconté n'importe quoi...

— Personne n'a besoin de me dire quoi que ce soit, Sam ! Il suffit que j'ouvre le journal pour apprendre aussitôt en compagnie de qui mon cher mari est en train de passer quelques jours à Hollywood... Cela fait trop longtemps que cela dure ! J'ai l'impression que le succès t'est monté à la tête. Tu es tellement imbu de ta propre personne que tu penses que cela te donne tous les droits. Tu oublies que, moi aussi, j'ai des droits ! Entre autres, celui de vivre avec un mari qui m'aime et qui me soit fidèle !

Solange avait toujours été une épouse dévouée et Sam le savait. Mais plutôt que de s'excuser, il se mit à l'accuser à son tour.

— Et toi, demanda-t-il d'un ton rageur, est-ce que tu me demandes ma permission chaque fois que tu vas déjeuner avec Arthur ?

— Arthur est la seule personne avec qui je puisse parler, Sam ! Lui, au moins, je suis sûre qu'il n'ira pas répéter aux journaux ce que je lui dis... Et c'est vrai que cela me fait du bien de lui avouer à quel point je suis malheureuse...

— Et lui bien sûr, pendant ce temps-là, il en profite pour te raconter à quel point il est malheureux avec Marjorie... Pauvres chéris ! Vous êtes bien à plaindre, tous les deux... En tout cas, ajouta Sam, il n'est pas question que je t'accorde le divorce. Inutile de me le demander !

— Je n'aurai pas besoin de te demander quoi que ce soit ! rétorqua Solange.

— Et pourquoi donc ? demanda Sam, soudain inquiet.

— Pour la bonne raison que le jour où je serai décidée à divorcer, je n'aurai qu'à te faire suivre... Rien de plus facile que de te prendre en flagrant délit d'adultère !

Sam, ulcéré, sortit en claquant la porte et, le lendemain, il repartait en Californie et y restait un mois entier.

Le soir où il rentra à New York, Solange était encore debout. Contrairement à son habitude, elle ne manifesta aucune joie à le revoir et elle lui dit ce qu'elle pensait de son attitude. Elle en avait gros sur le cœur et ne mâchait pas ses mots, si bien que, très vite, la discussion s'envenima.

Hilary, qui dormait dans une chambre située au fond du couloir, fut réveillée par le bruit de leurs voix et elle sortit de son lit sans faire de bruit.

Elle n'avait que huit ans à l'époque, mais ce qui se passa ensuite resterait à jamais gravé dans sa mémoire : les paroles que ses parents échangeaient, puis le hurlement des sirènes dans la rue, les infirmiers qui pénétraient dans l'appartement puis en ressortaient portant sa mère sur un brancard, les larmes qui inondaient les joues de son père alors qu'il les regardait faire, et pour finir, le coup de fil que donnait la gouvernante pour prévenir oncle Arthur...

Quand Arthur arriva chez les Walker, il était dans tous ses états et refusait encore de croire ce que la gouvernante lui avait annoncé par téléphone.

« C'est impossible ! » répétait-il en faisant les cent pas dans le salon.

Même si Sam et Solange se disputaient parfois, au fond ils s'adoraient. Il suffisait de les voir une fois ensemble pour être frappé par la force de la passion qui les unissait. Tout avait commencé il y a bien longtemps rue d'Arcole, à Paris, et il n'y avait aucune raison au monde pour que cela se termine ainsi...

Pourtant, au petit matin, quand le portier frappa discrètement à la porte pour apporter les journaux, Arthur dut se rendre à l'évidence. Les événements de la nuit étaient relatés en première page dans un des quotidiens. Tout était là, imprimé noir sur blanc. La fin d'un rêve... La fin d'une vie... Il n'y avait plus aucun doute : Sam avait tué Solange.

DEUXIÈME PARTIE

HILARY

5

Juste après le meurtre, Sam avait été emmené au commissariat de la 51ᵉ Rue Est et il était midi passé quand Arthur obtint enfin la permission de le voir.

Les policiers l'avaient longuement interrogé, plutôt par routine, puisque Sam avait tout avoué dès son arrivée. Il leur avait raconté en sanglotant sa première rencontre avec Solange à Paris, puis leur vie à New York. En revanche, il avait été incapable d'expliquer son geste. Il ne savait pas pourquoi il avait fait une chose pareille...

Bien sûr, il était ivre lorsqu'il était rentré chez lui et Solange l'avait menacé de le quitter... Il avait subitement eu peur de la perdre et n'avait pu supporter cette idée... Et puis Solange avait eu une parole qui l'avait soudain mis hors de lui... Maintenant, cela n'avait plus d'importance, mais sur le coup, il avait perdu la tête et il l'avait étranglée...

— Sam ! appela Arthur d'une voix rauque lorsque la lourde porte de la cellule se fut refermée derrière lui.

Debout au centre de la pièce, l'air hébété, Sam ne semblait pas s'être aperçu de l'arrivée de son ami. Arthur s'approcha de lui et lui toucha le bras pour attirer son attention.

— Je l'ai tuée, Arthur ! Je l'ai tuée…, dit Sam en fondant en larmes.

Solange était toute sa vie et il l'adorait… Dieu du ciel ! Qu'avait-il fait ? Le souvenir de son visage aux yeux révulsés le hantait. Il se tourna vers son ami, hagard.

— Asseyons-nous, proposa Arthur en le prenant avec douceur par le bras.

Ils s'installèrent sur les deux chaises à dossier droit qui étaient placées de chaque côté d'une étroite table en fer.

— Veux-tu essayer de me raconter ce qui s'est passé ? demanda Arthur.

— Je l'ai tuée ! répéta Sam.

« Est-il en état de me dire autre chose ? » se demanda Arthur en observant son ami. Sam avait besoin d'un avocat. Mais, avant de s'adresser à l'un de ses confrères, Arthur désirait recueillir un maximum d'informations sur ce qui s'était passé la veille au soir.

— Je sais bien que tu l'as tuée, mais j'aimerais que tu me dises ce qui s'est passé avant… Vous vous êtes disputés ? Est-ce qu'elle t'a menacé ?

— Solange était très en colère et elle m'a dit des choses terribles…

— Pourquoi était-elle en colère ? demanda Arthur, bien qu'il connût d'avance la réponse.

Fixant le sol, Sam essaya de se rappeler ce qui avait eu lieu quand il était rentré chez lui. Solange était hors d'elle. Jamais il ne l'avait vue dans un tel état ! Soudain, il avait compris qu'il était allé trop loin. Et qu'il ne pourrait pas supporter de la perdre, elle, la seule femme qu'il aimait.

— Elle était au courant de ma dernière liaison, dit-il. Et elle m'a reproché de la tromper... Elle ne voulait pas comprendre qu'à mes yeux ces amourettes n'avaient aucune espèce d'importance, qu'elles n'en avaient jamais eu...

— A tes yeux, peut-être... Mais Solange ne voyait pas les choses de la même manière ! Est-ce qu'elle t'a menacé de divorcer ?

Sam hocha la tête, puis il lança à Arthur un coup d'œil soupçonneux. La veille, s'il avait perdu tout contrôle, ce n'était pas seulement parce qu'il était ivre mais aussi parce que Solange lui avait dit quelque chose qui l'avait soudain fait sortir de ses gonds. Le moment était venu de tirer cela au clair.

— Elle m'a dit qu'elle voulait divorcer parce qu'elle couchait avec toi, dit Sam tout à trac. Est-ce que c'est vrai ?

— Qu'en penses-tu ?

— Je savais que vous vous voyiez assez souvent et que vous déjeuniez régulièrement ensemble, mais de là à imaginer qu'elle était ta maîtresse...

En bon avocat qui connaît d'avance la réponse à la question qu'il va poser, Arthur demanda :

— Est-ce que Solange a essayé de te cacher le fait qu'elle me rencontrait ?

— Non, reconnut Sam. Chaque fois qu'elle déjeunait avec toi, elle me le disait. Enfin, j'ai l'impression...

— Est-ce que tu ne crois pas qu'en te disant qu'elle était ma maîtresse, elle voulait te rendre la monnaie de ta pièce ? Se venger de toute la peine que tu lui faisais ? Elle n'avait pas d'autre moyen, la pauvre…

Maintenant, tout était clair ! Mais, la veille au soir, quand Solange lui avait jeté à la figure qu'elle couchait avec Arthur, Sam était tombé dans le panneau et il n'avait rien trouvé de mieux que de la tuer… A cette seule pensée, il sentait au fond de sa gorge une boule d'angoisse qui l'empêchait presque de respirer comme si, à son tour, on était en train de l'étrangler. La douleur était intolérable mais il savait qu'il n'avait que ce qu'il méritait. Si on lui avait laissé le choix, il aurait d'ailleurs accepté de mourir sur-le-champ.

— Que va-t-il arriver à mes filles ? demanda-t-il, complètement paniqué.

Toute la matinée, Arthur avait réfléchi à la question sans trouver pour autant de solution.

— Je pense que tu as suffisamment d'argent pour assurer leur subsistance. Au moins jusqu'au procès…

Les trois fillettes pourraient rester dans leur appartement, avec leur gouvernante et la bonne.

— Combien tout cela va-t-il me coûter ?

Arthur avait bien du mal à ne pas penser sans cesse à cette malheureuse Solange et au fait qu'elle venait de payer de sa vie l'inconséquence de son mari… Pourtant, malgré ce qui venait d'arriver, Sam restait son ami. Il était même plus que cela aux yeux d'Arthur : un frère, avec lequel il avait fait la guerre et qui, plus d'une fois, lui avait sauvé la vie. Le moment était venu de lui rendre la pareille.

— Tout dépend de l'avocat que nous choisirons, expliqua-t-il. Je ne sais pas encore qui je vais te conseiller exactement, mais je te promets que ce sera un champion dans sa partie. Ton procès va faire du bruit et, avant qu'il ne commence, toute la sympathie du public va être acquise à Solange. Ces dernières années, la presse n'a pas cessé de parler de tes liaisons et ce genre de chose va peser très lourd dans la balance.

— C'est toi qui vas me défendre, Arthur ! intervint Sam. Je ne veux personne d'autre...

— Moi ? s'écria Arthur, le visage soudain décomposé. Tu n'y penses pas !

— Et pourquoi donc ?

— D'abord parce que je suis ton ami, et ensuite parce qu'il te faut absolument un avocat spécialisé en droit criminel.

— C'est toi que je veux ! insista Sam, les larmes aux yeux. Je n'accepterai personne d'autre pour ma défense.

Arthur avait l'impression de vivre un véritable cauchemar. Toute cette affaire était suffisamment horrible comme cela sans que Sam lui demande en plus d'être son avocat !

— Je ne pense pas que j'en serais capable, Sam. Les affaires criminelles, ce n'est pas du tout ma partie... Si, le jour du procès, je ne suis pas à la hauteur, c'est toi qui vas en subir les conséquences...

« Et moi par la même occasion », eut-il envie d'ajouter. Si par malheur il avait la charge de ce procès et qu'il le perdait, jamais il ne se le pardonnerait.

— Je t'en supplie, Arthur ! Si tu ne le fais pas pour moi, fais-le au moins pour mes filles... Et pour Solange.

Pour Solange ? Grands dieux ! Comment Sam osait-il invoquer un argument pareil alors qu'il venait de la tuer de ses propres mains... Et pourtant, Arthur devait reconnaître que si Solange avait encore été là, elle l'aurait certainement supplié de faire ce que Sam lui demandait.

— Je suis convaincu que nous faisons une erreur, dit-il. Moi, ma spécialité, ce sont les déclarations fiscales et je risque de commettre des erreurs irréparables. Au nom de notre amitié, ne me demande pas une chose pareille ! C'est absolument impossible !

Mais Sam ne céda pas. Arthur n'avait plus qu'à s'incliner.

— Nous en reparlerons plus tard, proposa-t-il. Pour l'instant, il faudrait peut-être que je prévienne quelqu'un au sujet de tes filles.

A qui Sam pouvait-il faire appel ? A l'exception d'Arthur, il n'avait aucun ami. Bien sûr, il connaissait des tas de gens à New York. Mais tous appartenaient au monde du spectacle et il s'agissait de simples relations professionnelles. Personne sur qui il puisse vraiment compter. Solange non plus n'avait pas d'amie intime. Comment s'en serait-elle fait alors qu'elle consacrait tout son temps à la carrière de Sam et à élever ses enfants ? Et à l'exception d'Eileen, Sam n'avait plus de famille...

— Je ne vois personne autour de moi qui puisse s'occuper de mes trois filles, répondit-il. J'ai bien encore une sœur qui vit à Boston... mais je t'en prie, ne la contacte pas.

— Pourquoi ?

— Cela fait des années que je ne l'ai pas vue. Et, à l'époque, c'était déjà une sorte de clocharde.

— Donne-moi tout de même son nom. On ne sait jamais...

— Eileen... Eileen Jones. Aux dernières nouvelles, elle était mariée avec un ex-marine et vivait à Charlestown, dans la banlieue de Boston. Si tu veux mon avis, mieux vaut la laisser en dehors de tout ça. Il suffirait que tu la voies cinq minutes pour comprendre ce que je veux dire...

— Au nom du ciel, Sam, essaie de te mettre à ma place ! Je ne vais pas téléphoner à ta sœur pour l'inviter à venir passer le week-end chez moi... La situation n'est pas des plus simples et si ta famille pouvait nous donner un coup de main, cela ne serait pas de refus.

Solange laissait derrière elle trois enfants dont la plus jeune était encore un nourrisson. Pour s'occuper d'elles, il n'y avait que leur gouvernante et la bonne... et Arthur, qui se voyait bien mal parti.

Sam se leva soudain et fit quelques pas dans la pièce. Il s'approcha de la fenêtre comme s'il voulait vérifier la solidité des barreaux qui la protégeaient et jeta un coup d'œil dehors.

Pour la première fois depuis la veille au soir, il pensait au sort de ses filles. Comment avait-il osé leur arracher leur mère ? Une mère qui les adorait, les embrassait et les dorlotait à longueur de journée, qui les berçait le soir pour qu'elles s'endorment ou qui leur lisait des histoires, et qui n'hésitait jamais à partager leurs jeux... Une mère qui, depuis huit ans, avait consacré tous ses instants à élever ses filles et à les rendre heureuses... Sam serait-il capable de prendre la relève quand il sortirait de prison ? En tout cas, il le faudrait...

— Crois-tu qu'on m'autoriserait à les voir ? demanda-t-il en s'approchant à nouveau d'Arthur.

— La question n'est pas là, Sam ! Je suppose que tu n'as pas très envie que tes filles viennent te rendre visite ici...

— Non, tu as raison... Seulement, j'aimerais bien leur expliquer ce qui s'est passé... A Hilary, surtout.

— Tu pourras toujours le faire plus tard. Pour l'instant, l'important, c'est d'essayer de te sortir de là.

— Crois-tu que cela soit possible ?

C'était la première fois que Sam lui posait la question et Arthur ne voulait pas lui donner de faux espoirs.

— Je continue à penser que tu auras besoin d'un très bon avocat d'assises.

— Peu importe, Arthur ! Je tiens à ce que ce soit toi qui me défendes.

— Pour être tout à fait honnête, Sam, ton affaire est bien mal partie, expliqua Arthur en soupirant. Comme tu as avoué, il ne reste plus qu'une seule solution : plaider l'accès de folie passagère et dire qu'il s'agit d'un crime passionnel. Les membres du jury vont avoir du mal à avaler une chose pareille ! Surtout s'ils ont lu dans les journaux le récit circonstancié de tes frasques...

Sam, qui savait qu'Arthur avait raison, ne put que hocher la tête en signe d'assentiment.

Quand, une heure plus tard, Arthur quitta le commissariat, il ne put s'empêcher de repenser à la conversation qu'il venait d'avoir avec Sam. Il regrettait maintenant de ne pas lui avoir dit avant qu'il ne soit trop tard qu'il se conduisait comme un imbécile avec sa femme. S'il était intervenu plus tôt, peut-être les choses ne se seraient-elles pas terminées aussi tragiquement...

Bien sûr, jamais il ne pardonnerait à Sam d'avoir tué Solange. Mais il savait aussi que son ami avait des excuses. Il était devenu l'acteur le plus en vogue de Broadway alors qu'il n'avait pas encore trente ans. Il était certainement trop jeune pour assumer un tel succès. Cette célébrité soudaine avait modifié sa vie de fond en comble...

Sam avait été bien trop obnubilé par sa carrière pour trouver encore le temps de se soucier de sa femme. Le succès lui était monté à la tête : il était devenu un bel égoïste et se conduisait en enfant gâté. Même ses filles en étaient conscientes et, tout récemment, Alexandra avait dit à Arthur : « Quand papa est à la maison, il faut être très gentil avec lui, sinon il est de mauvaise humeur et il se met en colère. » Les rares fois où ce célèbre papa était là, toute la vie de la maisonnée tournait autour de lui : il ne fallait pas faire de bruit s'il était fatigué, ne pas oublier de lui offrir ses friandises favorites et chanter en son honneur une chanson que Solange avait apprise tout exprès à ses filles...

En l'espace de quelques heures, les trois petites Walker avaient perdu non seulement leur mère, mais aussi leur père, puisque Sam était inculpé de meurtre. Et Arthur se demandait, angoissé, ce qu'elles allaient devenir.

En arrivant à son bureau, son premier soin fut de téléphoner aux parrains et marraines des trois fillettes pour voir si ceux-ci manifestaient quelque intérêt pour leurs filleules. Mais très vite, il se rendit compte qu'il faisait fausse route. Pour assister au baptême de ses filles, Sam avait choisi des acteurs en vogue qui n'éprouvaient aucun attachement particulier pour les enfants. Le sort de leurs filleules était le cadet de leurs soucis et la seule chose qui les intéressait, c'était de savoir ce qui s'était passé la veille au soir afin de pouvoir annoncer la nouvelle à leurs amis. Pourquoi Sam avait-il fait une chose pareille ? Est-ce que c'était la faute de Solange ? Ou était-ce lui qui était devenu fou ? Qu'allait-il lui arriver maintenant ? Pour quand était prévu le procès ? Etc.

Lorsque Arthur reposa le combiné de son téléphone après avoir répondu à toutes ces questions, il se rendit compte qu'il en était toujours au même point. Lui mis à part, tout le monde se fichait éperdument de ce qui pouvait arriver aux trois orphelines.

Cet après-midi-là, il fit une seconde démarche. Il se rendit à la banque de Sam et demanda à connaître l'état de son compte. C'est alors qu'il découvrit, catastrophé, que Sam n'avait pas mis un sou de côté. Il avait dépensé l'intégralité de ses cachets pour mener la grande vie et entretenir ses nombreuses maîtresses. Il avait même fait la folie de demander une avance sur sa prochaine pièce... Bref, il lui restait tout juste de quoi payer le loyer de l'appartement et les salaires de la bonne et de la gouvernante pendant quelques mois, jusqu'à la fin du procès !

Arthur ne put s'empêcher de repenser à ce que lui avait dit Solange quelques années plus tôt. Elle aurait aimé que Sam pense à l'avenir de ses filles au lieu de jeter l'argent par les fenêtres. Mais lui, au lieu de l'écouter, avait continué à acheter des complets hors de prix, des manteaux de vison et des bijoux... Même Arthur, qui le connaissait bien, était tout de même surpris qu'il se soit montré aussi négligent. Son inconséquence signifiait aujourd'hui le désastre pour ses enfants.

Le soir même, en rentrant chez lui, Arthur fit part de ses inquiétudes à Marjorie et il lui expliqua quel terrible destin attendait les trois fillettes si personne ne s'occupait d'elles. S'il espérait émouvoir sa femme, il fut bien déçu. Marjorie répliqua que les enfants de Sam et Solange devaient leur ressembler et qu'elle n'avait pas l'intention de s'occuper de ces romanichels.

Les jours suivants, il n'eut pas l'occasion de reparler de la question avec elle car, entre Sam, ses filles, la presse qui les harcelait tous et l'organisation des obsèques, il n'eut pas une minute à lui.

L'enterrement de Solange eut lieu trois jours après le meurtre et attira énormément de monde. La plupart des gens qui suivaient le cortège étaient venus parce qu'ils connaissaient, de près ou de loin, le célèbre Sam Walker. Mais il y avait aussi dans l'assistance un certain nombre de personnes qui semblaient avoir connu Solange personnellement et l'avoir beaucoup appréciée. « C'était une femme adorable, entendait-on, et merveilleusement belle...

Elle aussi, elle aurait pu être actrice... Je lui avais demandé de poser pour moi, mais elle n'a jamais voulu... Une mère formidable pour ses enfants... Son mari avait bien de la chance... Solange était folle de lui... »

Pendant la cérémonie à l'église, Arthur était placé au premier rang avec les filles de Sam et la gouvernante, qui tenait dans ses bras la petite Megan. Hilary ayant refusé de s'asseoir à côté d'oncle Arthur, c'est Alexandra qui avait pris sa place. Muette, les yeux secs, Hilary fixait le cercueil posé devant l'autel et elle serrait très fort la main de sa cadette. Arthur avait commandé une énorme gerbe de roses blanches qui ornait le couvercle de la bière.

Alexandra était trop jeune pour comprendre que sa mère était morte et elle croyait qu'elle était en train de dormir dans cette boîte couverte de roses. Aussi, à un moment donné, elle se pencha vers Hilary pour lui demander si sa maman, comme la Belle au Bois Dormant, allait se réveiller quand papa viendrait l'embrasser.

— Non, répondit Hilary le plus calmement du monde. Maman va continuer à dormir.

— Pourquoi ? interrogea encore Alexandra.

— Parce que c'est comme ça ! Maintenant, tiens-toi tranquille, ajouta Hilary alors que l'organiste attaquait l'*Ave Maria*.

A la fin de la messe, lorsqu'on commença à sortir le cercueil de l'église, le visage de Hilary blêmit. Quittant son banc elle se précipita derrière les porteurs et alla cueillir deux roses blanches dans l'énorme bouquet. Revenant à sa place, elle tendit une des roses à Alexandra et garda l'autre pour elle. Alexandra fondit en larmes. Elle voulait que sa maman se réveille maintenant, disait qu'elle ne pouvait pas respirer dans cette boîte fermée. Même la petite Megan se mit à pousser des cris déchirants, et la gouvernante dut l'emmener.

« Quelle tristesse que d'enterrer Solange par une si belle journée ! » se dit Arthur au moment où le cortège quittait l'église sous un soleil radieux. Elle qui avait toujours aimé le soleil, la lumière et les fleurs, elle qui rayonnait tant avec sa chevelure flamboyante et ses yeux étincelants...

Après avoir raccompagné les fillettes à Sutton Place, il se rendit au cimetière. Puis il reprit sa voiture pour aller à la prison de Rikers Island, où Sam était maintenant incarcéré.

Lorsque Sam le vit entrer dans sa cellule, tout vêtu de noir, son feutre sur la tête, pâle, les traits tirés, et portant à la main une rose blanche qui venait de la gerbe de Solange, il eut l'impression d'être soudain en présence de l'ange de la mort en personne et il tressaillit violemment.

— J'ai pensé que cela te toucherait, dit Arthur en tendant à Sam la rose blanche qu'il avait apportée pour lui.

— Comment vont les filles ?

— Elles s'en sortent très bien. Hilary s'occupe de ses deux sœurs un peu comme si elle était leur mère maintenant que Solange n'est plus là.

La tête basse, Sam s'assit sur une chaise et huma la rose qu'Arthur venait de lui donner. Cette fleur avait un parfum de mort, de tristesse et de funérailles... Il en était de même de l'amour que Sam éprouvait pour Solange, et de sa propre vie : là non plus, il n'y avait aucune place pour la joie. Au fond, il aurait aussi bien pu mourir le jour où il l'avait tuée... Même ses filles lui semblaient loin maintenant. Quand il pensait à elles, il se disait qu'elles le haïraient le jour où elles apprendraient qu'il avait tué leur mère. Jamais plus il n'oserait les regarder en face ! Arthur avait beau dire qu'il fallait qu'il pense à elles, Sam ne se faisait aucune illusion à ce sujet. Que pourrait-il leur apporter lorsqu'il sortirait de prison ? Ses dettes ? Ses mauvaises habitudes ?

Quels que soient ses efforts, jamais il n'arriverait à leur faire comprendre l'intense sentiment de culpabilité qui l'habitait à la pensée d'avoir tué la seule femme qu'il aimait...

— Si tu n'y vois pas d'inconvénient, j'aimerais vendre les bijoux de Solange..., commença Arthur en s'éclaircissant la gorge. Le prix que j'en tirerai nous permettra de voir venir en ce qui concerne tes filles et de couvrir les frais du procès. Il est bien entendu, ajouta-t-il, que si c'est moi qui te défends, je ne te demanderai pas d'honoraires.

Arthur aurait cent fois préféré payer de sa poche un avocat plutôt que de défendre Sam lors de son procès. Ce dernier avait beau être son ami, il ne lui pardonnait pas d'avoir tué la seule femme au monde qu'il ait jamais aimée, admirée et même vénérée. Pourtant, si Sam persistait dans sa décision, il serait bien obligé d'en passer par là...

— Que penses-tu de mon idée de vendre les bijoux de Solange ? demanda-t-il à nouveau.

— Je suis tout à fait d'accord, répondit Sam. Surtout si cela peut aider mes filles... Les bijoux sont déposés dans un coffre à la banque et je vais te dire où se trouve la clé.

— Inutile, Sam. Je l'ai déjà trouvée. Tous vos papiers étaient en ordre. Solange devait être une femme remarquablement organisée...

Remarquable, Solange l'avait été à tous points de vue. Seulement, quand Sam s'en était rendu compte, il était trop tard, et maintenant elle était partie pour toujours...

— Je m'occuperai de la vente des bijoux cette semaine, proposa Arthur.

Il avait en effet besoin d'argent. Il voulait assurer la subsistance des filles de Sam, au moins jusqu'à ce que le verdict soit rendu. De plus, sur le plan juridique, pour pouvoir plaider l'acte de folie passagère, il allait falloir engager des experts psychiatriques, donc payer leurs honoraires. Et il espérait que la vente des bijoux de Solange couvrirait tous ces frais.

Quand Noël arriva, Arthur fut confronté à un nouveau problème. Qui allait passer Noël avec les trois filles de Sam ? Certainement pas leur gouvernante. Elle ne manifestait pas à leur égard de réelle affection, se contentant de faire son travail, sans plus. Cela avait suffi à Solange car c'était elle qui s'occupait le plus souvent de ses filles. Finalement, Arthur se dit que le mieux serait de laisser la petite Megan à la maison avec la bonne et d'emmener les deux aînées manger au restaurant le 25 décembre.

Malgré tous ses efforts, ce fut un bien triste repas. Entre Hilary et lui, le courant ne passait pas. A tel point qu'Alexandra, après avoir observé que sa sœur ne desserrait pas les dents, finit par lui dire, un peu surprise :

— On dirait que tu en veux à oncle Arthur...

— Je ne lui en veux pas, répondit Hilary sans lever les yeux de son assiette.

— Mais si, tu lui fais la tête ! insista Alexandra. Tu retires ta main à chaque fois qu'il essaie de la prendre.

— Tais-toi, Axie ! Et mange ta dinde ! lui conseilla Hilary sur un ton sans réplique.

Après le repas, pensant faire plaisir aux deux petites filles, Arthur les emmena au Plaza pour écouter des chants de Noël interprétés par des violonistes. Mais Hilary, qui semblait plongée dans ses propres pensées, ne se dérida pas pour autant. Et Arthur regretta une fois de plus que Marjorie ait refusé de se joindre à eux en ce jour de Noël sous prétexte qu'elle devait déjeuner au Colony Club avec une collègue juriste.

« Ces enfants ne m'intéressent absolument pas ! avait-elle expliqué à Arthur lorsque celui-ci lui avait fait part de son intention de les emmener au restaurant. Elles ne font pas partie de notre famille : tu n'as donc aucune raison de t'en occuper. Il est largement temps d'ailleurs qu'elles s'adaptent à leur nouvelle situation.

— Elles n'ont que huit et cinq ans, Marjorie ! s'était écrié Arthur, abasourdi. Tu ne peux pas leur demander l'impossible. En plus, tu oublies que c'est Noël...

— Ce n'est pas mon problème, Arthur ! Libre à toi de jouer les bons Samaritains... Mais n'essaie pas de m'embarquer dans cette histoire ! »

Il était clair que Marjorie était en train de faire payer à Arthur ses nombreux déjeuners avec Solange. Elle n'était pas assez amoureuse de son mari pour être jalouse. Mais elle ne lui avait jamais pardonné de fréquenter une Française aux manières simples et décontractées, mariée de surcroît à un acteur. Le succès de Sam à Broadway n'avait rien changé à l'opinion qu'elle avait de lui et, maintenant qu'il avait tué sa femme, elle le considérait comme un véritable pestiféré.

Sam, de son côté, n'avait pas été autorisé à appeler ses filles pour Noël et, même si l'administration pénitentiaire lui en avait donné la permission, il aurait certainement refusé. Le jour où Arthur lui avait apporté des photos de ses filles, il y avait à peine jeté un coup d'œil. Il était très déprimé et passait son temps à ressasser les fautes et les erreurs qu'il avait commises vis-à-vis de Solange. Il donnait l'impression d'avoir vieilli d'un coup et laissé toute sa vie derrière lui. Arthur avait d'ailleurs beaucoup de mal à l'intéresser à son futur procès. Lorsqu'il essayait de discuter avec lui des arguments qu'il comptait employer pour sa défense, Sam lui répondait que le verdict était le dernier de ses soucis et qu'il méritait cent fois d'être puni. Ce qui, pour Arthur, était bien peu encourageant.

Durant l'hiver qui suivit, Arthur prit l'habitude d'aller dîner régulièrement à Sutton Place pour que les trois petites filles ne se sentent pas trop seules. Il se rendit compte très vite que Hilary avait pris la direction des opérations et qu'elle veillait sur ses deux sœurs comme l'aurait fait une mère. La petite Megan commençait même à la considérer comme telle. Chaque fois qu'Arthur leur rendait visite, il était effrayé par l'angoisse et la tristesse qu'il lisait dans le regard de Hilary. Depuis que sa mère était morte, elle refusait de se confier à lui et semblait même le fuir. Le jour où il lui avait rappelé qu'il était son parrain et qu'il l'aimait beaucoup, elle s'était contentée de l'écouter poliment, mais ne lui avait rien répondu. Elle était devenue une petite fille distante et anormalement calme, et les rares fois où elle faisait allusion à son père, on aurait dit qu'elle parlait de quelqu'un qui était mort bien des années auparavant. La disparition soudaine de sa mère semblait l'avoir traumatisée et elle paraissait beaucoup plus que son âge.

Lorsqu'il ne se faisait pas de souci pour Hilary, Arthur s'inquiétait de l'avenir matériel des trois filles de Sam. Chaque mois, il fallait payer le salaire de la bonne et de la gouvernante, le loyer de l'appartement, la nourriture et l'école des deux aînées. Sans parler des impondérables : achat de vêtements ou visites du médecin quand la petite Megan avait été malade. Une grande partie de l'argent provenant de la vente des bijoux de Solange avait été investie dans la future défense de Sam et il ne restait plus grand-chose sur son compte en banque. On aurait dit d'ailleurs que Hilary s'en doutait. Elle ne perdait jamais une occasion de rappeler à sa sœur qu'il fallait faire des économies et raccommodait elle-même ses robes, à la grande surprise d'Arthur.

Au printemps, celui-ci reçut le résultat des examens psychiatriques auxquels Sam avait été soumis. De l'avis général, Sam était complètement déprimé.

Depuis le début de son incarcération, il avait perdu près de quinze kilos. Concernant le meurtre lui-même, les experts psychiatriques semblaient penser qu'il avait agi sous l'empire de la passion et que son acte était peut-être dû à un moment de folie passagère, même si, lors des entretiens, le prévenu leur était apparu comme un homme normal, sain d'esprit et intelligent.

La phase dépressive que traversait Sam ne facilitait pas la tâche d'Arthur. Son ami ne faisait rien pour l'aider. Il passait donc ses nuits à compulser son code pénal, à consulter le compte rendu de procès similaires et à éplucher le dossier dans l'espoir d'y découvrir un aspect de l'affaire qui lui avait peut-être échappé.

Le procès lui-même fut un véritable cauchemar. Le procureur semblait sûr de lui et il ne se gêna pas pour faire venir à la barre les nombreuses actrices, starlettes et mannequins qui avaient couché avec l'accusé. Toutes certifièrent sur l'honneur que Sam buvait trop, qu'il pouvait se montrer violent lorsqu'il était ivre et qu'il manquait totalement de moralité.

L'accusation fit ensuite le portrait de la victime et, dans ce domaine, Arthur dut reconnaître qu'il était totalement d'accord avec les arguments de la partie adverse. Solange fut présentée comme une femme intelligente, sensible, pleine de charme, uniquement préoccupée par la réussite professionnelle de son mari et l'éducation de ses enfants. Les témoins appelés à la barre témoignèrent aussi qu'elle n'avait jamais agi avec la moindre extravagance, bien que cette pratique soit courante parmi les épouses dans le milieu du spectacle, à Broadway comme à Hollywood. A la lueur de ces témoignages, il devenait évident que Solange avait adoré son mari et qu'elle lui avait toujours été fidèle.

En s'appuyant sur cet argument, le procureur n'eut aucun mal à démontrer que Sam Walker n'avait pas de raison de tuer sa femme et qu'on ne pouvait donc en aucun cas parler de « crime passionnel ». L'accusé étant parfaitement sain d'esprit au moment du meurtre, il s'agissait donc d'un acte odieux et délibéré. Poursuivant son argumentation, le procureur n'hésita pas à suggérer que l'on avait affaire à un meurtre avec préméditation : l'accusé avait assassiné sa femme car il voulait avoir le champ libre pour continuer à la tromper !

De son côté, Arthur défendit la thèse de l'homicide involontaire et essaya de convaincre le jury qu'il ne s'agissait que d'un regrettable accident. Mais la thèse de la défense ne fut pas retenue et, après plus de trois semaines de procès et à peine un jour de délibération, le jury rendit un verdict accablant : Sam Walker était reconnu coupable du meurtre de sa femme et ne bénéficiait d'aucune circonstance atténuante.

Le regard vitreux et l'air absent, Sam quitta le prétoire entre deux gardiens. Durant le procès, son état dépressif s'était encore aggravé et, lorsqu'il avait été appelé à la barre, il n'avait manifesté aucune émotion devant les faits qui lui étaient reprochés. Cette attitude avait produit un effet très défavorable sur le jury. A l'exception d'Arthur, qui aurait pu deviner que ce meurtrier qui semblait dénué de tout sentiment était, en réalité, un homme rongé par le remords d'avoir tué la femme qu'il aimait ?

En sortant du tribunal, Arthur se précipita à la prison pour voir Sam. Mais celui-ci, averti de sa visite, refusa de se rendre au parloir pour le rencontrer et, comme il était maintenant condamné, Arthur ne put obtenir l'autorisation d'aller le rejoindre dans sa cellule.

Persuadé qu'il avait failli à sa tâche, Arthur rentra chez lui désespéré. En arrivant dans son bureau, il but deux verres de whisky coup sur coup, ce qui n'améliora nullement son moral. Jamais il n'aurait dû accepter de défendre Sam ! S'il avait refusé, son ami aurait été obligé de prendre un autre avocat et peut-être qu'alors le verdict aurait été différent...

Posé en évidence sur sa table de travail, Marjorie avait laissé un message pour lui annoncer qu'elle ne rentrerait pas dîner ce soir-là. Qu'elle aille au diable ! se dit Arthur. De toute façon, la seule femme au monde dont la chaleur humaine et l'amitié inconditionnelle auraient pu le consoler de ses déboires, Sam la lui avait ravie pour toujours... Et il en venait à se demander si, pour un acte aussi barbare, le jury n'avait pas eu raison de le condamner.

Il était perdu dans ses pensées quand le téléphone sonna. C'était le sergent de service de la prison qui l'appelait au sujet de son client. « Peut-être Sam a-t-il enfin accepté de me voir », se dit Arthur en jetant un coup d'œil à sa montre. Il était huit heures du soir : un peu tard pour rendre visite à un prisonnier...

— Votre client s'est suicidé dans sa cellule il y a une heure, monsieur Patterson. Nous venons juste de le trouver et c'est pourquoi je vous appelle.

Arthur eut soudain l'impression que son cœur cessait de battre.

— C'est impossible, murmura-t-il.

Quand le sergent eut répété ce qu'il venait de dire, Arthur s'écroula dans son fauteuil, tremblant de tout son corps, et s'écria :

— Vous auriez pu au moins le surveiller !

Le personnel de la prison était parfaitement au courant de l'état dépressif de Sam et les psychiatres avaient insisté sur ce fait dans leurs rapports. Mais personne n'avait voulu croire que le prisonnier irait jusqu'à attenter à ses jours. Et maintenant, l'irrémédiable s'était produit. En l'espace de quelques mois Arthur venait de perdre la seule femme qu'il ait jamais aimée et son meilleur ami. Et maintenant que Sam et Solange étaient morts, qu'allaient devenir leurs trois filles ? Il devrait avoir une discussion sérieuse avec Marjorie à son retour. Les fillettes étaient de vraies orphelines et n'avaient plus qu'eux à présent.

6

— Tu as perdu la tête ou quoi ?

Marjorie n'aurait pas paru plus choquée si Arthur s'était soudain mis à se déshabiller en public. Un quart d'heure plus tôt, alors qu'elle venait de rentrer, il lui avait annoncé que Sam s'était suicidé dans sa cellule. Cette nouvelle n'avait pas semblé l'affecter outre mesure. Par contre, lorsqu'il lui expliqua que Hilary, Alexandra et Megan étaient maintenant seules au monde et que, compte tenu du peu d'argent que leur laissait leur père, la seule solution était que les trois fillettes viennent vivre chez eux, elle s'emporta. Arthur eut beau plaider qu'il leur suffirait de prendre un appartement un peu plus grand et d'engager une gouvernante pour s'occuper des enfants, Marjorie ne voulut rien entendre.

— Tu es complètement cinglé, mon pauvre Arthur ! reprit-elle, toujours aussi véhémente. As-tu réfléchi à ce que deviendrait notre vie si nous nous retrouvions avec trois enfants en bas âge ? Quand on a décidé de ne pas avoir d'enfants, il n'y a aucune raison de s'occuper de ceux des autres...

— Sam Walker était mon meilleur ami, se défendit Arthur. Il m'a sauvé la vie lorsque nous étions à la guerre. Que tu le veuilles ou non, maintenant qu'il n'est plus là, je me sens responsable du sort de ses filles.

— Tu ne te rends absolument pas compte de ce que représente le fait d'élever trois enfants...

— Depuis la mort de Solange, Hilary a pris en charge ses deux sœurs. Si tu la laisses faire, elle te facilitera amplement les choses, Marjorie...

Arthur avait soudain l'impression d'être revenu bien des années en arrière quand il demandait à sa mère la permission d'acheter une voiture en sachant très bien qu'elle n'allait pas la lui accorder.

— Ce n'est pas moi qui n'ai pas voulu d'enfants, crut-il bon de rappeler. C'est toi qui as toujours dit que la maternité était incompatible avec ta carrière professionnelle.

Marjorie n'essaya même pas de se défendre. Elle ne se sentait pas coupable, simplement indignée qu'Arthur ait le culot de lui proposer une chose pareille.

— Nous n'avons pas le temps de nous occuper de ces enfants, dit-elle. Tu as un travail très absorbant et moi aussi. En plus, l'éducation de ces trois gamines nous coûterait une fortune ! Si elles n'ont plus de famille, ajouta-t-elle, tu n'as qu'à les placer dans une institution...

Sur le moment, Arthur préféra ne pas insister. Mais, le lendemain matin, au moment où ils prenaient leur petit déjeuner, il revint à la charge.

— Pour rien au monde je n'accueillerai chez moi les filles de ces gens-là ! rétorqua aussitôt Marjorie. J'ai toujours pensé que tu manquais de discernement, en particulier dans le choix de tes amitiés, mais maintenant j'en viens à me demander si, en plus, tu n'es pas complètement stupide... Il va de soi qu'avec une pareille hérédité ces trois enfants poseront nécessairement des problèmes. Leur père est un assassin, sans parler du reste... Quant à leur mère, ajouta-t-elle, insensible au regard menaçant que lui lançait Arthur, elle m'a toujours donné l'impression d'être une femme facile. Dieu seul sait ce qu'elle faisait à Paris pendant la guerre avant de mettre le grappin sur Sam Walker !

— Ça suffit, Marjorie ! Tu ne sais pas de quoi tu parles ! J'étais là le jour où Sam l'a rencontrée...

— Tu oublies de dire que c'était dans un bordel...

Arthur se retint de la gifler. De toute façon, Marjorie avait gagné. Vu les sentiments qu'elle éprouvait vis-à-vis de Sam et Solange, ce serait une folie de lui demander d'accueillir leurs trois filles.

— Tu me déçois beaucoup, Marjorie..., se contenta de dire Arthur. Je pensais que le sort de ces trois orphelines ne te laisserait pas complètement indifférente. Puisque c'est le cas, restons-en là !

La semaine suivante, une nouvelle surprise l'attendait à Sutton Place. La gouvernante et la bonne, qui semblaient s'être concertées, lui annoncèrent qu'elles rendaient leur tablier. Soi-disant, le scandale qu'avait provoqué ce procès ne tarderait pas à rejaillir sur elles et, si elles ne prenaient pas les devants, elles ne trouveraient plus jamais de place. Le fait d'abandonner du jour au lendemain les trois petites filles dont elles avaient la charge ne semblait pas leur poser de problème de conscience particulier. A Arthur de se débrouiller !

Celui-ci leur demanda quelques jours pour chercher une solution et, quand la fin de la semaine arriva, comme il n'avait toujours rien trouvé, il se dit qu'il ne lui restait qu'une seule chose à faire : téléphoner à la sœur de Sam. Peut-être accepterait-elle de le dépanner en prenant les enfants chez elle, au moins pendant quelque temps... Arthur en profiterait alors pour rendre l'appartement de Sutton Place, ce qui lui permettrait d'économiser de l'argent sur le maigre pécule des trois fillettes. Pour l'instant, il était pris de court. Mais s'il arrivait à persuader leur tante d'héberger les enfants pendant l'été, cela lui laisserait le temps de s'organiser, ou de convaincre Marjorie d'accepter sa proposition. Du moins l'espérait-il...

En arrivant à son bureau le lundi matin, il donna à sa secrétaire le nom de la sœur de Sam en lui demandant de trouver son adresse et son numéro de téléphone.

Une heure plus tard, la secrétaire revenait avec les renseignements : le numéro de Jack et Eileen Jones, qui habitaient à Charlestown, un des faubourgs de Boston situé tout près des chantiers navals. Sans plus attendre, Arthur décrocha son téléphone.

Eileen Jones avait lu dans le journal le compte rendu du procès et l'annonce du suicide de son frère, aussi Arthur ne lui apprit-il rien qu'elle ne sache déjà. Elle ne semblait pas particulièrement émue par la mort de Sam et, quand son interlocuteur eut fini de parler, elle lui demanda seulement si son frère avait laissé de l'argent.

— Pas grand-chose ! répondit Arthur.

Puis, profitant de la perche qu'elle lui tendait, il continua :

— C'est d'ailleurs pour cette raison que je vous appelle. Sam et Solange avaient trois filles, Hilary, Alexandra et Megan et, pour l'instant, je ne sais pas à qui les confier... Comme vous êtes la seule famille qui leur reste, j'ai pensé que vous accepteriez peut-être de les prendre chez vous pendant quelque temps...

Eileen Jones fut si abasourdie par les paroles d'Arthur qu'elle ne sut pas quoi répondre.

— Vous plaisantez ou quoi ? finit-elle par demander de sa voix nasillarde. Je n'ai jamais eu d'enfants, moi. Alors je ne vois pas pourquoi j'irais m'enquiquiner avec les trois mioches de Sam.

— Vous me rendriez bien service, madame Jones, insista Arthur. Pour l'instant, je ne sais vraiment pas quoi faire de ces trois enfants. Si vous les accueillez chez vous pendant l'été, cela me laissera le temps de me retourner.

— Si j'accepte, est-ce que vous me paierez ? demanda Eileen à brûle-pourpoint.

La question surprit un peu Arthur, mais il n'hésita pas longtemps.

— Il est bien entendu que vous serez dédommagée de tous les frais qu'occasionnera le séjour des enfants chez vous...

— Ce n'est pas ce que je voulais dire..., le corrigea aussitôt Eileen Jones. Mais tant pis ! Cet argent sera quand même bon à prendre.

Arthur commençait à comprendre pourquoi Sam s'était toujours opposé à ce qu'il fasse appel à sa sœur... Malheureusement, maintenant il n'avait plus le choix. Après avoir réfléchi l'espace de quelques secondes, il proposa :

— Est-ce que la somme de trois cents dollars vous conviendrait, madame Jones ? Cela fait cent dollars par enfant. Sans parler des frais, bien entendu...

— Pour combien de temps ?

Non seulement Eileen Jones se montrait gourmande, mais elle prenait ses précautions...

— Jusqu'à ce que je trouve une famille prête à les accueillir, répondit Arthur. Cela peut me prendre un mois ou deux, et même peut-être tout l'été...

— Ne comptez pas sur moi pour les garder plus longtemps ! prévint Eileen. Ma maison n'est pas un orphelinat, et mon mari ne va pas apprécier cette surprise.

De toute façon, que Jack soit d'accord ou pas, elle savait bien que lorsqu'elle lui annoncerait qu'il y avait trois cents dollars à la clé, jamais il n'oserait dire non.

— Est-ce que vous avez de quoi loger les enfants, madame Jones ?

— J'ai bien une chambre dont je ne me sers pas... Deux pourront coucher là. Pour la troisième, je me débrouillerai autrement...

— Megan, la dernière, a à peine plus d'un an, expliqua Arthur. Il suffira de trouver un berceau pour elle et de le placer dans la chambre de ses deux sœurs.

Arthur aurait bien aimé poser d'autres questions à Eileen Jones, lui demander par exemple si elle savait s'occuper d'un bébé... Mais il n'osa pas insister. Compte tenu des circonstances, il ne pouvait pas se montrer trop exigeant et était bien obligé de lui faire confiance. D'ailleurs, les petites étaient si mignonnes qu'elle ne tarderait pas à les aimer.

La veille du jour fixé pour le départ, il se rendit à Sutton Place et annonça à Hilary et Alexandra qu'elles allaient passer l'été avec Megan chez leur tante à Boston. Il demanda à Millie, la bonne, d'emballer tous leurs vêtements et conseilla aux enfants de choisir parmi leurs jouets ceux qu'elles préféraient pour les emporter avec elles en vacances. Il ne souffla mot du fait qu'il allait rendre l'appartement et vendre les meubles aussitôt qu'elles seraient parties pour essayer d'éponger les dettes que leur père avait laissées derrière lui.

— Pourquoi sommes-nous obligées de quitter New York ? demanda aussitôt Hilary d'un air soupçonneux.

Elle continuait à faire preuve d'une réelle défiance à l'égard d'Arthur et celui-ci n'arrivait pas à déterminer si cette attitude était due à la tristesse qu'elle éprouvait ou à une autre cause qui lui échappait complètement.

— Maintenant que l'été arrive, j'ai pensé que vous seriez mieux à Boston qu'à New York, dit-il. Là-bas, il fait plus frais et votre tante habite à côté de la mer.

— Est-ce que nous allons rester chez elle pour toujours ? interrogea encore Hilary.

— Bien sûr que non !

— Alors pourquoi Millie a-t-elle emballé toutes nos affaires ?

— Je me suis dit que vous pourriez en avoir besoin, répondit Arthur, soudain gêné de devoir lui mentir ainsi. Sois raisonnable, Hilary ! Je suis persuadé que cela te fera plaisir de faire la connaissance de ta tante.

Debout en face de lui, Hilary l'étudia longuement comme si elle essayait de deviner ce qu'il avait derrière la tête. Elle avait hérité non seulement des yeux verts de sa mère, mais de la perspicacité qui caractérisait le regard de Solange. Et tout comme elle, elle était toujours impeccablement mise. Aujourd'hui, elle portait une robe d'organdi jaune rehaussée d'un liseré blanc, et aux pieds des socquettes blanches immaculées et des souliers à brides en cuir parfaitement cirés. Ses cheveux d'un noir lustré étaient coiffés en deux tresses qui encadraient sagement son visage.

Parfois, Arthur avait presque peur d'elle. Elle laissait si peu passer ses émotions et avait adopté vis-à-vis de ses sœurs une attitude tellement protectrice que, quand il se retrouvait en face d'elle, il ne savait plus très bien sur quel pied danser. Il n'avait pas été étonné qu'elle ait accueilli l'annonce de la mort de son père sans verser une larme et qu'elle se soit contentée de consoler Alexandra en lui disant que leur père était allé rejoindre leur mère au ciel. En toutes occasions, elle faisait preuve d'un réel stoïcisme.

— Pourquoi ne sommes-nous jamais allées voir tante Eileen ? demanda-t-elle soudain. Est-ce parce que papa ne l'aimait pas ?

Comme d'habitude, elle avait deviné juste.

— Je pense en effet qu'ils n'étaient pas très proches l'un de l'autre, reconnut Arthur. Mais cela ne veut pas dire que ta tante soit quelqu'un de désagréable.

Cette réponse parut satisfaire Hilary. Elle attendrait de rencontrer sa tante pour se forger une opinion.

Le lendemain, lorsqu'ils arrivèrent à Charlestown, il ne lui fallut pas longtemps pour comprendre dans quel genre d'endroit ses sœurs et elle allaient passer l'été.

La maison des Jones était située dans une rue sombre et donnait l'impression d'être complètement à l'abandon. La peinture qui recouvrait la façade s'écaillait ; les volets, aux gonds arrachés par le vent, pendaient aux fenêtres et deux des marches du perron étaient défoncées. Le petit jardin qui entourait la maison n'était pas entretenu et envahi par les mauvaises herbes. Quant à la sonnette, elle était certainement cassée car Arthur eut beau appuyer dessus de toutes ses forces, elle ne rendit aucun son. Il s'approcha alors de la fenêtre et frappa au carreau.

— Ouais ! cria-t-on de l'intérieur de la maison.

Puis la porte s'ouvrit, livrant passage à une femme aux cheveux filasse, vêtue d'une robe de chambre sale et défraîchie. Gênée par la fumée de la cigarette qui pendait au coin de sa bouche, elle clignait des yeux et mit un certain temps à reconnaître ses visiteurs. Elle ébaucha alors un pâle sourire de bienvenue qui, l'espace d'un instant, rappela à Arthur celui de Sam.

— Madame Jones ? demanda celui-ci, interloqué.

— Elle-même, répondit Eileen avant de leur proposer d'entrer.

Le salon où ils pénétrèrent à sa suite était encore plus sale et mal entretenu que l'extérieur de la maison. La pièce était meublée d'un vieux divan, de trois fauteuils qui avaient connu des jours meilleurs, d'une table basse maculée de taches et d'un meuble en formica sur lequel trônait le téléviseur. Le programme télévisé n'avait pas dû paraître suffisamment bruyant à Eileen, car elle avait aussi allumé la radio pour écouter la retransmission d'un match de base-ball.

Nullement gênée par tout ce vacarme, elle demanda à Arthur :

— Vous voulez une bière ?

— Non, merci, répondit celui-ci.

Il avait du mal à croire que cette créature puisse être la sœur de Sam. Non seulement ce dernier était bel homme, mais il possédait une présence indéniable, un charme fou et même une sorte de magnétisme. Comparée à lui, Eileen faisait penser à une horrible caricature. Même si elle avait joui d'une certaine beauté dans sa jeunesse, l'abus d'alcool en avait eu raison. Elle paraissait d'ailleurs beaucoup plus que ses trente-neuf ans. Ses cheveux blonds, aux racines sombres sous la teinture, étaient gras et clairsemés, et elle ne semblait pas s'être donné la peine de les coiffer. Elle avait d'énormes poches sous les yeux et son regard, au lieu d'être pétillant de vie comme celui de son frère, était triste et terne. Elle avait le teint jaunâtre, une taille épaissie par la bière et des jambes si maigres qu'on aurait dit que son corps était posé sur deux cure-dents.

Arthur était à peine revenu de sa surprise quand il se rendit soudain compte qu'il n'avait pas présenté les enfants à Eileen. Hilary la dévisageait avec une expression horrifiée et dégoûtée à la fois.

— Voici Hilary, dit-il en posant la main sur l'épaule de sa filleule dans l'espoir que celle-ci fasse quelques pas en direction de sa tante pour lui serrer la main.

Mais ce fut peine perdue.

— Celle-ci s'appelle Alexandra, continua-t-il.

Alexandra refusa, elle aussi, de s'approcher de sa tante, se contentant de froncer le nez pour bien montrer qu'elle n'appréciait pas l'odeur de bière rance qui imprégnait la pièce.

— Et voici Megan, ajouta Arthur en montrant le bébé qu'il tenait dans ses bras.

Vu son âge, Megan était bien la seule à ne pas éprouver d'aversion pour leur hôtesse et Arthur n'eut pas besoin d'insister beaucoup pour qu'elle lui adresse son plus beau sourire.

Jusque-là, Hilary avait tenu le coup. Mais lorsque sa tante, quelques minutes plus tard, leur montra leur future chambre, elle faillit éclater en sanglots. La pièce, située à l'arrière de la maison, ne comportait pas de fenêtre et elle était tout juste assez grande pour contenir un lit à une place et un berceau. Le lit n'était pas fait et le berceau semblait avoir connu des jours meilleurs. Eileen, juste après le coup de fil d'Arthur, était en effet allée le récupérer dans une décharge publique.

— Nous ferons le lit plus tard, expliqua Eileen d'une voix mielleuse en regardant pour la première fois l'aînée de ses nièces. Hilary m'aidera, hein... ? Elle a hérité des yeux de sa mère, ajouta-t-elle froidement en se tournant vers Arthur.

— Vous connaissiez Solange ? demanda-t-il, tout étonné.

— Je l'ai rencontrée une fois, répondit Eileen. Sam était venu nous voir avec elle un jour où il jouait une pièce, ou quelque chose dans ce goût-là...

Stockbridge ! se souvint soudain Arthur. Lui-même, à l'époque, était venu passer une journée avec Sam et Solange, et il avait assisté à une des représentations de cette fameuse pièce où Sam tenait son premier grand rôle... Comme tout cela semblait loin aujourd'hui ! Jamais il n'aurait imaginé qu'il reviendrait dans cette région pour y rencontrer la sœur de Sam... Cela lui fendait le cœur de lui laisser les trois fillettes, mais malheureusement il n'avait pas le choix. Marjorie ne voulait pas céder et toutes les démarches qu'il avait faites jusqu'ici n'avaient rien donné. Ce n'était pas faute pourtant d'avoir fait appel à toutes ses connaissances. Il en avait même parlé avec ses associés. Mais personne dans son entourage ne semblait connaître une famille ou un couple désireux d'adopter des enfants...

Hilary, de son côté, examinait, non sans désarroi, ce que sa tante avait appelé bien pompeusement leur chambre. Il n'y avait pas de placard dans la pièce, pas d'armoire pour ranger les vêtements, pas de chaise ni de table de nuit et, en guise de lampe, une ampoule nue qui pendait au centre du plafond.

— Vous avez apporté l'argent ? demanda soudain Eileen.

Arthur aurait préféré que cette transaction n'ait pas lieu en présence des enfants. L'air gêné, il sortit une enveloppe de sa poche et la tendit à Eileen.

— Je pense que cette somme couvrira largement les dépenses, dit-il.

Eileen, qui n'avait pas ses scrupules, ouvrit aussitôt l'enveloppe et se mit à compter les billets. Arthur lui avait apporté mille dollars. Elle n'en espérait pas tant et était déjà en train de calculer que si, pendant deux mois, ses nièces ne mangeaient que des macaronis au fromage, elle allait gagner une somme rondelette.

— Impeccable, monsieur Patterson, dit-elle en souriant aux enfants. Si jamais j'ai un problème, je vous téléphone.

— Si vous et votre mari n'y voyez pas d'inconvénient, je ferai un saut chez vous dans quelques semaines, proposa Arthur.

Hilary le regarda d'un air stupéfait. Ainsi, il allait repartir sans elles, les abandonner dans cette maison crasseuse qui puait la bière et les confier à cette horrible femme...

— Je téléphonerai dans quelques jours, Hilary, ajouta Arthur en guise d'adieu. Si toi ou tes sœurs avez besoin de quelque chose, n'hésite pas à m'appeler.

Hilary se contenta de hocher la tête d'un air glacial. Puis, au moment où Arthur quittait la maison, elle se tourna vers Alexandra, qui s'était mise à pleurer sans bruit.

— Ça ne vaut pas la peine de pleurer, Axie ! lui dit-elle. Je suis sûre que nous serons très bien ici. Souviens-toi qu'oncle Arthur a dit que nous pourrions aller nous baigner...

— Où comptez-vous aller vous baigner ? demanda Eileen en éclatant d'un rire rauque. Dans les docks ?

Elle se sentait d'excellente humeur et se remit à rire en pensant aux mille dollars que lui avait remis Arthur. Avec une somme pareille en poche, elle se débrouillerait toujours pour nourrir ces trois mioches pendant quelques mois... De toute façon, l'aînée semblait avoir les choses bien en main et, pour avoir la paix, il suffirait de la laisser s'occuper de ses deux sœurs. Qui sait si on ne pourrait pas aussi lui demander de faire le ménage et la cuisine ?

Eileen alla chercher une bouteille de bière, puis elle alluma une cigarette et se laissa tomber sur le divan en face de la télévision.

— Excusez-moi..., intervint Hilary. Où se trouvent les draps ?

— Va voir derrière la maison, grommela Eileen sans quitter l'écran des yeux.

Hilary réussit à dénicher trois draps, déchirés mais propres. Elle en choisit deux pour faire le lit de leur chambre et utilisa le troisième pour garnir le berceau bancal, qu'elle cala entre le lit et le mur. Elles dormiraient sans oreiller ni couverture. Comme il n'y avait pas d'armoire dans la chambre, elle renonça à sortir leurs vêtements et se contenta de poser les quelques jouets qu'elles avaient apportés au pied du lit. Ensuite, elle changea la couche de Megan et donna de l'eau à boire à ses deux sœurs.

— C'est tellement laid ici..., chuchota Alexandra lorsqu'elles se retrouvèrent toutes les trois dans la chambre. Est-ce que cette femme est vraiment la sœur de papa ?

Pour toute réponse, Hilary fit oui tristement de la tête.

A cinq heures, elle alla trouver sa tante et lui dit :

— Mes sœurs ont faim. Est-ce que vous pourriez leur donner quelque chose à manger ?

En soupirant, Eileen quitta le divan et alla ouvrir le réfrigérateur. Celui-ci contenait un nombre impressionnant de bouteilles de bière, quelques citrons entamés et un paquet de pain rassis. Jack et elle ne mangeaient jamais chez eux et elle n'avait pas pensé à faire des courses en prévision de la venue de ses nièces.

— Tu vas aller à l'épicerie, proposa-t-elle à Hilary. Tu n'as qu'à acheter une boîte de thon.

— Du thon ? demanda Hilary, étonnée.

Pour elle, un repas se composait d'une soupe bien chaude, d'une tranche de viande accompagnée de légumes et d'un dessert, glace ou gâteau... C'est ainsi en tout cas qu'elle avait été nourrie par sa mère, puis par la gouvernante qui avait pris la relève.

— Du thon, ouais ! répondit Eileen. Voilà de l'argent, ajouta-t-elle en lui tendant quelques dollars.

Hilary savait parfaitement que cette somme ne lui permettrait jamais d'acheter de quoi préparer un repas correct. Mais elle préféra ne rien dire.

— En sortant de la maison, tu tournes à gauche, expliqua sa tante. Le magasin est au coin de la rue. Tu n'auras aucun mal à le trouver. Et, pendant que tu y es, rapporte-moi une bière...

Même si elle en avait déjà en quantité, elle avait toujours peur d'en manquer.

Craignant de laisser ses deux sœurs toutes seules, Hilary alla les chercher dans la chambre et les emmena faire les courses avec elle. L'épicerie n'était pas plus reluisante que la maison d'Eileen Jones, et la rue tout entière, avec ses maisons aux briques branlantes ou aux façades en bois dont la peinture s'écaillait, donnait l'impression d'avoir été dévastée par une tornade.

Hilary acheta deux boîtes de thon, un petit pot pour bébé, un tube de mayonnaise, une plaque de beurre, une demi-douzaine d'œufs, un litre de lait et une canette de bière pour son hôtesse.

Lorsqu'elle revint chez sa tante, portant Megan d'un côté et de l'autre son sac rempli de provisions, celle-ci lui demanda aussitôt :

— Où est ma bière ?

— Au fond du sac, répondit Hilary.

— Dépêche-toi de la sortir ! aboya Eileen.

Alexandra, qui n'avait pas l'habitude d'entendre crier, fondit en larmes. Posant son sac par terre, Hilary se dépêcha de prendre la bière et la tendit à sa tante.

— Maintenant, rends-moi la monnaie ! exigea celle-ci.

Après avoir fouillé au fond de sa poche, Hilary lui tendit les trois cents que lui avait rendus la caissière.

— Tu as acheté une entrecôte ou quoi... ! s'écria Eileen en lui jetant les pièces à la figure. On n'est pas sur Park Avenue ici ! Que diable as-tu fait de l'argent que je t'avais donné ?

— Il fallait bien que j'achète de quoi faire à dîner, expliqua Hilary. J'ai aussi pris de quoi préparer le petit déjeuner.

— Le jour où j'aurai envie que tu t'occupes du petit déjeuner, je te le dirai. Compris ? Et la prochaine fois que je t'envoie faire des courses, tâche de ne pas jeter l'argent par les fenêtres. Sinon, tu auras de mes nouvelles.

Tremblante de peur, Hilary se précipita dans la cuisine et se mit à préparer le dîner. Elle fit cuire un œuf à la coque pour Megan, avec du pain et le petit pot, et confectionna des sandwiches au thon et à la mayonnaise pour Alexandra et pour elle. Elle remplit enfin trois grands verres de lait. Epuisées par le voyage et toutes ces émotions, les fillettes étaient affamées et assoiffées. Pour ne pas déranger leur tante, toujours devant la télévision, Hilary mangea avec ses sœurs dans la chambre et, quand elles eurent fini de dîner, elle retourna sans faire de bruit dans la cuisine pour y laver la vaisselle.

Elle venait tout juste de commencer à laver les assiettes lorsque le mari d'Eileen fit soudain irruption dans la maison. C'était un grand costaud avec des épaules de déménageur et des mains comme des battoirs. Il portait un bleu de travail, mais avait dû s'arrêter dans un bar avant de rentrer chez lui car il empestait l'alcool. Il semblait furieux et bien décidé à passer sa colère sur Eileen. Mais, avant qu'il ait pu dire quoi que ce soit, celle-ci agita triomphalement sous son nez l'enveloppe que lui avait remise Arthur et en sortit les billets qu'elle contenait : cinq cents dollars. Jack Jones, qui ignorait qu'Eileen avait caché le reste de la somme dans son armoire sous une pile de vieux bas, eut un sourire béat.

— Ça fait une éternité que je n'ai pas vu autant d'argent ! dit-il. Où as-tu dégotté ça ?

— C'est pour elles, répondit Eileen en montrant d'un geste vague la chambre où se trouvaient Alexandra et Megan.

Jack Jones se retournait lorsqu'il aperçut soudain Hilary qui l'observait, debout devant l'évier de la cuisine.

— Qui c'est celle-là ? demanda-t-il, interloqué.

Avec son visage rougeaud et ses yeux porcins, il semblait complètement dénué d'intelligence et il y avait en plus dans son regard une lueur de méchanceté qui fit courir un frisson dans le dos de Hilary.

— Je t'ai parlé des enfants de mon frère..., commença Eileen.

— Celui qui a zigouillé sa femme ?

— Ouais, celui-là... Eh bien, ses trois filles sont arrivées aujourd'hui.

— Et elles sont là pour combien de temps ? demanda Jack Jones, qui n'avait pas l'air d'apprécier la nouvelle malgré l'enveloppe pleine de billets.

— Quelques semaines. Peut-être un peu plus... Le temps que l'avocat trouve un autre endroit où les caser.

« C'est donc ça ! » se dit Hilary. Oncle Arthur lui avait menti et jamais plus elles ne retourneraient dans l'appartement de Sutton Place.

— Que dirais-tu de fêter ça ? proposa Eileen en souriant d'un air aguicheur à son mari. Si nous allions danser ce soir...

— On peut laisser les trois mômes toutes seules ?

Que ses nièces se retrouvent toutes seules était bien le dernier souci d'Eileen. De toute façon, depuis qu'elles étaient arrivées chez elle, elle se comportait exactement comme si elles n'existaient pas.

— Bien sûr ! répondit-elle. L'aînée est tout à fait capable de s'occuper de ses deux sœurs. J'ai l'impression qu'elle sait tout faire.

— Tout ? demanda Jack, l'œil subitement allumé, en attirant Eileen contre lui.

Même si Hilary était encore trop jeune pour comprendre l'allusion, elle se sentit soudain gênée.

— Tu n'es qu'un vieux marin débauché ! s'écria Eileen en riant tandis qu'il glissait sa grosse main sous sa robe. N'oublie pas que cette gamine n'a que neuf ans...

— Et toi, quel âge avais-tu la première fois où ça t'est arrivé ?

— Treize ans, répondit Eileen.

Puis, échappant à l'étreinte de son mari, elle se dirigea vers la cuisine pour aller chercher une énième bouteille de bière.

— Qu'est-ce que tu fais ici ?! s'exclama-t-elle en apercevant Hilary. Tu nous espionnes ou quoi ?

— Je..., commença Hilary, paralysée de peur. J'étais seulement en train de laver la vaisselle du dîner...

— File dans ta chambre ! hurla Eileen en faisant claquer d'un air méchant la porte du réfrigérateur. Fichues mômes !

Elle savait qu'ils ne seraient plus tranquilles tant que les enfants seraient là, mais l'argent en valait la peine.

Il était huit heures passées quand les Jones quittèrent enfin la maison. Megan dormait dans son berceau et Alexandra avait, elle aussi, réussi à s'endormir. Hilary s'allongea à côté de sa sœur. Etendue dans le noir, les yeux grands ouverts, elle se mit alors à penser à sa mère. Si celle-ci avait été là, elle ne se serait pas gênée pour dire sa façon de penser à Eileen et jamais elle n'aurait laissé ses filles habiter chez une femme pareille. Malheureusement, maintenant qu'elle était morte, il n'y avait plus que Hilary pour veiller sur Alexandra et Megan. Et elle était bien décidée à les emmener loin d'ici dès qu'elle aurait de l'argent... En attendant, il fallait les protéger des Jones. Les emmener jouer dans le jardin ou dans la rue pour qu'elles les voient le moins possible. Et le reste du temps, les obliger à rester dans cette chambre. Hilary était en train d'organiser le programme de la journée à venir : laver et habiller ses deux petites sœurs, leur préparer à manger... quand soudain elle s'endormit.

Ce fut Megan qui la réveilla le lendemain matin à six heures et quart. Elle pleurait parce que sa couche était mouillée. C'était un beau bébé aux cheveux roux et bouclés, et aux grands yeux bleus comme ceux de son père. Hilary, elle, avait les cheveux noirs de son père et les yeux verts de sa mère.

Mais c'était Alexandra qui ressemblait le plus à Solange, et chaque fois que Hilary entendait son léger rire en cascade, il lui semblait entendre sa mère lorsqu'elle s'amusait avec elles. Après avoir changé Megan, Hilary la remit dans son berceau, puis elle alla préparer le petit déjeuner, avant que Jack et Eileen ne se réveillent. Ensuite, elle ouvrit une de leurs valises et choisit pour ses sœurs deux robes en vichy bleu marine, et pour elle une robe rouge avec un petit tablier qu'elle aimait tout particulièrement car sa mère la lui avait achetée juste avant de mourir. Puis, quand elles furent prêtes, elle les emmena jouer dans le jardin.

A midi, Eileen ouvrit la porte de la maison. Elle n'avait pas encore bu sa première bière, et ne semblait pas dans son assiette.

— La ferme ! hurla-t-elle à l'adresse des enfants. Vous faites plus de bruit que tout le quartier réuni.

Puis elle rentra dans la maison en faisant rageusement claquer derrière elle la porte-moustiquaire.

La semaine qui suivit fut bien morne. Jack Jones partait travailler le matin de bonne heure et rentrait tard le soir, toujours plus ou moins ivre. Il adressait à peine la parole aux enfants et se contenta de dire un jour à Hilary, en lui lançant un clin d'œil égrillard, que plus tard elle serait drôlement bien roulée. Quant à Eileen, elle se levait à midi, passait ses journées à boire de la bière en regardant la télévision et ne s'occupait absolument pas de ses nièces.

Malgré les efforts de Hilary, la situation n'était pas brillante. La chambre où elles dormaient, privée d'aération, était étouffante et la nourriture insuffisante. Megan se réveillait plusieurs fois par nuit en pleurant et Alexandra faisait des cauchemars. Quant à Hilary, quelle enfant de neuf ans n'aurait pas, comme elle, sombré lentement dans le désespoir ?

Pourtant, le week-end suivant, quand Arthur téléphona enfin, Hilary, au lieu de lui dire la vérité, se contenta de lui répondre sur un ton laconique :

— Tout va bien.

— Tant mieux, répondit Arthur, soulagé. Je vous rappellerai dans quelques jours...

Mais il n'en fit rien. Il était surchargé de travail et devait, de plus, s'occuper de tous les détails de la succession de Sam.

Si bien que, quand la fin du mois de juillet arriva, il n'avait toujours pas trouvé de solution pour les enfants de Sam et de Solange. Il avait renoncé à tenter de convaincre Marjorie. Cette dernière lui avait annoncé que c'était les enfants ou elle... Le sort en était jeté et Arthur renonça pour toujours à l'espoir d'accueillir un jour chez lui les trois fillettes.

7

Au début du mois d'août, deux des associés d'Arthur demandèrent à le voir en particulier. Contre toute attente, ils allaient résoudre son problème, du moins en partie. Le premier s'appelait George Gorham et était l'un des plus anciens associés du cabinet. Il arrivait presque à l'âge de la retraite et, l'année précédente, avait épousé une jeune femme de la haute société new-yorkaise. Son épouse, Margaret Millington, lors du bal des débutantes qui marquait son entrée dans le monde, avait été saluée par la presse comme une des plus jolies jeunes filles de l'année. Après ses études à l'université de Vassar, alors que ses parents espéraient la voir épouser un homme de son âge, elle était tombée amoureuse de George Gorham et s'était mariée un an plus tard avec lui. Les deux époux avaient près de quarante ans de différence et George Gorham n'avait pas caché à sa future femme qu'il ne pouvait pas avoir d'enfants. Margaret lui avait assuré qu'elle était très capable de vivre sans enfants, mais il craignait malgré tout qu'elle ne souffre de cette situation un jour ou l'autre. Si bien que lorsque Arthur lui parla des filles de Sam et

Solange, il proposa aussitôt à Margaret d'adopter une des trois fillettes. Il aurait bien voulu ne pas séparer les trois sœurs, mais il se sentait un peu vieux pour s'occuper d'un bébé et jugeait que Hilary, compte tenu de son âge, risquait de leur poser des problèmes. Son choix se porta donc sur Alexandra et il alla trouver Arthur pour lui annoncer qu'il était prêt à l'adopter.

Un peu plus tôt le même jour, David Abrams avait lui aussi demandé un entretien privé à Arthur. Agé de quarante-quatre ans, il était marié à une avocate qui travaillait dans un autre cabinet newyorkais. David et Rebecca s'étaient mariés alors qu'ils étaient encore à l'université et ils avaient vainement essayé d'avoir un enfant pendant leurs études de droit. Finalement, ils avaient dû se rendre à l'évidence : jamais Rebecca ne pourrait avoir d'enfants. Ils avaient été catastrophés par cette nouvelle et lorsque Arthur leur apprit qu'il cherchait une famille adoptive, ils décidèrent de sauter sur l'occasion. Ils travaillaient trop tous les deux pour se permettre d'adopter trois enfants mais se sentaient tout à fait prêts à élever la petite Megan.

Ces deux nouvelles, aussi bonnes soient-elles, posèrent un terrible problème de conscience à Arthur. Jusque-là, il avait espéré trouver une seule famille d'adoption. Comme cela se révélait impossible, devait-il prendre la responsabilité de séparer les trois filles de Sam et de Solange ? Finalement, il se dit que le jour où Sam avait assassiné Solange, il n'avait pas demandé l'avis de qui que ce soit et n'avait pas réfléchi une seconde au mal qu'il allait faire à ses filles. Après une telle tragédie, si Arthur réussissait à trouver une famille pour chacune des orphelines, il pourrait s'estimer heureux...

Les Gorham étaient fabuleusement riches et, chez eux, Alexandra ne manquerait de rien. En outre, Arthur était persuadé que George et sa femme sauraient lui prodiguer toute l'affection nécessaire. La situation financière de Rebecca et David Abrams était moins florissante que celle des Gorham, mais on pouvait néanmoins leur prédire un avenir professionnel brillant. Privés d'enfants depuis plusieurs années, il ne faisait aucun doute qu'ils considéreraient la petite Megan comme leur fille. Et comme ces deux couples vivaient à New York, Arthur pourrait continuer à veiller sur les fillettes.

Restait le problème de Hilary... Arthur avait demandé aux Gorham et aux Abrams s'ils ne désiraient pas adopter un second enfant, mais aucun d'eux n'avait pu s'y résoudre. Quant à Marjorie, elle campait sur ses positions. Il ne faisait aucun doute que si Arthur lui annonçait qu'il voulait adopter Hilary, elle le quitterait du jour au lendemain. Dans ces conditions, fallait-il demander aux Jones de garder leur nièce ? Après avoir vendu tout ce que contenait l'appartement de Sutton Place, Arthur avait réussi à sauver dix mille dollars qui se trouvaient actuellement bloqués à la banque sur le compte de Sam. S'il proposait cette somme à Eileen pour couvrir les frais de garde, il y avait de grandes chances qu'elle accepte de s'occuper de Hilary. Cette solution était loin de plaire à Arthur, mais il voyait mal comment faire autrement.

Parant au plus pressé, il commença par s'occuper des formalités d'adoption. Maintenant qu'ils avaient pris leur décision, ses deux associés ne se tenaient plus d'impatience. Rebecca avait décidé de prendre un mois de congé pour accueillir Megan et les Gorham avaient programmé un voyage en Europe en compagnie d'Alexandra au début de l'automne. En prévision de son arrivée, George avait littéralement dévalisé les magasins de jouets et la future chambre d'Alexandra était déjà remplie à craquer de poupées, de peluches et de jeux de toute sorte. Rebecca s'était mise elle aussi de la partie et avait acheté pour Megan une telle quantité de vêtements qu'on aurait pu croire qu'elle adoptait des quintuplés.

Au milieu du mois d'août, Arthur téléphona à Eileen pour la mettre au courant de la situation. Celle-ci lui répondit aussitôt que pour dix mille dollars elle était prête à garder Hilary chez elle, mais qu'il n'était pas question qu'elle l'adopte. Sa nièce continuerait simplement à vivre avec eux. C'est-à-dire, dans l'esprit d'Eileen, qu'elle continuerait à faire les courses, la cuisine et le ménage…

Elle se garda bien de parler de ce genre de détails à Arthur. De toute façon, elle n'avait guère de souci à se faire : Hilary avait tellement peur d'elle qu'elle lui obéissait au doigt et à l'œil. Alexandra, elle aussi, était terrorisée par sa tante. Un jour, Eileen l'avait frappée sans aucun motif et elle vivait dans la crainte perpétuelle de recevoir à nouveau une correction. Quant à Megan, Eileen ne se gênait pas pour la malmener chaque fois qu'elle touchait à la télévision ou à la radio, ou qu'elle avait le malheur de s'aventurer hors de sa chambre. Il ne lui venait même pas à l'idée que si sa nièce ne lui obéissait pas, c'était simplement parce qu'elle était trop jeune pour comprendre ce qu'on lui disait.

L'arrangement que venait de lui proposer Arthur lui convenait parfaitement et elle espérait être capable de convaincre Jack qu'ils avaient tout intérêt à garder Hilary chez eux. Elle allait lui dire que l'avocat ne lui avait proposé que deux mille dollars et que, si elle avait accepté la garde de Hilary, c'était en mémoire de son frère.

C'est ainsi qu'elle lui présenta les choses le soir même.

— J'ai toujours eu l'impression que tu n'aimais pas ton frère, fit remarquer Jack.

— Même si je ne l'aimais pas beaucoup, c'était quand même mon frère, Jack ! Et Hilary est sa fille aînée. En plus, c'est une enfant obéissante et une aide pour moi.

— Les gamins sont de vrais poisons, se plaignit Jack, qui avait quitté sa première femme et ses trois enfants pour cette raison. Si tu veux t'occuper d'elle, c'est ton problème ! Mais arrange-toi pour qu'elle ne me casse pas les pieds...

— Si elle t'embête, tu n'as qu'à lui taper dessus, conseilla Eileen.

Rassuré, Jack lui donna son accord. Ce soir-là, Eileen courut s'enfermer dans la salle de bains et ouvrit l'armoire qui contenait ses bas. C'est là qu'elle cachait un petit sac en tissu dans lequel elle avait placé près de deux mille dollars. Avec l'argent qu'elle allait prélever sur la somme que lui remettrait Arthur, elle allait donc disposer de dix mille dollars d'économies. Largement de quoi quitter Jack si jamais l'envie lui en prenait... Pour l'instant, ses projets restaient encore nébuleux. Elle ne savait pas ce qu'elle ferait de Hilary le jour où elle quitterait Jack. Peut-être l'emmènerait-elle avec elle... Ou alors, pour éviter des frais, elle la laisserait à Jack... De toute façon, elle ne se sentait aucune obligation vis-à-vis de cette gamine et était intimement persuadée que c'était Hilary, au contraire, qui lui devait tout.

A la fin du mois d'août, Arthur arriva chez les Jones, accompagné d'une gouvernante qu'il avait engagée pour la journée. Il eut du mal à reconnaître les petites filles tant elles semblaient pâles et amaigries par leur séjour à Boston et il se demanda, soudain inquiet, si elles n'étaient pas malades.

Après avoir salué Eileen, il annonça à Hilary qu'il désirait parler avec elle et lui proposa de l'accompagner dans le jardin, derrière la maison. Il désirait lui poser quelques questions avant de prendre la décision de la laisser chez sa tante et il ne voulait pas qu'Eileen assiste à leur entretien.

Mais il eut beau insister, il ne réussit à obtenir aucun renseignement sur le séjour de deux mois qu'elle venait de faire chez les Jones. On aurait dit que Hilary se trouvait à des kilomètres de là, séparée de lui par une distance infranchissable. Arthur ne pouvait pas deviner à quel point sa filleule le haïssait d'avoir osé les abandonner dans ce trou à rat. Il ignorait aussi que Hilary venait de passer les deux derniers mois à économiser le moindre centime sur le peu d'argent que lui donnait Eileen et que, malgré toute sa bonne volonté, elle avait tout juste réussi à nourrir ses sœurs. Il ne savait pas non plus qu'en plus des courses elle était chargée de laver le linge et la vaisselle, de nettoyer la maison et de cuisiner. Sans parler de l'affection dont elle avait entouré ses sœurs, se débrouillant pour les soustraire aux mauvais traitements des Jones et les consolant chaque fois qu'elles pleuraient en appelant leur mère.

Oui, Arthur ignorait tout cela et il se demandait avec inquiétude comment il allait annoncer à cette petite fille de neuf ans qu'après avoir perdu ses parents elle allait maintenant être séparée de ses sœurs. Où trouverait-il le courage d'expliquer à Hilary qu'elle ne reverrait plus jamais Megan car les Abrams avaient décidé de cacher à leur fille adoptive son passé et ses origines ? Et qu'il y avait de grandes chances pour que les Gorham adoptent la même attitude vis-à-vis d'Alexandra...

Pour parler avec Hilary, il s'était assis sur les marches qui, derrière la maison, menaient à la buanderie, et sa filleule se tenait debout, immobile, en face de lui.

— Hilary..., commença-t-il, prenant son courage à deux mains, j'ai quelque chose de très important à te dire.

— Est-ce une mauvaise nouvelle, oncle Arthur ? demanda Hilary, toujours aussi perspicace.

Que lui voulait donc Arthur ? Allait-il lui annoncer qu'il avait rendu l'appartement de Sutton Place ? Mais cela, Hilary le savait déjà, car Eileen n'avait pas manqué de le lui dire. Alors pourquoi Arthur semblait-il si triste et si gêné ? Etait-il venu jusqu'à Charlestown pour lui expliquer qu'elle allait rester là avec ses sœurs ? De toute façon, Hilary s'y attendait et elle en avait déjà pris son parti... Du moment qu'elles demeuraient ensemble toutes les trois. Elle posa sur lui son beau regard vert et Arthur reçut en plein cœur l'image de Solange. Mon Dieu, comme il avait honte de faire cela à ses enfants !

— Je... je suis venu chercher tes sœurs, bredouilla Arthur. Elles vont aller vivre ailleurs pendant quelque temps.

— Megan et Axie ? Pourquoi ? Pourquoi s'en iraient-elles ?

— Je ne peux pas faire autrement, répondit-il en jetant à sa filleule un coup d'œil angoissé. Personne ne se sentait capable de vous prendre toutes les trois. Il est donc impossible que vous restiez ensemble. Alexandra et Megan vont aller vivre à New York, chacune dans une famille différente, et toi, tu vas rester ici chez ta tante...

Quand Arthur vit les larmes qui coulaient sur les joues de Hilary, il envia soudain le sort de Sam. En se suicidant, celui-ci avait au moins réussi à échapper aux terribles problèmes de conscience que lui aurait fatalement posés l'avenir de ses filles.

— Pardonne-moi, mon petit..., murmura-t-il, catastrophé. J'ai fait tout ce que j'ai pu...

Il se pencha vers Hilary pour la prendre dans ses bras. Mais celle-ci se dégagea d'un geste brusque et se mit à courir vers la maison.

— Non ! Non, je ne veux pas ! hurla-t-elle à l'adresse de son oncle.

Puis elle s'engouffra à l'intérieur de la maison et se précipita dans la chambre où elle avait laissé ses sœurs. Lorsqu'elle entra dans la pièce, Alexandra et Megan étaient en train de jouer sur le lit. Pleurant à gros sanglots, Hilary prit la petite Megan dans ses bras, puis elle se laissa tomber sur le lit à côté d'Alexandra. Comme elle aurait aimé s'enfuir avec ses deux sœurs ! Loin, très loin... Mais où aller ? Et avec quel argent ? Il n'y avait personne autour d'elle qui puisse l'aider. Sa mère et son père étaient morts. Oncle Arthur l'avait trahie. Et elle haïssait si fort les Jones qu'elle aurait préféré mourir plutôt que de faire appel à eux. Jamais encore elle ne s'était sentie aussi seule et désespérée.

— Qu'est-ce que tu as ? demanda Alexandra en jetant à sa sœur un regard étonné.

— Je vous aime..., murmura Hilary entre deux sanglots. Je vous aime de tout mon cœur, Axie ! Est-ce que tu t'en souviendras ?

— Oui, répondit Alexandra d'une toute petite voix.

Depuis la mort de leur mère, jamais Hilary n'avait été aussi triste et Alexandra comprit aussitôt que quelque chose de très grave venait de se produire. Les deux sœurs, unies par la tragédie qu'elles venaient de vivre, savaient immédiatement détecter chez l'autre la peine, l'angoisse ou toute autre émotion.

— Que se passe-t-il, Hillie ? demanda-t-elle, les larmes aux yeux. Encore une mauvaise nouvelle ? Comme pour maman ? Tu ne vas pas t'en aller, toi aussi, pour toujours ?

— N'aie pas peur, Axie ! la rassura aussitôt Hilary. Oncle Arthur a décidé de vous faire faire un petit voyage. Il va vous emmener à New York chez des amis à lui...

« Et moi, je ne vous verrai plus ! » faillit-elle ajouter. Bien qu'Arthur ne lui ait fourni aucun détail, elle se doutait bien que cette séparation était définitive. Megan n'était qu'un bébé et elle aurait vite fait d'oublier sa grande sœur. Même Alexandra, avec le temps, oublierait sa chère Hillie... Mais elle, jamais elle ne les oublierait. Elle continuerait à vivre avec leur souvenir, et, un jour, elle les retrouverait. Elle s'en fit, à cet instant précis, la promesse solennelle.

— Nous n'allons pas tarder à partir, annonça Arthur en entrant dans la chambre avec la gouvernante.

— Je ne veux pas quitter Hillie ! s'écria Alexandra en agrippant désespérément la main de sa sœur.

Hilary se pencha vers elle pour l'embrasser, puis elle lui expliqua d'une voix douce :

— Si tu n'accompagnes pas Megan à New York, elle va être très malheureuse, Axie. C'est toi qui vas t'occuper d'elle maintenant...

Le cœur gros, Alexandra se contenta de hocher la tête tandis que Hilary ouvrait sa valise et se mettait à ranger ses affaires.

Quelques minutes plus tard, Arthur quittait la maison en compagnie des deux enfants et de la gouvernante. Eileen n'ayant pas jugé utile de les accompagner jusqu'à la voiture, seule Hilary assista à leur départ.

Lorsqu'elle se sépara de Megan pour la confier à la gouvernante, la petite fille poussa des hurlements déchirants et Alexandra, de son côté, éclata en sanglots.

— Je vais revenir te voir le plus tôt possible, promit Arthur au moment où il se glissait derrière le volant.

Hilary ne prit même pas la peine de lui répondre.

— Je t'aime, Axie ! Je t'aime, Megan ! cria-t-elle en agitant la main en direction de la voiture qui disparaissait au coin de la rue.

Puis elle se laissa tomber à bout de forces sur le trottoir et, la tête cachée entre ses bras, se mit à pleurer à chaudes larmes. Elle était si désespérée par le départ de ses sœurs qu'elle ne remarqua même pas la présence d'Eileen.

— Qu'est-ce que tu fais là ? demanda celle-ci en la giflant à toute volée. Dépêche-toi de rentrer ! Si les voisins te voient en train de pleurer dans la rue, ils vont penser que je te traite mal.

Prenant Hilary par le coude, elle l'obligea à se relever et, après lui avoir fait traverser le jardin à vive allure, la poussa brutalement à l'intérieur de la maison.

Pour échapper à la colère de sa tante, Hilary courut s'enfermer dans sa chambre. Elle se jeta en sanglotant sur le lit, encore imprégné du parfum de ses deux sœurs, le talc de Megan et le shampooing d'Alexandra.

A force de pleurer, elle finit par s'endormir et rêva qu'elle poursuivait une voiture. Mais elle avait beau courir, courir toujours plus vite, elle n'arrivait pas à rattraper le véhicule qui emportait ses deux sœurs. Elle se mit alors à les appeler de toutes ses forces, mais seul lui répondit, venant de la pièce d'à côté, le rire rauque et aviné d'Eileen Jones...

8

A l'automne, lorsque Arthur appela chez les Jones et qu'il demanda à parler à Hilary, Eileen lui répondit que sa filleule refusait de venir au téléphone. Comprenant que Hilary lui en voulait toujours de l'avoir séparée de ses sœurs, il n'osa pas insister. Il se sentait extrêmement coupable vis-à-vis d'elle, en particulier lorsqu'il comparait sa situation avec celle de ses sœurs cadettes. Les Gorham adoraient la jeune Alexandra. Quant aux Abrams, ils étaient fous de « leur » bébé. Il ne faisait aucun doute que l'avenir des deux petites filles était assuré.

Comme Eileen Jones ne lui donnait jamais de nouvelles et que Hilary refusait de lui parler, à la fin novembre, Arthur profita d'une journée de congé pour se rendre à Boston.

Lorsqu'il arriva chez les Jones, Hilary, avertie de sa visite, l'attendait, assise dans le salon. Elle n'ouvrit pas la bouche de l'après-midi et ne salua même pas Arthur au moment de son départ.

Sur la route du retour, celui-ci eut beau se trouver toutes sortes d'excuses, il ne réussit pas à chasser la pénible impression que lui laissait cette visite. Murée dans son silence, Hilary semblait anéantie.

A Noël, Arthur téléphona de nouveau à Boston et, cette fois-ci, personne ne répondit. Les mois suivants, il fut tellement occupé qu'il ne pensa pas à rappeler sa filleule. George Gorham étant mort subitement, il fallait qu'il s'occupe à la fois des dossiers qu'il avait laissés en suspens et de sa succession. Arthur vit sa veuve à l'enterrement, mais celle-ci avait préféré ne pas amener Alexandra. En outre, les Abrams décidèrent de partir travailler en Californie. Arthur se retrouva donc encore avec un surcroît de travail. Le cabinet comptait d'autres associés mais, comme il était maintenant le plus ancien, c'est lui que l'on venait consulter chaque fois qu'il fallait prendre une décision importante.

Au printemps, il put enfin s'absenter une journée et il en profita pour aller voir Hilary. L'air plus renfermé que jamais, une lueur de désespoir au fond des yeux, la petite fille lui opposa le même silence glacial qu'à sa première visite.

Arthur remarqua que, pour une fois, la maison des Jones était impeccable et il en déduisit qu'Eileen avait fait un effort en prévision de sa visite. En réalité, c'est Hilary qui lui servait de bonne à tout faire. A dix ans, elle lavait et repassait le linge de son oncle et de sa tante, nettoyait la maison, préparait les repas et entretenait le jardin en arrachant régulièrement les mauvaises herbes. En sus de toutes ces tâches, elle continuait à aller en classe et réussissait malgré tout à obtenir d'excellentes notes. En revanche, elle n'avait aucune amie de son âge. La vie des enfants qu'elle côtoyait, aussi bien à l'école que dans le quartier, était trop différente de la sienne pour qu'elle puisse se lier d'amitié avec eux. Ils avaient tous des parents, des frères et des sœurs, et menaient une vie normale. Tandis que Hilary, en rentrant de l'école, devait effectuer pour sa tante une multitude de corvées de telle sorte que bien souvent elle ne se couchait pas avant minuit.

Sans compter que, depuis quelques mois, Eileen était malade. Elle passait ses journées à se lamenter sur sa mauvaise santé et perdait régulièrement du poids. Elle était allée voir plusieurs médecins sans résultat notable et Jack parlait maintenant de l'emmener vivre en Floride. Un de ses amis travaillait là-bas dans un chantier naval et il avait promis d'essayer de lui trouver une place. Jack pensait que le climat de la Floride ferait du bien à Eileen et que là-bas sa santé se rétablirait.

Arthur n'était pas au courant des projets des Jones et, lors de sa visite, Hilary ne lui en souffla mot. Vivre à Boston ou en Floride : quelle différence ? Maintenant que Megan et Axie n'étaient plus là, elle se fichait de tout. On l'avait séparée de ses sœurs sans lui demander son avis et le seul espoir qui lui restait c'était qu'un jour, lorsqu'elle aurait dix-huit ans, elle serait libre de faire ce qu'elle voudrait. Ce jour-là, elle partirait à la recherche de ses sœurs et se débrouillerait pour qu'elles soient à nouveau toutes les trois réunies...

A la fin du mois d'octobre, les Jones quittèrent Charlestown pour aller s'installer à Jacksonville, en Floride. En l'espace de quelques mois, l'état d'Eileen s'était aggravé : elle ne mangeait presque plus et avait de plus en plus de difficulté à se déplacer. Quand Noël arriva, elle s'alita pour de bon et Hilary comprit soudain qu'elle allait mourir.

Jack ne s'occupait absolument pas de sa femme et il passait ses nuits dehors à boire et se payer du bon temps. Il devait avoir une petite amie dans le quartier car un jour Hilary le surprit en train d'embrasser une femme alors qu'il sortait d'une maison voisine.

Comme Eileen refusait d'aller à l'hôpital et que, d'après Jack, ils n'avaient pas les moyens de payer les frais d'hospitalisation, c'est Hilary qui veillait jour et nuit sur sa tante. Elle dormait dans la chambre d'Eileen sur un matelas installé par terre et se levait la nuit chaque fois que la malade avait besoin de quelque chose.

Depuis longtemps, Jack ne dormait plus dans la chambre de sa femme. Il avait dressé son lit sur la véranda qui se trouvait à l'arrière de la maison, ce qui lui permettait de découcher régulièrement sans avoir de comptes à rendre à Eileen. Quand celle-ci demandait en pleurant où était son mari, Hilary préférait lui mentir et répondait que Jack était en train de dormir.

Malgré ce qu'elle faisait pour elle depuis qu'elle était tombée malade, jamais Eileen ne la remerciait, jamais elle n'avait un mot gentil pour elle et, bien que très affaiblie par la maladie, elle se montrait toujours aussi exigeante et intransigeante. Parfois, Hilary sentait que, si elle en avait encore eu la force, elle n'aurait pas hésité à la corriger comme par le passé.

Un an et demi après leur installation en Floride, alors que Hilary avait douze ans, Eileen rendit son dernier soupir. Sa disparition simplifia un peu la vie de Hilary : maintenant au moins, elle n'avait plus à s'occuper de sa tante. En revanche, elle demeurait seule avec Jack Jones et était obligée de supporter les femmes qu'il ramenait régulièrement chez lui. Juste après l'enterrement, il lui avait dit qu'elle pouvait continuer à habiter chez lui à condition de lui ficher la paix. Elle suivait son conseil à la lettre et, chaque fois qu'il rentrait, elle disparaissait dans sa chambre.

Quelques semaines après la mort d'Eileen, Jack demanda à Hilary de débarrasser la maison de tout ce qui avait appartenu à sa femme. Elle n'avait qu'à choisir parmi les vêtements d'Eileen ceux qui lui plaisaient et jeter le reste. Hilary hésita quelque temps avant de lui obéir. Sa tante avait beau être morte et enterrée, elle la craignait encore et avait l'impression que si elle touchait à ses effets personnels, Eileen réussirait à la punir d'une manière ou d'une autre. Comme Jack insistait, elle finit par mettre de l'ordre dans les affaires d'Eileen. Elle jeta les divers produits de maquillage qui encombraient la salle de bains et fit un paquet des vêtements de sa tante pour les donner à une organisation charitable.

Elle était sur le point de jeter toute la lingerie d'Eileen lorsqu'elle découvrit soudain parmi ses bas un petit sac en tissu, fermé par des épingles de sûreté. Poussée par la curiosité, elle ouvrit la pochette et découvrit, méduSée, dix mille dollars en petites coupures. Jamais elle n'aurait pensé qu'Eileen mettait de l'argent de côté ! Et encore moins qu'elle était parvenue à économiser une telle somme. Jack, lui aussi, devait l'ignorer, sinon il ne lui aurait pas demandé de trier les affaires de sa femme...

Dix mille dollars, c'était exactement la somme dont Hilary aurait besoin le jour où elle pourrait enfin se mettre à la recherche d'Alexandra et de Megan. Elle n'hésita pas longtemps et, après avoir refermé la pochette, elle la glissa dans sa poche puis, la nuit venue, la cacha dans ses propres affaires.

Durant l'année qui suivit, Hilary n'eut pas trop à se plaindre de Jack Jones. Elle le voyait rarement car il passait son temps à pourchasser les femmes du voisinage. Régulièrement, il se faisait renvoyer de son travail et réussissait toujours à trouver une nouvelle place. A ses yeux, il n'y avait que trois choses qui importaient dans la vie : posséder un toit, avoir un réfrigérateur rempli de bouteilles de bière et coucher chaque soir avec une femme différente.

Mais quand Hilary eut treize ans, l'attitude de Jack changea radicalement. Il devint soudain très exigeant. Les rares fois où il rentrait chez lui, il se plaignait que la maison n'était pas bien entretenue ou que le repas qu'elle lui avait préparé était infect. Alors que jusque-là il avait toujours semblé ne pas prêter attention à sa nièce, il critiquait maintenant sa manière de s'habiller. Les robes que Hilary portait étaient toujours trop longues à son goût et pas assez moulantes. Il aurait aimé qu'elle imite les pin up qu'on voyait à la télévision et dans les magazines, et qu'elle porte des minijupes puisqu'on était en 1962 et que c'était la mode.

Un samedi, en fin d'après-midi, alors qu'il rentrait soûl d'un match de softball auquel il avait assisté en compagnie d'une bande de copains, il fit soudain remarquer à Hilary :

— Tu es si mal fagotée qu'on dirait que tu ne veux pas que les garçons te regardent...

Hilary préféra ne pas lui répondre. Jack Jones la dégoûtait. Il avait quarante-cinq ans, mais trente années d'excès de toutes sortes l'avaient vieilli prématurément. Son ventre, gonflé par la bière qu'il ingurgitait à longueur de journée, était énorme et saillait par-dessus la ceinture de son pantalon.

Depuis quelque temps, il ne cessait de l'embêter avec ces histoires de garçons. Il semblait oublier qu'elle n'avait jamais une minute à elle. Quand elle rentrait de l'école, elle s'occupait de la maison et des repas et, aussitôt qu'elle avait fini de dîner, s'attelait à ses devoirs. Même si elle l'avait voulu, où aurait-elle trouvé le temps de rencontrer des jeunes de son âge ? De plus, elle allait rentrer en troisième avec un an d'avance et possédait dix mille dollars, cachés dans un tiroir. Elle avait tout ce qu'il lui fallait, pour le moment.

— Alors comme ça tu n'aimes pas les garçons ? demanda Jack.

— Pas particulièrement, reconnut Hilary. Je n'ai pas le temps de m'en occuper...

— Voyez-vous ça... Et les hommes, alors ? Tu as le temps de t'en occuper, des hommes, petite Hillie ?

Une fois de plus, Hilary jugea plus prudent de ne pas relever l'allusion et, prétextant le repas à préparer, elle alla se réfugier dans la cuisine.

Comme chaque fois qu'elle était malheureuse, elle repensa à sa vie à Boston et aux premiers mois qu'elle avait passés là-bas avec Alexandra et Megan. Depuis qu'elle était arrivée en Floride, elle n'avait plus aucune nouvelle d'Arthur. Lui seul aurait été en mesure de lui dire ce qu'étaient devenues ses sœurs. Elle lui reprochait son silence et il ne lui venait pas à l'idée que si Arthur ne lui écrivait pas, c'est tout simplement parce qu'il n'avait pas son adresse. Les Jones n'avaient pas pris la peine de le prévenir lorsqu'ils avaient quitté Charlestown et, depuis cette date, il avait perdu la trace de Hilary. Il avait aussi été très occupé par ses propres problèmes car c'est à peu près au même moment que Marjorie l'avait quitté.

— Qu'est-ce qu'on mange ce soir ? demanda Jack en rejoignant sa nièce dans la cuisine, une bière dans une main et une cigarette dans l'autre.

Depuis quelque temps, il ne se gênait pas pour la déshabiller tranquillement du regard et, chaque fois que Hilary s'en rendait compte, elle rougissait de honte.

— J'ai préparé des hamburgers, répondit-elle.

— C'est bien, ça, dit Jack.

Mais on voyait bien qu'il pensait à autre chose. Il était en train de se dire qu'avec ses longues jambes, sa taille fine, sa poitrine déjà bien galbée et ses longs cheveux noirs qui retombaient jusqu'au milieu de son dos, Hilary paraissait beaucoup plus que ses treize ans et qu'elle était devenue drôlement belle. Elle était belle en effet, et possédait toute la maturité que donne une vie de chagrins.

Ce soir-là, au lieu d'aller boire sa bière dans le salon pendant qu'elle préparait le repas, il resta dans la cuisine avec elle. Comme la pièce était exiguë, Jack faisait exprès de la frôler sans raison. Une fois, il se permit même de lui donner une légère tape sur les fesses.

Elle se sentait si mal à l'aise que, quand ils se retrouvèrent à table, elle toucha à peine au contenu de son assiette. Aussitôt que Jack eut fini de manger, elle débarrassa la table et lava la vaisselle. Puis elle alla se coucher. Quand elle entendit la porte de la maison se refermer derrière lui, elle poussa un ouf de soulagement et s'endormit peu après.

Il était minuit passé lorsque Jack rentra enfin chez lui sous une pluie diluvienne. Comme d'habitude, il avait fait la tournée des bars et il était complètement ivre. Un peu plus tôt dans la soirée, alors qu'il était attablé devant une bière, il s'était juré de faire une chose bien précise en rentrant chez lui. Mais maintenant, il avait oublié ce que c'était... Ce n'est qu'en passant devant la porte de Hilary qu'il s'en souvint. Et soudain, il éclata de rire. Puis il tourna la poignée de la porte et entra dans la chambre.

Comme il n'y avait pas de rideau à la fenêtre, la lueur des éclairs éclairait par intermittence l'intérieur de la pièce et il put contempler à loisir Hilary qui dormait à poings fermés. Gênée par la chaleur, elle avait rejeté les draps au pied de son lit et, vêtue d'une chemise en coton de petite fille, elle respirait calmement, sa longue chevelure noire étalée en désordre sur l'oreiller.

— C'est-y pas mignon..., roucoula Jack Jones en s'approchant du lit.

Il commença par déboutonner sa chemise, puis la jeta par terre, enleva ses chaussures et ses chaussettes, se débarrassa de son pantalon et retira son slip.

Tout en se déshabillant, il n'avait pas cessé de regarder Hilary et avait senti monter en lui une flambée de désir comme il n'en avait pas connu depuis longtemps. Cela faisait des années qu'il désirait sa nièce. Depuis qu'il l'avait aperçue pour la première fois dans la cuisine à Charlestown, il s'était promis qu'un jour elle serait à lui. Et maintenant, oui, il pourrait en profiter pendant des années. Tranquillement, chez lui.

Quand Jack se glissa dans le lit à côté d'elle, Hilary se réveilla en sursaut. Elle commença par regarder autour d'elle en se demandant, un peu étonnée, où elle se trouvait. Et soudain, elle comprit ce qui se passait. Complètement affolée, elle sauta hors de son lit et se précipita vers la porte ouverte. Mais Jack fut plus rapide qu'elle et l'agrippa brutalement par sa chemise de nuit.

Emportée par son élan, Hilary continua sa course et le mince vêtement se déchira d'un coup. Elle se retrouva toute nue et tremblante de peur en face de Jack, qui n'avait pas bougé du lit.

— Tu sais que tu es drôlement mignonne, ma petite Hillie..., chuchota-t-il.

Hilary, qui essayait vainement de cacher sa nudité, lui jeta un regard terrifié. Elle avait envie de pleurer, ou de s'enfuir. Mais elle savait que, si elle tentait de lui échapper, il la rattraperait.

— Viens donc te coucher avec oncle Jack, proposa-t-il. Il a des tas de choses à t'apprendre...

Hilary n'était pas née de la dernière pluie. Et elle aurait préféré mourir plutôt que de céder à Jack.

— Ne me touche pas ! cria-t-elle en se ruant vers la porte de la chambre.

Jack la suivit dans le couloir en trébuchant dans le noir et réussit à l'attraper par le bras au moment où elle entrait dans la cuisine.

— Viens ici, ma petite délurée ! dit-il en la tirant en direction de la chambre. Je sais exactement ce que tu veux et je vais te le donner...

Coincée contre l'évier, Hilary lui lançait des coups de pied et, de sa main libre, elle lui griffa le visage.

— Lâche-moi !

Surpris par sa réaction, Jack Jones lâcha prise et elle en profita pour se retourner vers l'égouttoir et y prendre un ustensile de cuisine qu'elle avait lavé la veille au soir. Puis elle cacha cette arme improvisée derrière son dos.

C'était une manœuvre bien risquée. Mais elle n'avait plus le choix. Elle le tuerait, plutôt que d'être violée par lui. Et, pour endormir la méfiance de Jack, elle se laissa guider docilement vers la chambre.

— Ça y est, tu as changé d'avis, remarqua Jack d'un air triomphant.

Il la poussa sans ménagement sur le lit et se préparait à s'allonger sur elle quand il sentit soudain contre son ventre le contact froid et tranchant d'une lame en acier. Baissant les yeux, il aperçut alors le couteau que Hilary tenait à la main.

— Si tu me touches, le menaça-t-elle, je te les coupe !

L'avertissement avait été lancé d'une voix glaciale et Jack comprit qu'elle ne plaisantait pas. D'un mouvement brusque, il se redressa et, l'œil toujours braqué sur le couteau, descendit du lit.

— Sors de cette chambre ! ordonna Hilary en quittant le lit à son tour.

— Tout de suite... Tout de suite..., marmonna Jack en reculant pas à pas vers la porte ouverte. Mais, bon sang, jette ce couteau !

— Pas avant que tu ne sois sorti d'ici, le prévint Hilary, qui l'avait suivi, le couteau toujours pointé en direction de son bas-ventre.

Jack était presque arrivé à la porte quand il se mit soudain à l'insulter :

— Petite salope ! Alors voilà ce qu'on vous apprend à l'école... De mon temps, les filles étaient drôlement plus gentilles !

Profitant d'un moment d'inattention de Hilary, il frappa d'un coup sec sa main qui tenait le couteau et envoya l'arme à un mètre de là. Puis il la gifla avec une telle violence qu'elle fut projetée contre le mur. Sa tête alla cogner contre la cloison et son nez commença à saigner.

— Alors... Quel effet ça te fait ? demanda Jack, une lueur mauvaise au fond des yeux.

Hilary était bien incapable de lui répondre. Quasiment assommée et tenant à peine sur ses jambes, elle luttait de toutes ses forces pour ne pas s'évanouir, car elle avait peur que Jack n'en profite pour la violer.

En réalité, celui-ci n'avait plus qu'une idée en tête : faire payer à sa nièce l'humiliation qu'elle venait de lui infliger. De toute façon, il l'aurait, la garce. Il avait tout son temps. Elle n'avait nulle part où aller. Elle lui appartenait.

— On va voir si la prochaine fois tu seras plus gentille avec moi, hurla-t-il en la frappant encore.

Il l'aurait certainement tuée si, après avoir fait pleuvoir les coups sur elle, il ne s'était soudain affalé sur le lit, haletant. Et quelques secondes plus tard, il sombrait dans un sommeil d'ivrogne et ronflait bruyamment.

Hilary avait les oreilles qui tintaient, sa mâchoire la faisait horriblement souffrir et sa lèvre inférieure était fendue. En tombant sur une chaise, elle s'était blessée à la poitrine et tout son corps était couvert d'ecchymoses. Rassemblant le peu de forces qui lui restaient, elle réussit pourtant à se traîner hors de la pièce et à sortir de la maison.

Elle traversa le jardin sous une pluie battante et finit par atteindre le porche de la maison voisine. Arrivée là, elle s'évanouit et passa le reste de la nuit allongée sur le seuil dans un état de semi-inconscience.

Le lendemain matin, lorsque la voisine, Mme Archer, sortit de chez elle pour aller chercher son journal, elle la découvrit qui gisait, inanimée, devant sa porte.

— Oh, mon Dieu ! Viens vite, Bert ! appela-t-elle. Il y a une femme nue devant chez nous et j'ai l'impression qu'elle est morte.

Bert Archer rejoignit aussitôt sa femme. Il s'approcha de Hilary et découvrit avec soulagement qu'elle respirait encore.

— Nom d'un chien, c'est la petite fille d'à côté, qu'on ne voit jamais, dit-il. Celle dont la tante est morte. Appelle vite une ambulance et préviens la police.

Les secours ne se firent pas attendre et, un quart d'heure plus tard, Hilary était admise au service des urgences de l'hôpital Brewster.

Mme Archer, sanglotant parce que Hilary lui rappelait sa propre fille, avait tenu à l'accompagner et, quand elle rentra chez elle en fin d'après-midi, elle expliqua à son mari ce qui s'était passé. D'après les médecins, Hilary avait été battue à mort, mais pas violée. Elle souffrait de nombreuses contusions et avait été assez gravement blessée à la poitrine. Inquiets parce qu'elle avait subi un traumatisme crânien, les médecins allaient la garder en observation à l'hôpital pendant quelque temps.

— Qui a pu lui faire une chose pareille ? demanda-t-elle à son mari.

Les policiers se posaient exactement la même question. Mais Hilary refusait de leur répondre de crainte que son oncle ne la tue à la sortie de l'hôpital si elle le dénonçait. Ils convoquèrent donc Jack Jones au commissariat. Celui-ci ne résista pas longtemps à un interrogatoire en règle et il finit par avouer la vérité. Comme Hilary, terrifiée, ne voulait pas porter plainte, ils ne purent l'inculper mais, quelques jours plus tard, un des policiers se rendit à l'hôpital.

— Tu n'es pas obligée de retourner vivre avec ton oncle, expliqua-t-il à Hilary. Si tu veux, nous pouvons te placer dans une famille d'accueil...

— Qu'est-ce que c'est que ça ? demanda-t-elle en ouvrant de grands yeux effrayés.

— Ce sont des familles qui accueillent des enfants qui n'ont plus de parents ou alors des enfants dont les parents ne peuvent pas s'occuper.

— Comme un orphelinat ?

— Pas du tout ! corrigea le policier. Tu vivras dans une vraie famille, avec d'autres enfants qui sont dans le même cas que toi. Qu'en penses-tu ?

— Oui, j'aimerais bien, répondit Hilary en se disant que, de toute façon, ce ne pouvait pas être pire que ce qu'elle venait de vivre.

Pour être placée dans une famille d'accueil, il fallait d'abord qu'elle passe devant le tribunal pour mineurs de l'Etat de Floride. Et la procédure risquait d'être longue. Heureusement pour elle, quand le juge apprit qu'elle était orpheline et que les Jones n'étaient même pas ses parents adoptifs, il donna aussitôt l'autorisation de placement.

Quelques jours plus tard, Hilary sortait de l'hôpital. L'assistante sociale qui s'occupait de son placement devait venir la chercher chez les Archer pour l'emmener directement dans sa nouvelle famille. Mais, avant de s'y rendre, il fallait qu'elle récupère ses affaires chez Jack Jones. Et elle était terrifiée à l'idée de se retrouver à nouveau en face de lui. Elle ne l'avait pas revu depuis la fameuse nuit où il l'avait battue et elle avait peur qu'il ne veuille se venger sur elle de l'interrogatoire qu'il avait subi. Mme Archer, qui partageait ses craintes, lui proposa de venir avec elle.

Lorsque Jack Jones ouvrit la porte, il fut tellement surpris par la présence de la voisine qu'il se contenta de fusiller Hilary du regard et s'abstint de tout commentaire. Laissant Mme Archer dans l'entrée, Hilary alla dans sa chambre et entassa le plus rapidement possible dans sa valise les quelques vêtements qui lui appartenaient. Elle récupéra aussi le petit sac en tissu qui contenait les dix mille dollars d'Eileen et le cacha à l'intérieur de la doublure de sa valise. Puis elle rejoignit Mme Archer et sortit de la maison. Elle entendit dans son dos Jack Jones qui verrouillait rageusement la porte d'entrée.

En quittant pour toujours cette maison où elle avait tant souffert, Hilary éprouva un intense sentiment de soulagement. Maintenant qu'elle avait dit définitivement adieu aux Jones, peut-être la vie allait-elle être un peu plus facile... En tout cas, elle l'espérait.

Le lendemain matin, l'assistante sociale vint la chercher chez les Archer et, après un rapide passage au tribunal pour mineurs, elle l'emmena en voiture dans un quartier de la banlieue de Jacksonville, qui sembla à Hilary encore plus pauvre que celui où elle avait vécu avec les Jones à Boston.

La femme en tablier qui leur ouvrit la porte eut beau les accueillir avec un large sourire, sa maison n'était pas plus reluisante que le quartier où elle habitait : tous les meubles étaient abîmés et les murs auraient eu besoin d'un bon coup de peinture. Elle s'appelait Louise et, après les présentations d'usage, elle demanda à l'assistante sociale de montrer à Hilary la chambre où elle allait coucher.

La chambre en question était meublée en tout et pour tout de quatre lits de camp et, sur l'un d'eux, était assise une grande fille noire qui, à leur arrivée, jeta un coup d'œil intrigué à Hilary.

— Hilary, voici Maida, dit l'assistante sociale. Elle est là depuis neuf mois.

Après un rapide sourire en direction des deux jeunes filles, elle sortit de la pièce pour rejoindre Louise et les enfants qui l'attendaient dans la cuisine.

— Hilary ? Jamais entendu un nom pareil ! marmonna Maida aussitôt qu'elles furent seules dans la chambre.

Puis elle examina Hilary de la tête aux pieds et fronça les sourcils pour bien lui signifier que la robe bon marché qu'elle portait et les chaussures achetées par Eileen n'étaient pas à son goût.

— D'où viens-tu ? lui demanda-t-elle en la toisant d'un air supérieur.

— De New York. J'ai aussi habité à Boston et cela fait deux ans que je vis ici.

Hilary commençait à se demander avec inquiétude où elle était tombée. Cette grande fille noire qui se rongeait nerveusement les ongles ne lui était pas particulièrement sympathique.

— Pourquoi es-tu là ? Tes parents sont en taule ?

Maida avait posé cette question le plus naturellement du monde. Sa mère faisait le trottoir et son père était souteneur et dealer. Pour l'instant, ils étaient tous les deux sous les verrous.

— Mes parents sont morts, répondit Hilary sans se départir de son calme.

— Tu as des frères et sœurs ?

Hilary faillit répondre par l'affirmative, mais elle se ravisa et préféra secouer la tête.

— Si tu veux rester ici, il va falloir que tu bosses, annonça Maida.

Hilary s'en doutait... De toute façon, elle avait compris, dès son arrivée, que sa nouvelle vie n'allait pas être aussi facile qu'elle l'avait espéré.

— Qu'est-ce que j'aurai à faire ?

— Le ménage, t'occuper des enfants les plus jeunes, laver le linge, retourner le potager... Louise s'y connaît pour faire travailler les gens et elle nous traite comme ses esclaves, sauf qu'on a le droit de manger et de dormir ici. Mais ça vaut toujours mieux que de se retrouver en maison de correction ! ajouta-t-elle avec un sourire entendu.

— Qu'est-ce que c'est, une maison de correction ? demanda Hilary.

Elle n'avait jamais entendu parler de rien de tel : placement familial, maison de correction, parents en prison... Pourtant, son propre père y était mort. S'il savait la vie qu'il l'avait obligée à mener, à cause de son égarement d'une nuit ! Parfois, quand Hilary ne pouvait éviter de penser à lui, elle se disait qu'il aurait mieux fait de la tuer en même temps que sa mère, plutôt que de la condamner ainsi, parmi des étrangers, loin de ceux qu'elle aimait, à mourir à petit feu.

— Mais où as-tu été élevée ? s'écria Maida, abasourdie. Une maison de correction, c'est une prison pour enfants. Maintenant, ils appellent ça un centre d'éducation surveillée, mais ça revient au même. Quand l'assistante sociale n'arrive pas à te trouver de famille d'accueil, elle t'envoie là-bas. Et je peux t'assurer que, dans ce genre d'établissement, tu as intérêt à te tenir à carreau ! Moi, je préfère mille fois bosser pour Louise. De toute façon, ma mère ne va pas tarder à sortir de prison et, ce jour-là, je retournerai vivre avec elle... Et toi ? demanda-t-elle soudain. Est-ce qu'il te reste de la famille ?

Elle pensait que ses parents venaient de mourir et que ce n'était peut-être pour elle qu'une disposition temporaire. Hilary avait quelque chose de différent, dans sa manière de parler et de bouger, dans son regard, comme si elle n'était pas vraiment là. Au moment où elle répondait en secouant la tête, l'assistante sociale revint dans la chambre.

— Ça y est, Hilary, tu as trouvé une petite amie ? demanda-t-elle avec un grand sourire.

Elle semblait n'avoir pas du tout conscience du genre de milieu dans lequel elle travaillait. A ses yeux, les enfants dont elle s'occupait étaient charmants, les familles merveilleuses et tout le monde était content.

— Bien sûr qu'elle va devenir ma petite amie, répondit Maida en appuyant ironiquement sur les deux derniers mots. Pas vrai, Hilary ?

Pour toute réponse, celle-ci se contenta de hocher la tête et, quand l'assistante sociale la pria de la suivre, elle se sentit soulagée. Il y avait quelque chose dans l'attitude de Maida qui l'effrayait.

— Maida est heureuse ici, lui confia l'assistante sociale dans le couloir qui conduisait à la cuisine.

— Prête à travailler ? demanda Louise en voyant arriver Hilary.

Celle-ci acquiesça, n'ayant guère d'autre choix. L'assistante sociale disparut et, sans avoir proposé à Hilary de déjeuner, Louise l'emmena aussitôt dans le jardin. Après lui avoir montré comment on se servait d'une bêche, elle lui demanda de retourner un carré de terre où elle comptait faire des plantations. Elle lui promit d'envoyer les garçons pour l'aider mais ceux-ci, occupés à fumer des cigarettes derrière la maison, ne se montrèrent pas.

Ces quatre dernières années, Hilary n'avait pas chômé, mais jamais encore elle n'avait dû retourner un jardin à la bêche. Très vite elle s'aperçut que c'était un travail épuisant. Il faisait très chaud, ce qui n'arrangeait pas les choses, et quand, quelques heures plus tard, Louise vint la chercher pour dîner, elle transpirait à grosses gouttes et se sentait exténuée.

En entrant dans la cuisine, elle aperçut Maida qui, debout à côté des fourneaux, souriait d'un air arrogant. C'était son jour de cuisine et elle semblait très fière du repas qu'elle venait de préparer.

Hilary, qui n'avait pas mangé de la journée, avait l'estomac dans les talons. Malgré tout, lorsque Louise lui tendit son assiette de « ragoût » où quatre minuscules morceaux de viande flottaient dans une sauce graisseuse, elle faillit avoir un haut-le-cœur et ne put se décider à y toucher.

— Il faut manger, lui conseilla Louise. Tu as besoin de reprendre des forces pour travailler demain.

C'était une femme énorme et, quand elle souriait, on aurait dit une ogresse. Elle rappelait à Hilary ces personnages terrifiants qui dévorent les enfants dans les contes de fées. Dans la vie, malheureusement, les choses ne se passaient jamais comme dans les histoires qui avaient bercé sa petite enfance : aucune bonne fée ne venait jamais à son secours.

— Je m'excuse, dit-elle. Je n'ai pas faim...

Les trois jeunes adolescents assis autour de la table éclatèrent de rire.

— Tu es malade ? demanda Louise, soudain inquiète. L'assistante sociale m'a pourtant assuré que tu étais en bonne santé...

Hilary sentit aussitôt la menace qui perçait sous ces paroles. Si Louise avait le malheur de croire qu'elle était malade, elle la renverrait. Et comme elle n'avait plus de famille, elle irait dans cette horrible maison de correction dont lui avait parlé Maida.

— Je ne suis pas malade ! se défendit-elle aussitôt. C'est à cause du soleil. Il faisait très chaud dans le jardin cet après-midi...

Cette dernière réflexion déclencha un accès d'hilarité générale et Hilary en fut quitte pour avaler le contenu de son assiette.

Il ne lui fallut pas longtemps pour comprendre que cette famille d'accueil n'avait de famille que le nom. Louise ne se comportait pas du tout comme une mère vis-à-vis des enfants qu'elle accueillait chez elle. Seuls leur force de travail et l'argent que l'Etat lui versait pour les garder l'intéressaient. Son mari était un mutilé de guerre et, comme il avait quasiment perdu l'usage de ses deux jambes, il était incapable de travailler. En tant que famille d'accueil, Louise était habilitée à recevoir jusqu'à sept enfants et cela leur permettait de gagner à peu près décemment leur vie. Pour l'instant, en plus de Hilary, elle avait chez elle Maida, âgée de quinze ans, Georgine, une grande fille blonde du même âge, et trois adolescents qui, lors du repas, ne s'étaient pas gênés pour guigner la nouvelle venue. Tous ces jeunes étaient maigres comme des chats de gouttière, ce qui n'étonna pas tellement Hilary. Louise devait s'y entendre pour rogner sur tout, exactement comme Eileen Jones, et les enfants en pension chez elle ne mangeaient certainement jamais à leur faim.

A sept heures et demie, Louise annonça d'une voix tonnante qu'il était temps d'aller au lit, et garçons et filles se dirigèrent aussitôt vers leurs chambres respectives. Ils avaient parlé de leurs parents en prison, de leurs expériences en maison de correction. Tout cela était totalement nouveau pour Hilary, qui était restée assise en silence sur son lit. Georgine et Maida, après un long aparté qui excluait totalement la nouvelle venue, enfilèrent chacune leur chemise de nuit, puis elles se rendirent dans la salle de bains et, arrivées là, claquèrent sans plus de cérémonie la porte au nez de Hilary.

« Il faut absolument que je tienne le coup, se dit celle-ci en ravalant ses larmes. Je suis toujours mieux ici que chez Jack. Plus que cinq ans... Cinq ans de placement familial ou de maison de redressement ! Pourvu qu'on ne me vole pas mon argent... Et puis je serai libre, et alors peut-être ma vie changera, enfin ! »

Lorsque Georgine et Maida revinrent dans la chambre, elle prit la serviette de toilette rêche et usée que Louise lui avait donnée à son arrivée et s'enferma à son tour dans la salle de bains. Là, en songeant à ce qu'était devenue sa vie, elle sanglota en silence.

Comme s'ils n'attendaient que cela, les trois garçons de la chambre d'à côté se mirent à tambouriner sur la porte et, lorsqu'elle sortit de la salle de bains, l'un d'eux lui lança d'un air goguenard :

— Si tu as besoin d'un coup de main pour te laver, il faut le dire : je viendrai t'aider...

Dès que Hilary eut regagné sa chambre, Maida éteignit la lumière et, quelques secondes plus tard, Louise apparut sur le seuil de la porte ouverte, tenant à la main un trousseau de clés.

— C'est l'heure de la fermeture, chuchota Maida.

En effet, Louise, après avoir tiré la porte, les enferma à double tour. Il faisait encore suffisamment clair dans la pièce car la fenêtre ne comportait ni volet ni rideau, et Hilary en profita pour jeter un coup d'œil en direction des deux autres filles. Aucune émotion particulière ne se lisait sur leur visage et elles semblaient trouver tout naturel que Louise ait fermé la porte à clé.

— Pourquoi nous enferme-t-elle ? demanda Hilary, tout étonnée.

— Pour nous empêcher d'aller voir les garçons, pardi ! répondit Maida. Louise est très à cheval sur la réputation de la maison...

Cette dernière remarque dut lui paraître fort drôle, car elle éclata d'un rire bruyant.

— Et si nous avons besoin d'aller aux toilettes ? demanda Hilary.

— Tu fais pipi au lit comme lorsque tu étais bébé, lui expliqua Georgine.

— Sauf que le lendemain matin, c'est toi qui laves tes draps ! ajouta Maida en gloussant.

— Et s'il y avait un incendie ? s'inquiéta Hilary.

— Si la maison prend feu, tu grilleras comme un petit poulet, ma chérie ! lui lança Maida. Et quand on te sortira d'ici, ta belle peau blanche sera aussi noire que la mienne.

Ce genre de plaisanterie n'était pas fait pour rassurer Hilary. C'était la première fois de sa vie qu'on l'enfermait à double tour et elle se sentait complètement paniquée, comme si soudain elle manquait d'air. Il faisait nuit maintenant et seule la lueur de la lune éclairait la pièce. Allongée dans son lit, Hilary s'obligea à respirer régulièrement pour essayer de retrouver son calme et elle contempla le plafond dans l'espoir qu'elle arriverait ainsi à s'endormir.

A un mètre d'elle, Georgine et Maida chuchotaient dans le noir. Puis Hilary eut l'impression que l'une d'elles quittait son lit.

Curieuse de savoir ce qui se passait, elle se retourna de leur côté et, l'espace de quelques secondes, elle n'en crut pas ses yeux. Mais, très vite, elle dut se rendre à l'évidence. Maida était descendue de son lit de camp pour se coucher dans celui de Georgine. Les deux filles avaient enlevé leurs chemises de nuit, qui gisaient par terre au pied du lit. Et Maida gémissait de plaisir tandis que Georgine, penchée entre ses jambes, la caressait.

Epouvantée par cette scène à laquelle elle aurait voulu ne jamais assister, Hilary était incapable de détourner les yeux, et Georgine s'aperçut qu'elle les observait.

— Qu'est-ce que tu as ? demanda-t-elle sur un ton mordant. C'est la première fois que tu vois deux filles faire ça ?

Hilary hocha la tête en silence.

— Tu veux essayer ? lui proposa alors Maida.

Complètement terrifiée, elle fit signe que non.

— Tu as tort ! reprit Maida. Peut-être que ça te plairait.

— Non, non…, réussit à articuler Hilary.

Si elle était chez Louise, c'est parce qu'elle avait refusé de coucher avec Jack Jones et elle n'allait pas maintenant accepter les inquiétantes avances de ces deux filles.

Georgine se pencha à nouveau vers Maida et recommença à la caresser exactement comme si Hilary n'existait pas. Celle-ci eut beau se cacher la tête sous les draps, cela ne l'empêcha pas d'entendre les gémissements de plaisir que poussaient ses deux compagnes de chambre. A un moment donné, l'une d'elles cria si fort que Hilary craignit que Louise ne se réveille. Mais cette dernière devait dormir à poings fermés et personne ne bougea dans la maison. Maida et Georgine finirent par s'endormir, blotties dans les bras l'une de l'autre, et seule Hilary ne ferma pas l'œil de la nuit.

Le lendemain, une dure journée de travail l'attendait. Elle dut continuer à bêcher le carré de terre auquel elle s'était attaquée la veille, puis Louise lui demanda de nettoyer à fond une cabane qui se trouvait au fond du jardin. Les trois garçons, qui étaient censés l'aider dans son travail, passèrent leur temps à la taquiner.

Hilary fut aussi chargée de préparer le déjeuner, mais avec les maigres provisions qu'avait laissées Louise, elle ne put servir à chacun qu'une mince tranche de pâté et un reste de frites congelées, tout juste de quoi ne pas mourir de faim.

Le soir, elle dut encore supporter les gémissements et les râles de plaisir de ses compagnes, et ne put s'endormir qu'après avoir rabattu les couvertures sur sa tête. Mais la troisième nuit, ce que Hilary craignait confusément depuis qu'elle dormait dans cette chambre fermée à clé finit par arriver. Elle était couchée sur son lit de camp, la tête tournée vers le mur pour essayer d'échapper aux ébats nocturnes de Maida et de Georgine, quand soudain elle sentit une main qui se glissait sous sa chemise de nuit pour la caresser.

Surprise et effrayée à la fois, Hilary voulut sauter de son lit mais Georgine, qui avait prévu sa réaction, la serra par la taille avec une force peu commune et se colla contre elle.

— Ne bouge pas, chuchota-t-elle. Tu vas voir comme c'est agréable... Et Maida et moi, on serait drôlement contentes d'avoir une nouvelle amie...

Georgine glissa alors sa main vers les cuisses de Hilary, fermement serrées.

— S'il te plaît... S'il te plaît... Non ! gémit Hilary, terrifiée.

Elle essaya de se dégager en lui donnant des coups de pied, mais Georgine était bien plus forte qu'elle et cette fois-ci, elle n'avait pas de couteau pour se défendre. Elle songea à crier pour réveiller Louise, puis elle se souvint soudain de cette maison de correction dont lui avait parlé Maida. Nul doute que si elle faisait un scandale, on l'expédierait aussitôt là-bas. Que deviendrait-elle alors ?

Quand Maida s'approcha de son lit pour prêter main-forte à Georgine, elle se mit à sangloter et cessa toute résistance.

Le lendemain matin, quand Louise ouvrit la porte, Hilary avait perdu sa virginité et elle était marquée pour la vie par le viol odieux dont elle avait été victime. Elle fit un paquet de ses draps souillés de sang et se rendit dans la buanderie pour les laver, baissant la tête sous les cris indignés de Louise et les rires moqueurs des garçons.

Elle se sentait meurtrie et humiliée à jamais, et priait tout bas pour que ses deux sœurs ne connaissent pas le même sort qu'elle. Son seul espoir était qu'Arthur Patterson ne lui ait pas menti le jour où il était venu les chercher à Boston et qu'elles se trouvent effectivement dans des familles respectables où rien de pareil ne pourrait jamais leur arriver.

Tandis qu'elle creusait la terre dans le jardin, elle murmurait : « Mon Dieu, faites de moi ce que vous voulez, mais épargnez mes deux petites sœurs... »

— On parle toute seule ? demanda Georgine, qui s'était approchée sans faire de bruit.

— Je... Non... bafouilla Hilary en rougissant.

— On s'est bien amusées la nuit dernière, hein ? reprit Georgine. Et cette nuit, je peux t'assurer que ce sera encore mieux...

— Non ! Ne me touche plus, c'est compris ? s'écria Hilary en la menaçant avec sa pelle.

Georgine battit en retraite en riant. Mais le soir même, elle se vengeait de la rebuffade dont elle avait été l'objet.

Une semaine plus tard, quand l'assistante sociale revint chez Louise, Hilary était prostrée et elle avait tellement maigri qu'elle lui demanda avec inquiétude si on la faisait trop travailler. Comme Maida et Georgine lui avaient dit que si elle les dénonçait elle serait aussitôt envoyée en maison de correction et que, là-bas, les filles étaient encore plus brutales, Hilary n'hésita pas longtemps. Elle répondit que tout allait bien et qu'elle était simplement un peu fatiguée par la chaleur.

Sept mois plus tard, sept mois de cauchemar pour Hilary, Georgine et Maida quittaient la maison de Louise. Georgine, maintenant âgée de seize ans, avait choisi le statut de mineure émancipée et Maida devait aller vivre avec sa mère qui venait d'être libérée de prison.

Jugeant que Hilary était trop jeune pour attirer les garçons, Louise cessa de fermer les portes à clé et les trois jeunes adolescents sautèrent aussitôt sur l'occasion. Quand ils firent irruption en pleine nuit dans sa chambre, elle se battit comme un beau diable. Mais, à trois contre une, elle n'avait aucune chance et, lorsqu'elle fut trop fatiguée pour leur résister, ils obtinrent sans difficulté ce qu'ils étaient venus chercher.

Le lendemain matin, Hilary téléphona à l'assistante sociale et, sans fournir aucune explication, demanda à être placée dans un centre d'éducation surveillée. Son transfert ne pouvant avoir lieu le jour même, elle s'arma en prévision de la dernière nuit qu'elle devait passer sous le toit de Louise. Elle subtilisa dans la cuisine un couteau et une fourchette et, lorsque les trois garçons s'approchèrent de son lit, ils eurent droit à un accueil dans les règles. L'un d'eux faillit même perdre dans l'affaire un de ses doigts… Terrifiés, ils repartirent à toute vitesse dans leur chambre et, pour la première fois depuis de longs mois, Hilary put dormir tranquille.

A son arrivée dans le centre d'éducation surveillée, comme elle n'avait plus que la peau sur les os et tenait à peine sur ses jambes, elle fut placée en observation à l'infirmerie. Il n'y avait pas que son état physique qui était inquiétant : elle était complètement déprimée et refusait de parler à quiconque. Le médecin appelé à son chevet diagnostiqua une « dépression liée à la puberté » et conseilla de la remettre avec les autres enfants, prévoyant qu'ainsi son moral s'améliorerait. Quinze jours plus tard, on envoya Hilary travailler à la lingerie et, le soir même, elle coucha dans un dortoir en compagnie d'une quinzaine de filles de son âge. Elle entendit à nouveau des gémissements semblables à ceux que poussaient Maida et Georgine, mais personne ne la força à partager ces plaisirs nocturnes. Son mutisme effrayait ses compagnes de chambre et faisait le vide autour d'elle.

Au bout d'un mois, elle fut à nouveau placée dans une famille d'accueil avec trois autres filles. La femme chez qui elle logeait était agréable et polie, et elle ne perdait jamais une occasion de rappeler aux jeunes dont elle s'occupait que le bon Dieu les punirait s'ils oubliaient de dire leur prière du soir. Son attitude bienveillante n'eut aucun effet sur Hilary, qui continua à s'enfermer dans un silence buté. Deux mois plus tard, elle apprit qu'elle allait retourner dans le centre d'éducation surveillée et serait « remplacée » dans cette famille par une fille de onze ans douce et enjouée.

Cette décision ne la surprit pas et elle l'accueillit même avec soulagement. Elle n'avait plus qu'une idée en tête maintenant : reprendre ses études interrompues après l'agression de Jack Jones. Dès son retour au centre, elle se mit au travail d'arrache-pied. Elle n'avait aucune amie. Pendant la journée, elle allait aux cours et, le soir, elle faisait ses devoirs, puis lisait tout ce qui lui tombait sous la main. Elle avait compris que le jour où elle serait majeure et sortirait du centre, il faudrait qu'elle se débrouille toute seule et qu'elle aurait alors besoin de trouver du travail. Elle avait donc tout intérêt à accumuler un maximum de connaissances en prévision de sa future sortie. Au fond, les études étaient maintenant sa seule planche de salut... Elle avait tout juste dix-sept ans quand elle se présenta au baccalauréat et elle obtint son diplôme avec la mention très bien.

Lorsque les résultats furent connus, l'assistante sociale la convoqua aussitôt dans son bureau.

— Félicitations, Hilary ! J'ai appris que tu avais obtenu ton baccalauréat et j'en suis vraiment très heureuse pour toi.

— Merci, répondit Hilary sans manifester aucune émotion.

Depuis ses neuf ans, personne n'avait levé le petit doigt pour lui venir en aide et elle savait à présent que, quoi qu'il arrive, elle serait toujours seule. Elle avait même plus ou moins renoncé à l'espoir de revoir un jour ses sœurs. Alexandra devait avoir quatorze ans maintenant et Megan, pas loin de dix.

Depuis le temps, elles avaient dû l'oublier et, si elles rencontraient leur sœur aînée dans la rue, elles ne la reconnaîtraient certainement pas.

— Maintenant que tu as ton bac, reprit l'assistante sociale, il va falloir que tu fasses un choix.

— Ah oui ? demanda Hilary, soudain sur la défensive.

Jusqu'ici, chaque fois qu'on lui avait proposé quelque chose, elle avait toujours découvert à ses dépens que c'était encore pire que la situation qu'elle venait de quitter.

— Normalement, les enfants qui sont placés au centre y restent jusqu'à leur majorité. Mais ceux qui obtiennent leur bac avant d'être majeurs peuvent demander à être émancipés.

— Ce qui veut dire ? s'enquit Hilary en lui lançant un regard suspicieux.

— En tant que mineure émancipée, tu as le droit de quitter le centre du jour au lendemain. Cela n'empêche pas que tu peux rester chez nous jusqu'à ta majorité si tu le désires. Bien entendu, tout dépend de tes projets... Est-ce que tu as déjà réfléchi à la question ?

« Cela fait des années que j'y pense », songea-t-elle amèrement.

— Oui, dit Hilary.

— Et alors ?

L'assistante sociale avait l'impression de parler à un mur. Elle avait l'habitude : la moitié des jeunes dont elle s'occupait étaient tellement meurtris par la vie qu'ils ne faisaient plus confiance à personne.

— Tu pourrais peut-être me dire un mot de tes projets, proposa-t-elle.

— Pour avoir le droit de sortir d'ici, est-ce que je suis obligée de vous dire ce que je compte faire plus tard ?

« Comme le prisonnier qui espère obtenir une libération conditionnelle », se dit Hilary.

— Absolument pas ! se défendit aussitôt l'assistante sociale. Si je t'ai posé cette question c'est simplement parce que j'aimerais t'aider à ta sortie du centre.

— Je suis capable de me débrouiller toute seule, fit remarquer Hilary.

— Tu sais déjà où tu veux aller ?

— A New York, je pense. C'est là que je suis née.

« Et c'est là que sont mes sœurs », faillit-elle ajouter.

— C'est une bien grande ville ! Est-ce que tu as des amis là-bas ?

« Quelle question idiote ! » songea Hilary. Si elle avait eu des amis à New York, est-ce qu'elle aurait passé quatre ans de sa vie dans le centre d'éducation surveillée de Jacksonville ? De toute façon, elle avait toujours les dix mille dollars d'Eileen et elle ne connaissait pas de meilleur passeport pour faire son chemin dans la vie. Elle n'avait pas besoin d'amis. Elle devrait seulement trouver un travail, et un logement...

— Non. Mais j'aimerais partir le plus vite possible, répondit-elle laconiquement.

— Les papiers devraient être prêts dans une semaine, répondit l'assistante sociale avec un sourire triste.

173

Dans le cas de Hilary, le personnel du centre avait l'impression d'avoir échoué lamentablement. Cela arrivait quelquefois et il n'y avait rien à faire. Certains enfants étaient marqués pour la vie, d'autres s'en sortaient très bien. Il était impossible de prévoir d'avance quelle serait leur réaction...

— Aussitôt que j'aurai des nouvelles, je te le ferai savoir, conclut-elle en serrant la main de Hilary.

Après l'avoir remerciée, celle-ci quitta le bureau et rejoignit la chambre individuelle qu'elle occupait depuis qu'elle était entrée en année de préparation du baccalauréat.

Elle s'allongea alors sur son lit et, pour la première fois depuis longtemps, se surprit à sourire. Ça y est, c'était terminé ! Elle en avait fini pour de bon avec ces années de terreur et d'humiliation continuelles. Maintenant qu'elle était son propre maître, elle était bien décidée à ne plus jamais laisser qui que ce soit lui dicter sa conduite.

Une semaine plus tard, elle quittait Jacksonville. En montant dans le bus qui l'emmenait à New York, elle n'éprouvait ni regret ni tristesse. Personne ne l'avait accompagnée jusqu'à la gare routière et aucune main amie ne s'agita dans sa direction au moment du départ. Assise derrière le chauffeur, les yeux secs et le regard dur, elle ne se retourna pas une seule fois. Tel un cauchemar que l'on se dépêche d'oublier au réveil, son passé gisait derrière elle et maintenant seul l'avenir importait.

9

Le bus qu'avait pris Hilary mit deux jours pour atteindre New York. A l'heure du déjeuner, lorsqu'il s'arrêta une première fois à Savannah, d'autres passagers essayèrent de lier connaissance avec elle. Mais elle ne prit même pas la peine de leur répondre. Et, le soir, elle se montra si dure avec deux marins qui l'ennuyaient que tout le monde la laissa tranquille jusqu'à la fin du voyage.

Quand le bus s'arrêta à New York et qu'elle descendit sur le quai de la gare routière, son cœur s'affola soudain dans sa poitrine. Elle était enfin de retour chez elle... après tant d'années... Elle avait réussi !

Le service social du centre lui avait remis deux cent quatre-vingt-sept dollars au moment de son départ et elle était toujours en possession de l'argent d'Eileen. Son premier soin fut donc de se rendre dans une banque pour y ouvrir un compte.

Ensuite, elle se mit à la recherche d'une chambre. Elle choisit un hôtel de la 30ᵉ Rue Est qui ne payait pas de mine mais où personne ne s'occuperait de ses allées et venues.

Après avoir déjeuné dans un snack-bar à côté de l'hôtel, elle acheta tous les journaux du jour et se mit à éplucher les offres d'emploi. Elle avait suivi des cours de secrétariat pendant ses études secondaires mais n'avait aucune autre formation spécialisée. Elle se doutait bien qu'elle allait devoir commencer tout en bas de l'échelle. Cela n'avait aucune importance. Elle était décidée à gravir tous les échelons jusqu'à parvenir à un poste de responsabilité. Elle avait trop vu de femmes aviles, misérables et sans éducation. Elle ne serait pas comme elles. Aussitôt qu'elle aurait trouvé du travail, elle s'inscrirait à des cours du soir afin de continuer ses études. Et un jour, elle serait *quelqu'un*. Une femme dont tout le monde envierait la réussite professionnelle. Oui, cela, elle se l'était juré.

Si elle voulait trouver du travail, il fallait qu'elle soit correctement habillée. Le lendemain de son arrivée à New York, elle se rendit donc dans un des grands magasins de Lexington Avenue pour y faire ses achats. Elle choisit des vêtements de couleur sombre, des jupes et des chemisiers à la coupe stricte, une paire de chaussures de ville et un sac en cuir. Le tout lui coûta cinq cents dollars.

Quand elle revint dans sa chambre quelques heures plus tard et qu'elle essaya ses emplettes devant la glace, elle était métamorphosée. En la voyant, personne n'aurait imaginé qu'elle sortait d'un centre d'éducation surveillée.

Quelques jours plus tard, après avoir répondu à plusieurs offres d'emploi et s'être vu refuser le travail parce qu'elle était trop jeune, ou qu'elle ne connaissait pas la sténographie, elle fut convoquée dans une agence comptable. L'homme qui la reçut était obèse et chauve, et il transpirait tellement qu'il gardait un mouchoir à la main pour s'éponger le visage.

— Vous savez taper à la machine ? demanda-t-il, les yeux obstinément fixés sur la poitrine de Hilary.

Il lui rappelait Jack Jones... Sauf qu'aujourd'hui elle n'avait plus peur et qu'elle était venue là pour décrocher du travail.

— Oui, monsieur, répondit-elle.

— Quel âge avez-vous ?

— Dix-neuf ans, mentit Hilary.

Sa première entrevue professionnelle lui avait au moins appris cela : à New York, quand on voulait travailler, il fallait avoir plus de dix-huit ans.

— Vous avez suivi des cours dans une école de secrétariat ?

Hilary, qui n'en était plus à un mensonge près, répondit oui une fois de plus.

L'homme prit alors un dossier qui se trouvait devant lui. Faisant le tour de son bureau, il s'approcha de Hilary comme s'il désirait lui montrer le contenu de la chemise qu'il tenait à la main, mais au lieu de cela, il se pencha et lui caressa les seins. La réaction de Hilary ne se fit pas attendre : elle le gifla à toute volée. L'espace de quelques secondes, ils se dévisagèrent, aussi surpris l'un que l'autre.

— Si vous me touchez encore, je crie de toutes mes forces pour ameuter la police, le prévint Hilary.

Elle s'était levée, ses grands yeux verts étincelaient de colère, tout son corps était tendu comme si elle s'apprêtait à bondir sur son agresseur et ses mains tremblaient de fureur contenue.

— Comment osez-vous ?

Cet homme laid et obèse lui rappelait soudain d'atroces souvenirs : Jack Jones, Maida et Georgine, et ces adolescents qui n'avaient pas hésité à se mettre à trois pour la violer... Jamais il ne lui serait venu à l'idée que son exceptionnelle beauté était en partie responsable de ses malheurs. Inconsciente de l'attirance qu'elle exerçait, elle avait l'impression d'être poursuivie par une malédiction, comme si tous ces gens la punissaient pour une faute qu'elle aurait commise dans son enfance et dont elle ignorait tout.

— Désolé, mademoiselle... Vous fâchez pas... Hé, comment c'est, votre nom ? demanda l'homme en la suivant tandis qu'elle reculait vers la sortie.

Pour toute réponse, Hilary lui claqua la porte au nez. Puis elle dégringola l'escalier à toute allure et regagna son hôtel en se demandant avec inquiétude si elle réussirait un jour à trouver du travail.

Finalement, après bien des démarches, elle obtint un poste de réceptionniste dans une agence de placement. La femme qui l'engagea se doutait bien qu'elle avait menti sur son âge, mais comme Hilary semblait intelligente et soignée, qu'elle tapait à la machine à peu près correctement et qu'elle était capable de répondre au téléphone, cela lui suffisait. Elle lui proposa pour commencer quatre-vingt-quinze dollars par semaine et lui annonça qu'on l'attendait à l'agence le lendemain matin.

« Ça y est ! » se dit Hilary en regagnant son hôtel. Elle avait déjà pris contact avec un certain nombre d'écoles qui proposaient des cours du soir et maintenant qu'elle avait du travail elle était fermement décidée à continuer ses études.

Si elle devait commencer à travailler le lendemain, c'était certainement son dernier après-midi de libre, donc le moment ou jamais de faire une démarche que, jusque-là, elle avait repoussée. Il fallait qu'elle rende visite à un homme qu'elle n'avait pas revu depuis longtemps. Cet homme, elle le haïssait et aurait préféré ne jamais le revoir, mais il était le seul à détenir les informations dont elle avait besoin. Elle ne voulait pas lui téléphoner mais le voir en personne et, rien qu'à l'idée de devoir le rencontrer à nouveau, elle tremblait de rage.

Avant de sortir, elle s'habilla avec beaucoup de soin. Elle choisit dans sa garde-robe une robe bleu marine toute simple et des bas assortis, enfila ses chaussures vernies noires. Puis elle releva ses cheveux en chignon car elle savait que ce genre de coiffure la faisait paraître plus vieille que son âge.

En quittant son hôtel, elle héla un taxi pour ne pas perdre de temps et, un quart d'heure plus tard, le chauffeur la déposait devant un imposant gratte-ciel de Park Avenue tout en verre et en acier.

Quand l'ascenseur, après une secousse, s'ébranla vers le trente-septième étage, Hilary retint son souffle, craignant soudain de rester bloquée dans l'étroite cabine. Jamais encore elle n'était venue ici, mais l'atmosphère luxueuse des lieux lui rappelait bien des souvenirs. Le voyage qu'elle avait fait avec ses parents en Europe… l'appartement de Sutton Place… Et les goûters que lui offrait sa mère quand elle l'emmenait au Plaza et commandait pour elle une assiette de petits gâteaux et une grande tasse de chocolat chaud tout moussant de crème… Cette époque heureuse était depuis longtemps révolue et pourtant Hilary n'en avait rien oublié. Pas plus qu'elle n'avait oublié la nuit où sa mère était morte, et les paroles que son père et elle avaient échangées...

Arrivée au trente-septième étage, elle sortit de la cabine et pénétra dans un bureau de réception dont le sol était recouvert d'une épaisse moquette vert bouteille. La jeune femme qui l'accueillit possédait tous les attributs de la parfaite réceptionniste : des cheveux blond platine, un tailleur en lin rose, et l'air d'être prête à se mettre en quatre pour vous.

— J'aimerais voir M. Patterson, annonça Hilary en s'approchant.

— Vous avez rendez-vous ? demanda la réceptionniste en lui décochant son plus beau sourire.

Même si Hilary était impressionnée par l'opulence du décor, elle n'en laissa rien paraître.

— Non, je n'ai pas rendez-vous. Mais j'aimerais le voir.

— Quel est votre nom ? demanda la spécialiste des sourires en tout genre.

— Hilary Walker. M. Patterson est mon parrain.

— Oh... Oui, un instant, s'il vous plaît.

Après avoir appuyé sur toute une série de touches, elle décrocha un téléphone et se mit à parler d'une voix totalement inaudible. Savoir parler dans un téléphone sans que les visiteurs puissent entendre ce qu'elle était en train de dire devait faire partie de ses fonctions. « M. Untel est là et demande à vous voir, monsieur... Vous êtes sorti... Très bien... Que dois-je lui dire ? »

Hilary l'observait avec intérêt : elle aussi, le lendemain, serait assise derrière un bureau de réception et il faudrait bien qu'elle apprenne à faire la même chose.

Elle s'attendait plus ou moins à être poliment éconduite quand la réceptionniste, qui venait de reposer son téléphone, lui annonça en lui montrant la porte qui se trouvait sur sa droite :

— Vous pouvez entrer. La secrétaire de M. Patterson vous attend. C'est elle qui va vous conduire jusqu'à son bureau.

La réceptionniste semblait impressionnée. Il n'était pas facile d'obtenir un entretien avec Arthur Patterson, mais après tout cette jeune femme était sa filleule.

Après avoir poussé la porte, Hilary pénétra dans une immense antichambre qui devait occuper toute la longueur de l'étage et dont les murs étaient garnis de livres de droit. Sur sa gauche se trouvait une enfilade de portes fermées qui devaient mener aux bureaux des différents avocats de la firme et, à sa droite, elle aperçut des secrétaires penchées sur leur machine à écrire.

— Mademoiselle Walker ? demanda une femme d'un certain âge en s'approchant d'elle.

— Oui.

— M. Patterson vous attend. Si vous voulez bien me suivre…

Ainsi Arthur Patterson attendait Hilary Walker, comme s'ils s'étaient quittés la veille au soir… Sauf que cela faisait des années qu'il n'avait pas vu sa filleule et qu'il ignorait ce qu'avait été sa vie depuis le jour où il l'avait lâchement abandonnée chez les Jones. Que savait-il de la vie avec des gens comme Eileen et Jack, de la faim chez ceux qui vous faisaient travailler comme des esclaves, des Maida et des Georgine, des familles d'accueil et des maisons de correction, des couteaux avec lesquels elle avait dû se défendre ? Si Hilary n'avait pas eu besoin de lui pour avoir des nouvelles de ses sœurs, jamais elle ne serait venue le voir. Et elle était bien décidée, lorsqu'elle aurait obtenu les informations qu'elle était venue chercher, à le chasser pour toujours de sa vie. Même s'il n'avait pas tué Solange Walker de ses propres mains, elle le considérait comme le meurtrier de sa mère et cela, jamais elle ne le lui pardonnerait.

La secrétaire s'arrêta devant une porte garnie d'une plaque en cuivre sur laquelle était inscrit le nom d'Arthur Patterson, puis elle frappa discrètement sur le panneau en bois plein.

Hilary reconnut aussitôt la voix qui, derrière la porte close, leur disait d'entrer. C'était cette même voix qui lui avait menti bien des années auparavant en lui annonçant que ses sœurs allaient vivre ailleurs « pendant quelque temps », en lui promettant de revenir la chercher. Il n'était jamais venu, elle s'en moquait maintenant, mais elle le haïssait. Même si huit ans s'étaient écoulés depuis, la douleur qu'elle avait éprouvée alors ne s'était jamais éteinte.

— Vous pouvez entrer, dit la secrétaire en ouvrant la porte.

En pénétrant dans la pièce, le regard de Hilary fut d'abord attiré par l'immense bureau en verre et en acier qui se trouvait juste à côté d'une grande baie vitrée à travers laquelle on apercevait les gratte-ciel de New York.

L'homme qui était assis derrière le bureau semblait un peu incongru dans ce décor moderne. Mince au point de paraître maigre, complètement chauve et le regard empreint de tristesse, il paraissait largement dix ans de plus que ses cinquante ans et pâlit brusquement en voyant Hilary. Grande et mince comme sa mère, elle avait hérité des grands yeux verts de Solange et, n'étaient ses cheveux noirs, elle ressemblait à s'y méprendre à la jeune femme hautaine et fière qu'Arthur avait aperçue pour la première fois à Paris, rue d'Arcole.

L'espace de quelques secondes, Arthur eut l'impression de se retrouver en face de Solange... Quittant le fauteuil où il était assis, il allait se précipiter à la rencontre de la jeune femme debout à quelques mètres de lui quand soudain quelque chose dans son regard l'arrêta net. Au fond des yeux de Hilary, il pouvait lire un mélange de colère et d'amertume qui n'avait jamais existé chez Solange, aussi malheureuse soit-elle. Sa fille avait une manière de vous regarder qui signifiait clairement : si tu t'approches, je te tuerai avant que tu n'aies le temps de porter la main sur moi.

« Que lui est-il arrivé ? » se demanda Arthur avec inquiétude en s'approchant d'elle pour lui serrer la main. Ignorant délibérément la main qu'il lui tendait, Hilary se recula à son approche.

— Comment vas-tu ? demanda-t-il.

« Il est bien tard pour me poser ce genre de question », songea Hilary en remarquant pour la première fois toute la faiblesse que trahissait le regard de cet homme vieillissant. Une faiblesse dont Solange, bien avant elle, l'avait accusé.

— Je vais parfaitement bien, répondit-elle d'un ton cassant.

Elle n'était pas venue le voir en souvenir du bon vieux temps, mais pour lui poser une question bien précise :

— Je veux savoir où se trouvent mes sœurs.

Si un peu plus tôt, en la voyant entrer dans la pièce, Arthur avait pâli, maintenant il était blanc comme un linge. Il venait soudain de comprendre que la visite de Hilary ne lui était nullement destinée. Elle ne ramènerait pas dans sa vie le souvenir de Sam et de Solange, de l'amitié et de la jeunesse. La seule chose qui l'intéressait c'était de savoir ce qu'étaient devenues ses sœurs. Et, malheureusement, il était bien incapable de lui répondre.

— Si tu t'asseyais…, proposa-t-il en lui montrant la chaise qui se trouvait en face de son bureau.

— Je n'ai pas de temps à perdre ! rétorqua Hilary. Je considère que tu es responsable de la mort de mes parents et de la destruction de ma famille. Je n'ai donc plus rien à faire avec toi. Dès que tu m'auras dit où se trouvent Alexandra et Megan, je m'en irai. Mais pas avant !

Debout en face d'Arthur, la tête orgueilleusement dressée comme sa mère, Hilary semblait prête à attendre aussi longtemps qu'il faudrait les renseignements qu'elle était venue chercher. Elle en savait certainement beaucoup plus long que ce qu'Arthur avait imaginé lorsqu'elle était enfant, puisqu'elle le rendait responsable de la mort de ses parents… Pour l'instant, il préférait ne pas la questionner à ce sujet. De toute façon, elle avait raison sur un point au moins : en la séparant de ses sœurs,

Arthur avait porté un coup fatal à la famille Walker. Il avait agi ainsi parce que Marjorie menaçait de le quitter s'il prenait les enfants chez lui... Et finalement, elle était partie pour de bon quelques années après ! Il s'était donc retrouvé absolument seul : Solange, la seule femme qu'il ait jamais aimée, était morte, ses enfants avaient été dispersés aux quatre vents et son meilleur ami s'était suicidé dans sa cellule. D'ailleurs, même la mort de Sam lui pesait sur la conscience... Mais comment expliquer tout cela à Hilary ou même s'excuser auprès d'elle de ce qui était arrivé ?

— Je ne sais pas où sont tes sœurs, Hilary, avoua Arthur, les larmes aux yeux. J'ai complètement perdu leur trace. La tienne aussi, d'ailleurs... Quand je suis retourné à Boston il y a près de sept ans, j'ai appris que les Jones étaient partis sans laisser d'adresse. Et j'ai eu beau chercher, personne n'a pu me dire où ils avaient déménagé...

Arthur regrettait profondément ce qui s'était passé et il éprouvait un tel sentiment de culpabilité qu'il aurait presque préféré ne jamais revoir sa filleule. Elle était une sorte de reproche vivant pour lui. Jamais elle ne lui pardonnerait ce qu'il avait fait. Il n'y avait nulle trace en elle de douceur ou de gentillesse et, malgré sa jeunesse, elle semblait déjà durcie et amère. Si elle avait eu le moyen de se venger de lui, de lui faire payer ce qu'elle avait enduré à cause de lui, elle n'aurait certainement pas hésité une seconde. Et il aurait été le dernier à l'en blâmer...

— Tu n'as pas dû beaucoup chercher, fit remarquer Hilary d'une voix glaciale. Sinon, tu aurais appris que nous avions déménagé en Floride...

— Et après, que s'est-il passé ?

Arthur éprouvait soudain le besoin de savoir ce qui était arrivé à sa filleule. Il aurait aimé qu'elle s'assoie et qu'ils discutent calmement. Il lui aurait alors expliqué que Marjorie était maintenant juge à la cour supérieure, que c'était aussi un peu sa faute si Hilary avait été séparée de ses sœurs, qu'à l'époque il avait fait des pieds et des mains pour essayer de trouver une famille prête à les accueillir toutes les trois, mais qu'il avait échoué...

Comme Hilary n'avait toujours pas répondu à sa question, il reprit d'une voix hésitante :

— Eileen et Jack Jones sont-ils toujours... Se sont-ils bien occupés de toi ?

— Eileen est morte, coupa Hilary. Et moi, après avoir été placée dans une famille d'accueil par le tribunal pour enfants de Floride, j'ai passé ces quatre dernières années dans le centre d'éducation surveillée de Jacksonville. Mais maintenant, ajouta-t-elle avec un rire sans joie, je suis libre de faire ce que je veux. Je ne dois plus rien à personne, monsieur Patterson. Et à toi, moins qu'à quiconque. Tout ce que je veux, c'est retrouver mes sœurs.

Son cœur s'emballait à l'idée qu'il ait pu perdre leur trace.

— Pourquoi ne m'as-tu pas téléphoné quand Eileen est morte ? demanda Arthur, l'air complètement catastrophé. Je serais intervenu aussitôt ! Et jamais tu n'aurais été placée dans un centre d'éducation surveillée. C'est affreux, Hilary...

— Tu ferais mieux d'économiser ta salive ! conseilla celle-ci d'un air menaçant. Tu ne t'es jamais préoccupé de ce qui pouvait nous arriver, alors inutile de me raconter des histoires et de me dire que tu serais intervenu si je t'avais téléphoné... De toute façon, je m'en contrefiche ! La seule chose qui m'intéresse, c'est l'adresse de mes deux sœurs. Et ne me dis pas que tu ne la connais pas ! C'est toi qui es venu les chercher à Boston pour les ramener à New York, tu dois donc savoir où elles se trouvent...

Une lueur de désespoir au fond des yeux, Arthur alla s'asseoir derrière son bureau.

— J'ai confié Alexandra à un de mes associés, commença-t-il en baissant les yeux comme s'il craignait d'affronter le regard de Hilary. C'était le plus ancien associé du cabinet et il était marié à une femme charmante, beaucoup plus jeune que lui. Comme il ne pouvait pas avoir d'enfants, il était enchanté d'adopter ta sœur et je peux t'assurer qu'il l'adorait...

Hilary s'était assise de l'autre côté du bureau et elle écoutait Arthur sans le quitter des yeux. Son regard glacial signifiait clairement qu'elle ne lui ferait aucun cadeau et qu'il ne réussirait pas à l'adoucir.

— George Gorham est mort d'une crise cardiaque six mois après avoir adopté Alexandra, reprit Arthur. Pour sa femme, ce fut un coup terrible et quelques mois plus tard elle est partie en Europe en emmenant Alexandra avec elle. D'après ce que j'ai appris, elle avait décidé de s'installer dans le sud de la France. Comme c'est moi qui m'occupais de la succession de son mari, je lui ai écrit plusieurs fois à une adresse qu'elle m'avait donnée à Paris, puis j'ai cessé d'avoir de ses nouvelles...

Il s'interrompit tandis que deux larmes coulaient sur ses joues.

— Ce qui veut dire que tu ignores totalement où se trouve Alexandra... Et cette femme, comment s'appelle-t-elle ?

— Margaret Gorham. Mais elle a très bien pu se remarier et changer de nom... Peut-être est-elle même rentrée aux Etats-Unis. Probablement pas à New York, sinon j'en aurais entendu parler. Je n'en sais rien, termina Arthur, effondré.

— Et Megan ?

— Elle a été adoptée par David et Rebecca Abrams juste après mon retour de Boston. David travaillait pour notre cabinet sans être pour autant un associé à part entière. Et sa femme exerçait, elle aussi, le métier d'avocat. Lorsqu'on leur a proposé de s'établir à Los Angeles, ils ont sauté sur l'occasion et ils sont partis quelques mois après avoir adopté Megan. Comme ils étaient décidés à couper tous les ponts et à recommencer une nouvelle vie avec elle, ils ne m'ont pas donné leur adresse en Californie et je n'ai plus jamais eu de leurs nouvelles. Malgré tout, s'ils font toujours partie du barreau, je peux peut-être les retrouver, en consultant la liste des avocats établis sur la côte Ouest... S'ils y sont encore...

— Tu es un beau salaud ! s'écria Hilary en lui lançant un regard plein de haine. Tu savais parfaitement que tu étais responsable de ce qui nous arrivait et, comme tu ne supportais pas cette idée, tu t'es débrouillé pour te débarrasser de nous. Mais ça n'a pas suffi ! Aujourd'hui, tu te sens toujours aussi coupable, n'est-ce pas ?

Hilary avait visé juste et Arthur pâlit brusquement.

— En détruisant notre famille, du même coup tu as détruit ta vie, reprit-elle. Et ce n'est que justice ! Tu mérites ce qui t'arrive et je souhaite qu'un jour tu brûles en enfer !

Quittant la chaise où elle était assise, Hilary fit le tour du bureau et toisa Arthur d'un air méprisant.

— Tu as tué mes parents et tu m'as séparée de mes sœurs, mais tu n'arriveras pas à gâcher ma vie ! Maintenant que je suis libre, je suis bien décidée à devenir quelqu'un. Et peut-être qu'un jour je réussirai à retrouver mes sœurs... Mais en attendant, ajouta-t-elle en se dirigeant vers la porte, je ne veux plus entendre parler de toi ! Je ne te donnerai pas la satisfaction d'apaiser ta conscience en t'occupant de moi, mon cher parrain...

Hilary était arrivée à la porte et elle allait sortir du bureau quand soudain elle se retourna pour ajouter, presque dans un murmure :

— Jamais je ne te pardonnerai ce que tu nous as fait. Jamais, tu m'entends. Et je te haïrai jusqu'à la fin de mes jours.

Puis elle sortit du bureau et, sans un regard autour d'elle, traversa l'antichambre et le hall de réception. Toujours assis dans son fauteuil, le dos voûté comme un très vieil homme, Arthur n'avait pas fait un geste pour la retenir.

Il pleurait en pensant à Solange et à ce qu'il lui avait fait. Hilary avait mille fois raison de lui en vouloir, et jamais il ne se pardonnerait ce qui s'était passé.

Tout juste sortie du bureau d'Arthur, Hilary fit tout ce qui était en son pouvoir pour retrouver ses deux sœurs. Elle se rendit dans une bibliothèque publique pour y consulter l'annuaire de New York et téléphona aux cinq Gorham qui y figuraient. Mais aucun d'eux n'appartenait à la famille de l'ancien avocat et les prénoms de Margaret et d'Alexandra ne leur évoquaient rien.

Ensuite, elle consulta la liste des avocats inscrits au barreau de Californie. Là encore, ses recherches se révélèrent inutiles : les Abrams avaient dû depuis longtemps quitter la côte Ouest et Dieu sait maintenant où ils habitaient...

Elle dut se rendre à l'évidence : jamais elle ne parviendrait à retrouver ses sœurs. Elle avait compté sur Arthur, mais il ne savait rien. Il lui fallait renoncer pour toujours au rêve qu'elle caressait au fond de son cœur depuis huit ans.

Ce fut une épreuve terrible, comme si elle venait de perdre une partie d'elle-même. Seul lui restait le souvenir de ce jour terrible où, en larmes, après avoir couru derrière la voiture en hurlant « Axie, je t'aime ! », elle était tombée à genoux dans la poussière.

Jamais elle ne s'était relevée. Mais à présent, elle allait se relever, elle s'en sortirait. Seule, comme elle l'avait toujours été.

TROISIÈME PARTIE

ALEXANDRA

10

La maison du baron et de la baronne Henri de Morigny se trouvait avenue Foch, à Paris. C'était un imposant hôtel particulier.

Sa façade en brique s'ornait de belles portes sculptées, garnies de heurtoirs et de poignées en cuivre, et ses magnifiques volets étaient peints en vert foncé. La maison possédait un jardin parfaitement entretenu et était protégée du regard des curieux par une haie impeccablement taillée. Ses hautes fenêtres étaient habillées de lourds rideaux damassés que l'on tirait dès que la nuit tombait et la décoration intérieure, avec un mobilier ancien, frisait la perfection.

Le baron Henri de Morigny appartenait à une famille de la haute noblesse, même si sa fortune personnelle n'était pas à l'égal de ses titres et, quatorze ans plus tôt, il avait épousé la fille unique du comte de Borne. Celui-ci avait offert à sa fille comme cadeau de mariage l'hôtel particulier de l'avenue Foch, un magnifique château en Dordogne et une chasse en Sologne.

Le baron et la baronne possédaient aussi une maison à Saint-Jean-Cap-Ferrat, où ils passaient l'été avec leurs enfants.

Cette vie luxueuse et raffinée convenait parfaitement à Alexandra de Morigny, pour la bonne raison qu'elle n'en avait jamais connu d'autre. D'ailleurs, Henri de Morigny n'aurait pu trouver épouse plus parfaite. Alexandra s'occupait de la maison, programmait ses dîners en ville, recevait ses amis, suivait ses instructions et élevait à la perfection leurs deux filles, Axelle et Marie-Louise.

Alexandra adorait ses deux filles et c'est à elles qu'elle songeait cet après-midi-là, assise dans son cabinet de travail. Axelle et Marie-Louise n'allaient pas tarder à rentrer de l'école et elle les emmènerait se promener au bois de Boulogne avec les chiens. Après avoir écouté ses filles raconter leur journée et discuté avec elles de leurs petites camarades, celles qu'elles aimaient et celles qu'elles « détestaient », elle les ramènerait avenue Foch pour qu'elles fassent leurs devoirs. Puis elle leur donnerait un bain et leur tiendrait compagnie pendant qu'elles dîneraient. Quand ses deux filles seraient couchées, elle rejoindrait alors son mari pour dîner avec lui, à moins qu'il n'ait prévu de sortir ce soir-là...

Marie-Louise et Axelle avaient six ans d'écart et étaient aussi différentes que le jour et la nuit. Marie-Louise, l'aînée, âgée de douze ans, était sérieuse et volontaire comme son père. Tandis qu'Axelle ressemblait à Alexandra : un peu timide, comme sa mère, influençable et particulièrement affectueuse. A l'idée qu'elle n'allait pas tarder à la serrer dans ses bras, Alexandra ne se tenait plus de joie.

Interrompant un instant sa rêverie, Alexandra tendit l'oreille. Il lui avait semblé entendre des voix venant du vestibule. Il était trop tôt pour que ce soit ses filles, mais peut-être était-ce Henri qui venait de rentrer... Dans ce cas, les domestiques ne manqueraient pas de lui dire qu'elle était dans son bureau et il ne tarderait pas à la rejoindre...

Alexandra était tombée amoureuse de son mari alors qu'elle n'avait que dix-neuf ans, et elle était restée fiancée avec lui pendant deux ans avant de l'épouser. C'était son père, le comte de Borne, qui avait insisté pour que leurs fiançailles durent aussi longtemps. Henri de Morigny avait en effet vingt-cinq ans de plus que sa fille et il tenait à ce que celle-ci réfléchisse avant de prendre la décision de l'épouser. Alexandra avait accepté ce long délai pour faire plaisir à son père.

Le comte de Borne n'était pas le père biologique d'Alexandra. Il l'avait adoptée lorsqu'elle avait six ans. A l'époque, il avait lui-même une soixantaine d'années et n'avait jamais eu d'enfants. Il venait de perdre sa première femme et se trouvait sur la côte d'Azur quand il avait rencontré Margaret Gorham, âgée de vingt-sept ans. Elle aussi était veuve de fraîche date, ce qui les rapprochait. Et, après six mois passés à se consoler mutuellement, ils étaient tombés follement amoureux l'un de l'autre. Ils se marièrent aussitôt et Pierre de Borne adopta officiellement Alexandra, bien décidé à ce qu'elle porte son nom.

Le comte de Borne adorait Alexandra et celle-ci le lui rendait bien. Pendant toute son enfance, elle n'avait jamais eu de secret pour son père, allant le trouver les rares fois où elle était malheureuse et partageant avec lui tous ses désirs et ses rêves.

Margaret ne pouvait que se réjouir des liens très forts qui unissaient son mari et sa fille, et elle ne perdait jamais une occasion de faire remarquer à quel point ils se ressemblaient. Alexandra était d'un naturel plutôt craintif, comme Pierre, et très douce. Margaret, elle, était l'enfant espiègle de la famille : elle passait son temps à faire des farces à son mari et sa fille, n'hésitait pas à se cacher dans la maison comme une gamine ou à se déguiser d'une manière ridicule pour les faire rire. Grâce à cette mère fantasque au rire communicatif, jamais Alexandra ne s'était ennuyée.

Elle semblait si heureuse chez ses parents que tout le monde avait été surpris quand, à dix-neuf ans, elle avait annoncé qu'elle désirait se marier. En apprenant qu'elle voulait épouser Henri de Morigny, Pierre de Borne s'était un peu inquiété. D'abord à cause de la différence d'âge et ensuite parce que le baron avait la réputation d'être implacable en affaires. Le vieux comte savait bien que s'il ne s'était pas marié jusqu'ici, c'est parce qu'il était à la recherche de l'oiseau rare. Il voulait que sa future femme appartienne à une famille de renom, qu'elle soit dotée d'une imposante fortune et, si possible, qu'elle porte un titre. Et Alexandra possédait tout cela. Mais qu'est-ce qu'Henri lui proposait en retour ? Saurait-il se montrer un mari aimant ? Aux yeux de Pierre de Borne, seule cette dernière question importait et il en avait longuement débattu avec Margaret avant de donner son accord.

Après deux ans de fiançailles, Alexandra semblait toujours aussi décidée et elle avait donc épousé Henri de Morigny. La cérémonie religieuse avait été célébrée à l'église de Rambouillet, car les Borne possédaient une maison de campagne dans cette localité. Lors de la réception qui avait suivi, on ne comptait pas moins de sept cents invités, appartenant tous aux meilleures familles d'Europe. Et le lendemain, les jeunes mariés s'envolaient pour Tahiti, où ils passèrent leur lune de miel à boire du punch et à faire l'amour sur la plage privée de la maison qu'Henri avait louée sur l'île.

A son retour à Paris, Alexandra semblait plus que jamais éprise de son mari et elle désirait ardemment avoir des enfants de lui. Mais Henri eut beau s'employer à la satisfaire, il fallut attendre plus d'un an avant qu'elle soit enfin enceinte.

Pierre de Borne vécut juste assez longtemps pour avoir la joie de serrer dans ses bras sa première petite-fille, puis il s'éteignit paisiblement dans son sommeil. Sa disparition bouleversa Alexandra. Comment allait-elle faire pour vivre sans l'appui de son père, elle qui le consultait sans cesse pour connaître son avis et qui suivait ses sages conseils à la lettre ?

Faute de pouvoir maintenant se tourner vers son père, elle chercha à le remplacer par son mari et il prit une telle importance à ses yeux qu'elle devint obsédée par la crainte de le perdre. Le fait n'était pas nouveau : pendant toute son enfance, Alexandra avait été sujette à ce type de craintes irraisonnées. Malgré tout, son attitude inquiétait considérablement Margaret. Elle avait l'impression que son gendre profitait de la situation pour renforcer son autorité sur Alexandra. Dans bien des domaines, il la traitait comme une enfant. Il n'hésitait pas à la gronder d'une voix sévère lorsqu'il n'était pas d'accord avec elle et à lui donner des ordres comme si elle était incapable de savoir par elle-même ce qu'elle avait à faire. Il se conduisait vis-à-vis d'elle plutôt comme un père que comme un mari et Alexandra, de son côté, se pliait au moindre de ses désirs. Henri de Morigny, qui nourrissait des ambitions politiques, était très exigeant sur tout ce qui pouvait nuire à sa réputation. Tout chez lui devait être parfait, sa femme toujours impeccablement habillée et ses enfants dix fois plus polis que ceux des autres. Lorsque Margaret allait prendre le thé chez eux, il lui fallait presque trois jours pour s'en remettre... Et ce qui lui faisait le plus de peine, c'est qu'Alexandra semblait trouver cette situation tout à fait normale. « Henri est comme ça, maman, lui avait-elle dit un jour. C'est un homme très honnête et il tient absolument à ce que tout soit parfait... » Pour Margaret, Henri était tout simplement « casse-pieds », et elle ne comprenait pas comment Alexandra, qui avait été élevée par un père plein d'humour et large d'idées, avait pu choisir un mari pareil. Bien entendu, elle n'en disait rien à sa fille et, de son côté, continuait à vivre exactement comme avant. Pierre de Borne lui avait légué une grande partie de sa fortune et elle n'avait aucun souci à se faire pour les quarante années à venir.

A la mort de son mari, elle avait quarante-cinq ans mais, à cause de son caractère enjoué, paraissait beaucoup plus jeune que son âge. Elle était encore très séduisante, et aurait pu se remarier facilement, pourtant elle n'en avait aucune envie. Elle avait été merveilleusement heureuse avec George, son premier mari, puis Pierre, et elle savait qu'elle ne pourrait atteindre pareil bonheur une troisième fois.

Ce n'était pas dans la nature de Margaret de s'inquiéter, néanmoins il lui arrivait de se demander comment Henri de Morigny réagirait s'il apprenait un jour que ses beaux-parents lui avaient menti. En effet, lorsqu'il avait commencé à courtiser Alexandra, Margaret et Pierre de Borne n'avaient pas jugé utile de lui dire qu'elle n'était que leur fille adoptive. Alexandra elle-même avait toujours appelé Pierre « papa » et elle semblait avoir complètement oublié George Gorham. Si elle conservait quelques souvenirs de l'époque qui avait précédé son adoption, ils devaient être profondément enfouis dans sa mémoire, car elle n'y faisait jamais allusion.

Même à la veille de mourir, Pierre de Borne avait préféré ne pas lui dire la vérité. Il savait qu'Alexandra était trop droite pour mentir à son mari et que, s'il lui avouait qu'elle n'était pas sa fille, elle en avertirait aussitôt Henri. Celui-ci était si préoccupé de tout ce qui concernait sa noble lignée qu'il risquait de prendre bien mal la nouvelle et de faire payer à son épouse ce mensonge dont elle n'était nullement responsable.

Margaret avait donc observé à la lettre les dernières volontés de son mari et gardé le silence. De toute façon, seul le bonheur d'Alexandra lui importait et celle-ci semblait parfaitement heureuse depuis qu'elle était mariée avec Henri de Morigny. Un an après la naissance de Marie-Louise, elle avait perdu le bébé qu'elle portait, un garçon, puis, cinq ans plus tard, avait mis au monde Axelle. Ce dernier accouchement avait été particulièrement difficile et son médecin lui avait annoncé qu'il valait mieux qu'elle n'ait plus d'enfants. Pour Henri de Morigny, qui avait toujours espéré que sa femme lui donnerait un fils, ce fut une amère déception. Chaque fois qu'il était en colère, il reprochait à Alexandra de n'avoir pas eu de garçon et celle-ci éprouvait toujours un vague sentiment de culpabilité, comme si elle avait privé son mari de quelque chose qui lui était dû.

Si, à la longue, Henri de Morigny s'était à peu près résigné à l'idée de ne jamais avoir de fils, il n'avait jamais pu s'habituer à sa belle-mère. L'allure typiquement américaine de Margaret, sa façon de marcher à grandes enjambées – si peu féminine, disait-il –, son rire sonore – assourdissant, à son avis – et son horrible accent lorsqu'elle parlait français, le faisaient littéralement grincer des dents. Ses farces le rendaient fou, il détestait son sens de l'humour et, quand elle venait avenue Foch voir ses deux petites-filles, il prenait aussitôt la fuite. En général, Margaret n'arrivait jamais les mains vides et elle avait le génie d'offrir aux deux enfants des cadeaux que jamais leur père n'aurait consenti à acheter : des pistolets à eau, des jouets de pacotille qui fascinaient les deux petites filles et, quand elle revenait de New York, des tonnes de vêtements qu'Henri jugeait du plus mauvais goût.

Dieu soit loué, Alexandra ne ressemblait nullement à sa mère ! Elle avait un goût très sûr, savait faire preuve de charme et d'intelligence lorsqu'elle recevait, était discrète et même un peu timide et, qualité appréciable entre toutes aux yeux d'Henri, c'était une épouse parfaitement obéissante...

C'est justement aux qualités d'Alexandra qu'Henri était en train de penser au moment où il la rejoignit. Toujours assise devant son bureau, elle ne l'avait pas entendu entrer et, debout sur le seuil de la pièce, il en profita pour la contempler à loisir. Ce n'était pas le genre d'homme à extérioriser ses sentiments et il estimait qu'à cinquante-neuf ans il était un peu tard pour jouer les amoureux transis. Mais il aimait profondément Alexandra et il savait que, sans elle, sa vie ne serait pas la même. Non seulement elle lui avait apporté sa fortune, mais elle était aussi une parfaite maîtresse de maison, toujours d'une élégance raffinée, et elle savait faire preuve en toutes circonstances d'un merveilleux savoir-vivre. Alexandra de Borne de Morigny était une grande dame...

— Tu m'as l'air complètement plongée dans tes rêves, ma chère...

Le ton adopté par Henri de Morigny était calme, avec une légère pointe de reproche. Jamais il n'élevait la voix lorsqu'il s'adressait à sa femme, ni à qui que ce soit d'autre d'ailleurs... C'était inutile : tout le monde lui obéissait au doigt et à l'œil, Alexandra la première.

Avec ses cheveux gris coupés court et ses yeux bruns au regard inquisiteur, Henri de Morigny était encore un très bel homme, à la fois distingué et athlétique. Il avait fait beaucoup de sport dans sa jeunesse et était en merveilleuse forme physique.

— T'es-tu occupée du dîner que nous donnons la semaine prochaine ? demanda-t-il à Alexandra en lui tendant la liste qu'il tenait à la main.

— Tout est prêt, Henri, répondit-elle avec un regard à la fois respectueux et admiratif.

— J'aimerais malgré tout que tu vérifies que tu n'as rien oublié...

Théoriquement, cela faisait partie du travail de la secrétaire particulière d'Alexandra. Mais Henri était tellement exigeant qu'elle préférait se charger elle-même de l'organisation des dîners pour être ainsi assurée que tout se passerait à la perfection.

— Demain soir, nous dînons à l'Elysée, dit Henri.

C'était loin d'être la première fois et Alexandra, que cette invitation n'impressionnait guère, se contenta de demander :

— En quel honneur ?

— On vient d'annoncer la nomination d'un nouveau ministre de la Défense.

Cette invitation n'était pas pour déplaire à Henri. Il avait l'intention d'entamer une carrière politique lorsqu'il cesserait de diriger sa banque et, dans ce but, frayait depuis longtemps avec les milieux gouvernementaux.

— Je dois déjeuner avec ma mère demain, déclara Alexandra. Mais je serai de retour à la maison en début d'après-midi, ce qui me laisse largement le temps de me préparer pour ce dîner...

Pour échapper au regard désapprobateur de son mari, elle se mit à fouiller dans un des tiroirs de son bureau. Elle savait qu'Henri n'aimait pas sa mère et depuis quatorze ans que cela durait, elle avait perdu tout espoir qu'un jour il finisse par s'entendre avec elle.

— Ce soir, je dîne dehors, annonça Henri d'une voix glaciale, un peu comme s'il désirait se venger du fait que sa femme ait rendez-vous le lendemain avec Margaret. Je suppose que tu en profiteras pour partager le repas des enfants.

Alexandra hocha la tête d'un air distrait. Elle se demandait avec qui son mari avait rendez-vous. Quelques années plus tôt, elle avait appris qu'il avait une maîtresse. Elle n'avait rien osé lui dire et, quand il avait cessé de s'absenter de la maison sans raison, elle en avait déduit qu'il avait mis fin à cette liaison. Malgré tout, elle était un peu inquiète à l'idée qu'il puisse recommencer.

— Il s'agit d'un repas d'affaires, chéri ?

Henri hocha la tête mais à ses yeux, ce genre de question était des plus déplacées et il allait en faire la remarque à Alexandra quand ses filles firent soudain irruption dans la pièce. A la vue de leur père, les deux petites filles, qui ne pensaient pas le trouver là, poussèrent des cris de joie.

Vêtue d'une courte robe bleu marine qui dévoilait ses longues jambes, Marie-Louise, après avoir jeté un regard admiratif à son père, alla embrasser sa mère. Quant à Axelle, elle se nicha aussitôt sur les genoux d'Alexandra et se mit à jouer avec une bouteille d'encre qui se trouvait sur son bureau.

— Axelle ! intervint aussitôt son père. Fais attention à ne pas renverser d'encre sur le bureau de ta mère !

Nullement effrayée, Axelle regarda son père d'un air espiègle. Par moments, elle ressemblait tellement à sa grand-mère maternelle qu'Henri redoublait de sévérité à son égard. Il n'avait aucune envie que sa fille suive le même chemin que Margaret...

— Je fais attention, papa.

Avec ses joues rebondies et son corps potelé, Axelle faisait encore très bébé. Alors que Marie-Louise était déjà une grande fille très élégante qui ressemblait beaucoup à son père.

— Aujourd'hui, je me suis fait renvoyer de la classe, annonça fièrement Axelle.

Alexandra éclata de rire. Comme elle aurait aimé que son père soit encore vivant ! Il aurait certainement adoré sa seconde petite-fille et, bien sûr, il aurait été extrêmement fier de Marie-Louise.

— Il n'y a pas là de quoi se vanter, mademoiselle ! fit remarquer Henri d'un ton sévère.

Malgré tout, il ne put s'empêcher de sourire. Même s'il n'en montrait rien, il adorait ses deux filles.

— Est-ce que je peux avoir un chewing-gum ? demanda Axelle.

Aussitôt, Alexandra piqua un fard. Henri interdisait à ses filles de manger des chewing-gums et des bonbons, et elle ne leur en donnait que lorsqu'il n'était pas là. Mais Axelle était incapable de tenir sa langue.

— Il n'en est pas question ! répondit Henri en fronçant les sourcils.

Puis, après avoir rappelé à Alexandra de consulter la liste qu'il lui avait apportée, il se dirigea vers son cabinet de travail et referma la porte derrière lui.

Quelques secondes plus tard, il entrebâillait sans bruit la porte de communication et, en voyant que sa femme tendait un chewing-gum à Axelle et un bâton de réglisse à Marie-Louise, il sourit. Il s'enferma alors pour de bon dans son bureau.

— Papa est rentré bien tôt, ce soir, observa Marie-Louise en s'installant dans le fauteuil Louis XV qui se trouvait à côté du bureau de sa mère.

Elle avait de grands yeux sombres, toujours un peu pensifs, et était élégante par nature. Dans quelques années, elle deviendrait une très belle jeune fille. Mais sa sœur cadette aurait certainement encore plus de charme qu'elle, car elle avait hérité de la flamboyante chevelure rousse de sa mère. Malheureusement, pour faire plaisir à Henri, qui jugeait que les cheveux roux n'étaient pas de bon goût, Alexandra teignait les siens depuis des années en blond.

— Votre père ne dîne pas à la maison ce soir, annonça-t-elle à ses deux filles.

— Et toi non plus ? demanda Axelle, prête à pleurer.

Ce qui ne l'empêcha pas de prendre le second chewing-gum que sa mère lui tendait.

— Moi, je reste là. Et j'en profiterai pour manger avec vous.

— Youpi ! s'écria Axelle.

Quand Alexandra dînait avec ses deux filles, elle leur racontait les tours pendables qu'elle avait joués à leur grand-père quand elle était petite, avec l'aide de Margaret, et ces histoires les amusaient toujours beaucoup.

— Est-ce que votre nounou sait que vous êtes rentrées ?

Il suffisait de jeter un coup d'œil sur les mains noircies d'encre d'Axelle pour se douter que la gouvernante n'était certainement pas au courant de leur arrivée. En général, elle ne les autorisait à rejoindre leur mère qu'après les avoir consciencieusement débarbouillées et les avoir fait se changer.

— Je crois que nous avons oublié de le lui dire, reconnut Marie-Louise.

En soufflant dans son chewing-gum, Axelle venait de réussir à former une bulle rose presque parfaite quand soudain celle-ci éclata avec un bruit sec, ce qui les fit rire toutes les trois.

— Tu n'as pas intérêt à faire ça devant ta nounou ! lui rappela Alexandra. Et maintenant, il est temps d'aller la rejoindre, ajouta-t-elle. Il faut que je me remette au travail.

Après le départ de ses deux filles, elle consulta la liste que lui avait remise Henri afin de vérifier qu'elle n'avait rien oublié concernant ce fameux dîner. Les invitations étaient parties trois semaines plus tôt. Il s'agissait de cartons à liséré doré, imprimés spécialement pour la circonstance, et sur lesquels il était inscrit que le baron et la baronne de Morigny attendaient leurs invités à huit heures du soir au 14, avenue Foch. Les hommes viendraient en smoking et les femmes en robe du soir. D'ailleurs, Alexandra savait déjà quelle tenue elle porterait. Elle avait aussi commandé les fleurs pour la table et établi le menu. C'est Henri qui devait s'occuper des vins et, à cette occasion, il choisirait certainement dans sa cave un Château-Margaux 1961 ou encore un Lafite-Rothschild 1945. Avant de passer à table, on boirait du champagne et, quand le repas serait terminé, selon la coutume, les hommes iraient fumer leur cigare dans la bibliothèque d'Henri et siroteraient une eau-de-vie de poire en racontant leurs éternelles histoires grivoises, tandis que leurs épouses iraient converser dans un autre salon qui leur était réservé...

Assise dans son cabinet de travail, Alexandra songeait qu'Henri n'avait aucune inquiétude à se faire. Comme d'habitude, ce dîner au cérémonial un peu compassé se déroulerait sans la moindre anicroche, quand soudain elle entendit des éclats de rire qui venaient du jardin. Ses filles avaient fini leurs devoirs et s'amusaient dehors sous l'œil vigilant de leur gouvernante. L'année scolaire n'allait pas tarder à se terminer et Alexandra les emmènerait à Saint-Jean-Cap-Ferrat. Quelques semaines plus tard, dès qu'Henri pourrait s'échapper de la banque, il les y rejoindrait. Laissant les deux fillettes sous la garde de la gouvernante, Alexandra et son mari partiraient alors en croisière sur leur yacht en compagnie de quelques amis. Peut-être iraient-ils en Grèce, ou alors en Italie...

Cette existence dorée paraissait naturelle à Alexandra. Malgré tout, il lui arrivait parfois de se demander quel genre de vie elle aurait mené si elle avait épousé un autre homme, quelqu'un de plus jeune, par exemple, et de moins exigeant... Mais, comme elle se sentait vaguement coupable d'oser imaginer une chose pareille, elle s'empressait de chasser cette idée et se disait qu'elle avait bien de la chance d'avoir un mari tel qu'Henri.

Ce soir-là, avant de quitter la maison, Henri vint la saluer dans sa chambre. Vêtu d'une chemise blanche, d'une cravate bleu nuit et d'un costume sur mesure de la même couleur, il portait des boutons de manchette en saphir qui brillaient discrètement à ses poignets. Son regard énergique trahissait une vitalité intérieure grâce à laquelle il paraissait toujours beaucoup moins que son âge.

— Tu es magnifique, comme d'habitude..., remarqua Alexandra en souriant.

Elle aussi s'était changée et avait enfilé une robe d'intérieur en soie rose avec des mules assorties. Elle avait remonté ses cheveux sur le dessus de sa tête en un chignon lâche dont s'échappaient de longues boucles blondes. Mais elle ne semblait pas avoir conscience de sa beauté.

— Merci pour le compliment, ma chérie, répondit Henri, en la contemplant amoureusement. Je ne pense pas rentrer très tard...

Il savait que, lorsqu'il sortait le soir, Alexandra attendait toujours son retour avant de s'endormir. Lorsqu'il voyait que la lumière était allumée dans sa chambre, il frappait doucement à la porte et venait lui dire bonsoir avant d'aller se coucher. Ils avaient toujours fait chambre à part, selon le vœu d'Henri. Alexandra avait bien essayé de le faire changer d'idée au début de leur mariage, mais il était resté inflexible. Il lui avait expliqué qu'il avait besoin de préserver son intimité et que, dans quelques années, elle éprouverait le même désir. Et Alexandra s'y était habituée. Leurs deux chambres possédaient des portes communicantes qu'Henri poussait régulièrement pour venir retrouver sa femme et lui faire l'amour. Il la désirait toujours autant, même s'il lui arrivait parfois de la tromper.

Par respect pour elle, il savait alors s'entourer de discrétion car il avait appris dans sa jeunesse que les femmes détectaient avec un flair infaillible les incartades de l'homme qu'elles aimaient.

— Passe une bonne soirée, dit Alexandra au moment où Henri quittait la chambre.

Puis elle descendit à son tour et rejoignit ses filles qui l'attendaient pour dîner dans une petite salle à manger attenante à la cuisine. Elle entendit la voiture de son mari démarrer et, tout en coupant la viande d'Axelle, s'efforça de chasser de son esprit les doutes qui l'assaillaient.

— Pourquoi est-ce que papa sort tout seul ce soir ? demanda Axelle quelques minutes plus tard.

— Tu es mal élevée ! la gronda Marie-Louise. On ne pose pas ce genre de question...

— Ce n'est pas grave, intervint Alexandra en souriant. Ton père a parfois des repas d'affaires auxquels il préfère se rendre sans moi, expliqua-t-elle à sa plus jeune fille.

— Ça doit être drôlement ennuyeux !

— Parfois, reconnut Alexandra en riant. De toute façon, je préfère mille fois dîner avec vous.

— La petite souris va passer, annonça soudain Axelle en exhibant une dent prête à tomber.

— Arrête ! cria Marie-Louise avec une moue dégoûtée. Tu me coupes l'appétit.

Lorsqu'elles eurent fini de dîner, Alexandra les emmena se coucher. En discutant avec Marie-Louise, elle apprit qu'elle venait de se faire une nouvelle amie à l'école, puis elle se rendit dans la chambre d'Axelle pour lui lire une histoire. Quand ses deux filles eurent dit leur prière, elle les embrassa et leur souhaita bonne nuit.

A peine était-elle entrée dans sa chambre qu'elle repensa à l'étrange sentiment qu'elle avait éprouvé un peu plus tôt alors qu'elle parlait avec Marie-Louise. Elle avait eu soudain l'impression que sa fille aînée lui rappelait quelqu'un. Mais elle n'aurait pas su dire qui... Peut-être était-ce dû simplement au fait qu'elle ressemblait à Henri...

Elle se rendit dans la salle de bains et se fit couler un bain. Une heure plus tard, elle était couchée et elle se mit à lire en attendant son mari.

Il était minuit passé quand Henri frappa à la porte de sa chambre.

— Toujours pas endormie ? demanda-t-il.

Alexandra aimait l'attendre ainsi. Quand il avait passé la soirée dehors, il était bien plus détendu que dans la journée et il lui parlait alors tout naturellement de ses idées, de ses projets, et même de ses problèmes à la banque.

— Tu as passé une bonne soirée ?

— J'aurais mieux fait de t'emmener, répondit Henri. Sans toi, je me suis affreusement ennuyé.

Dans la bouche d'Henri, ce genre de compliment était rarissime. « J'ai dû me tromper, songea Alexandra soulagée. Il n'a pas de nouvelle maîtresse... » Elle tapota le lit à côté d'elle pour qu'Henri vienne s'asseoir. Et, quand il l'eut rejointe, elle se pencha vers lui pour l'embrasser.

— C'est gentil de me dire ça, Henri... Toi aussi, tu m'as manqué... J'aurais aimé que tu assistes à notre dîner ! Marie-Louise est une grande fille, maintenant, et elle est si sérieuse ! Alors que sa sœur est toujours un peu bébé.

— Ce sont deux petites filles adorables, reconnut Henri. Exactement comme leur maman. Toi aussi, tu es merveilleuse, ma chérie, ajouta-t-il en se penchant vers elle pour l'embrasser dans le cou.

Henri n'était pas venu dans la chambre d'Alexandra pour lui faire l'amour, mais elle était si désirable dans sa chemise en satin rose ourlée de dentelle... Comme il lui était difficile de dire à sa femme à quel point il tenait à elle ! Il préférait lui prouver son amour en venant s'allonger près d'elle, comme ce soir... Il aimait passer la nuit avec elle, et au petit matin la quitter sur la pointe des pieds pour regagner sa chambre. A sa manière, il était profondément attaché à Alexandra et, lorsqu'il se montrait un peu dur ou distant avec elle, c'était uniquement parce qu'il désirait qu'elle se rapproche le plus possible de l'image de la femme idéale dont il avait toujours rêvé. Seule la fille du comte de Borne avait été digne de devenir son épouse, et elle ne l'avait jamais déçu durant les quatorze années de leur vie commune. Au fond, il la plaçait sur une sorte de piédestal. Mais lorsqu'il la rejoignait comme ce soir dans sa chambre, il acceptait tout d'elle, il lui permettait de se conduire comme une femme normale. Alexandra pouvait alors gémir de plaisir et lui-même, un peu plus tard, s'endormait dans ses bras avec bonheur.

11

Le chauffeur qui conduisait la Citroën emprunta le pont Alexandre-III pour traverser la Seine, puis, après être passé devant les Invalides, s'engagea rue de Varenne. Alexandra, qui était assise à l'arrière du véhicule, eut soudain l'impression d'être revenue chez elle. Cela faisait quatorze ans qu'elle habitait l'hôtel particulier de l'avenue Foch, mais c'était rue de Varenne qu'elle avait passé toute son enfance et son cœur bondissait de joie aussitôt qu'elle apercevait la façade de la maison familiale.

Quand, quelques secondes plus tard, le gardien vint ouvrir la grille et que la Citroën s'arrêta dans la cour, son cœur se serra à la pensée que son père n'était plus là pour l'accueillir. Heureusement, sa mère savait toujours la réconforter.

Le vieux majordome qui lui ouvrit la porte lui adressa un large sourire de bienvenue. Alexandra connaissait trop bien la maison pour être impressionnée par les meubles et les tableaux qu'elle contenait. Un jour, ces magnifiques ouvrages de marqueterie, ces commodes Louis XV, ces urnes que ses parents avaient achetées dans une vente aux enchères à Londres et toute la collection de Renoir,

Degas, Turner, Van Gogh et Cassatt lui appartiendraient. Mais elle n'y pensait jamais et, dès qu'elle mettait le pied sur la première marche de l'escalier en marbre qui menait à l'étage, elle se sentait redevenir une gamine.

— C'est toi, ma chérie ? appela Margaret d'en haut.

Assise sur le divan du salon qui donnait sur le jardin, ses lunettes juchées sur l'extrémité de son nez, elle était en train de recouvrir au point de croix une grande tapisserie placée sur ses genoux. Un verre de vin était posé sur une table juste à portée de sa main, et sa chienne labrador était couchée devant le feu qui brûlait dans la cheminée. C'était un animal très affectueux que Marie-Louise et Axelle adoraient. Mais Henri était loin de partager leur avis. D'après lui, la chienne de sa belle-mère n'était bonne qu'à baver et à donner de grands coups de langue, et elle perdait tellement ses poils qu'il valait mieux ne pas la caresser.

Margaret se leva pour accueillir sa fille. Grande et belle femme, elle portait un tailleur Chanel d'un rose éclatant, sur un chemisier en soie bleu marine. D'énormes pendentifs en rubis ornaient ses oreilles.

— Mon Dieu ! s'exclama-t-elle après avoir embrassé sa fille. On dirait que tu es en deuil, ma pauvre chérie...

Alexandra comprit l'allusion. Comme sa mère, elle s'habillait chez les grands couturiers parisiens, Chanel, Givenchy, Dior et de Ribes. Mais, pour ne pas déplaire à son mari, elle choisissait toujours des vêtements noirs, bleu marine ou beiges et, pour aller à la campagne, des tailleurs en flanelle grise.

Aujourd'hui, pour rendre visite à sa mère, elle portait une robe noire de chez Dior et une veste assortie.

— Arrête, maman ! Je viens juste d'acheter cet ensemble et Henri l'adore.

Quand Alexandra était avec sa mère, elle s'exprimait en anglais. Elle parlait parfaitement cette langue, avec toutefois un léger accent français.

— C'est vraiment horrible de devoir s'habiller en noir, reprit Margaret. Moi, à ta place, je ficherais cet ensemble à la poubelle.

Après avoir sonné le majordome pour qu'il serve un verre de vin à sa fille, elle se rassit sur le divan et reprit sa tapisserie.

Souvent, lorsque Alexandra venait voir sa mère, elles restaient à la maison. Elles sortaient trop l'une et l'autre pour avoir envie de quitter la rue de Varenne quand elles se rencontraient pour déjeuner. Elles préféraient jouir de leur intimité et, plutôt que d'aller manger dans un restaurant à la mode, se contentaient de partager un menu tout simple, composé de fromage, de salade et de fruits, qu'on leur servait dans le petit salon aux fenêtres donnant sur le jardin.

— J'aimerais bien que tu cesses de t'éclaircir les cheveux, fit remarquer Margaret après avoir examiné sa fille. Tu me fais penser à ces blondes décolorées que l'on rencontre sur la côte californienne… Moi, si j'avais ta couleur de cheveux, je peux t'assurer que je n'y toucherais pas. Ou alors, je demanderais un rinçage pour être encore plus rousse.

Margaret était blonde et, deux fois par mois, elle allait chez son coiffeur pour faire teindre ses premiers cheveux blancs.

214

— Tu sais bien qu'Henri déteste les cheveux roux, maman ! Il trouve que, chez une femme, les cheveux blonds font beaucoup plus distingué...

— Pauvre Henri ! Tout ce qui sort un tant soit peu de l'ordinaire lui fait peur ! Si ça continue, il va te demander de porter une perruque noire, comme ça au moins on ne verra plus du tout tes cheveux...

— Personnellement, ça ne me gêne pas d'être blonde, répondit Alexandra. Et lui, ça lui fait plaisir.

Elle avait l'habitude d'entendre sa mère critiquer Henri chaque fois qu'elle venait déjeuner avec elle. Elle prenait alors systématiquement la défense de son mari. De même qu'avenue Foch, quand Henri s'attaquait à sa mère, elle soutenait cette dernière. Mais elle s'était résignée depuis longtemps à l'inimitié qui existait entre eux.

— Tu es vraiment facile à vivre, reconnut Margaret. Au fait, que penses-tu de ça ? demanda-t-elle en montrant à Alexandra ses boucles d'oreilles en rubis. Je viens de me les offrir...

Cette acquisition n'avait pas de quoi surprendre Alexandra. Margaret pouvait se permettre d'acheter des vêtements magnifiques et des bijoux fabuleux. Son gendre avait beau dire que c'était une honte de dépenser son argent « pour des choses pareilles », elle possédait un goût très sûr et, en général, ses bijoux et ses vêtements lui allaient parfaitement.

— Tu as très bien choisi, reconnut Alexandra. C'est tout à fait ton genre...

— Van Cleef. Et en plus, j'ai fait une affaire du tonnerre...

— Ça, je m'en doute ! dit Alexandra en éclatant de rire.

— Non, je t'assure ! Je les ai payées un peu moins de cent mille...

— Tu parles en dollars ou en francs ?

— Tu plaisantes ou quoi ? Cent mille dollars, bien sûr...

— Je vois..., remarqua Alexandra en souriant.

Mieux valait qu'elle ne parle pas à son mari de la dernière « affaire » de sa mère. Henri aurait encore poussé les hauts cris...

— Qu'as-tu fait de beau depuis que nous nous sommes vues ? demanda Alexandra.

— J'ai déjeuné avec Mimi de Saint-Bré hier et nous avons décidé d'aller à New York la semaine prochaine.

Mimi de Saint-Bré, américaine comme Margaret, avait épousé un représentant de la noblesse française. Comme son amie, elle pensait qu'il fallait profiter de la vie avant qu'il ne soit trop tard et elle s'y employait activement.

— Qu'allez-vous faire à New York ?

— Courir les boutiques, certainement. Cela fait quelques mois que je n'y suis pas allée et j'ai pensé que c'était une bonne idée de faire ce voyage avant l'été. Ensuite, j'ai rendez-vous avec des amis à Rome. Et après, on verra... Je ne sais pas encore si j'irai à San Remo cette année, ou pas.

— Pourquoi ne viendrais-tu pas passer quelques semaines avec nous à Saint-Jean-Cap-Ferrat ?

— Je ne suis pas sûre que ton mari ait tellement envie de me voir...

— Si tu ne fais pas un saut dans un magasin de farces et attrapes avant de venir chez nous pour y acheter un de ces fameux coussins péteurs, je pense que tout se passera bien...

A ce souvenir, elles éclatèrent toutes les deux de rire. Quelques mois plus tôt, Henri se trouvait dans le salon avec des invités quand soudain il s'était assis sur un coussin péteur que ses filles avaient caché dans le canapé avec l'aide de Margaret. En entendant le bruit bien peu distingué émis par le fameux coussin, il avait fait un bond énorme et failli s'évanouir.

— Qu'est-ce qu'on s'était fait engueuler ! dit Margaret en riant de plus belle.

En effet, Henri avait très mal pris la plaisanterie et il avait décidé de punir tout le monde, y compris sa belle-mère, en les obligeant à rester toute la soirée dans leurs chambres. Margaret en avait profité pour apprendre à Marie-Louise comment faire un lit en portefeuille...

— J'ai déjà pensé à ce que j'allais acheter à New York pour tes filles, avoua Margaret, une lueur de malice au fond des yeux. Mais ne t'inquiète pas, ajouta-t-elle aussitôt, cette fois-ci, ce ne sera pas bien méchant.

— Je dirai à Henri que tu vas venir nous voir cet été...

— Pour lui annoncer une chose pareille, attends qu'il soit de *très* bonne humeur, conseilla Margaret, qui ne se faisait aucune illusion concernant son gendre.

— Tu exagères, maman ! Henri n'est tout de même pas aussi terrible que tu as l'air de le dire !

— Non, en effet... Il est seulement un peu trop collet monté pour mon goût.

Alexandra était si bien en compagnie de sa mère qu'elle ne vit pas le temps passer. Installée dans un des fauteuils du salon, juste à côté de la fenêtre, quand elle regarda enfin sa montre, elle s'aperçut qu'il était quatre heures et demie.

— Il va falloir que je m'en aille, dit-elle en soupirant.

— Pourquoi ? Tu attends des invités ?

— Non. C'est la semaine prochaine que nous donnons un dîner... Mais ce soir, nous sommes conviés à l'Elysée et si je ne rentre pas suffisamment tôt, Henri va s'inquiéter en pensant que je ne serai jamais prête à temps.

— Si j'étais à ta place, je lui ferais une surprise. Au lieu de m'habiller bon chic bon genre comme d'habitude, je choisirais un fourreau très collant et tout plein de strass. Je suis sûre que les gens avec lesquels vous allez dîner ce soir apprécieraient ta tenue...

Cette idée fit rire Margaret et Alexandra elle-même ne put s'empêcher de sourire. Malheureusement, Henri n'avait aucun sens de l'humour et elle savait bien que si elle lui jouait un tour pareil, dès le lendemain matin, il lui enverrait ses avocats. Avec lui, ce genre de menace était toujours plus ou moins sous-entendue... Et Alexandra l'aimait trop pour courir le risque de le perdre à cause d'une plaisanterie que lui aurait soufflée sa mère.

— Tu es beaucoup plus audacieuse que moi, maman !

— Ce n'est pas une question d'audace, ma chérie. Je fais toutes les bêtises que je veux et, quand j'étais mariée avec ton père, c'était exactement la même chose. Au fond, j'ai eu beaucoup de chance...

— Lui aussi, il a eu de la chance, fit remarquer Alexandra. Et je crois qu'il le savait.

Puis, après avoir embrassé sa mère, elle descendit au rez-de-chaussée où l'attendait le vieux majordome. Celui-ci l'avait connue enfant et il l'appelait toujours « Madame Alexandra ». Après lui avoir ouvert la porte, il se précipita dehors pour l'aider à monter en voiture et referma la portière dès qu'elle fut installée à l'arrière.

Chaque fois qu'Alexandra quittait la rue de Varenne, elle ne pouvait se défendre d'une certaine nostalgie. Quand elle vivait encore chez ses parents, la vie était tellement plus simple ! Bien sûr, elle aimait son mari et ses enfants. Mais, quand elle revoyait sa mère, elle regrettait soudain le temps où elle n'était pas obligée d'être si respectable...

En arrivant chez elle, elle se rendit directement dans sa chambre et se fit couler un bain. Puis elle choisit dans sa garde-robe un modèle de Saint-Laurent qu'elle ne portait que dans les grandes occasions. C'était une robe du soir noire, à col montant et à longues manches, dont la jupe droite était entièrement brodée de fils d'or. Elle se maquilla très légèrement puis coiffa ses cheveux blonds en un chignon banane, exactement comme celui que portait Grace Kelly quelques années auparavant. Pour compléter sa tenue, elle enfila une courte veste couleur sable et, comme seul bijou, opta pour une remarquable paire de boucles d'oreilles en diamants que lui avait offerte son père.

Après être allée embrasser ses filles, Alexandra descendit dans le vestibule où Henri l'attendait.

— Tu es très en beauté ce soir, ma chère, dit-il en lui lançant un regard admiratif.

— Merci, répondit Alexandra. As-tu passé une bonne journée ?

— Excellente.

Toute trace de l'intimité qu'ils avaient connue la veille au soir semblait s'être envolée et, après qu'Henri eut ouvert cérémonieusement la portière de la voiture, ils s'installèrent tous les deux à l'arrière du véhicule, sans parler.

Au moment de leur départ, un des rideaux de l'étage s'écarta et deux petites filles en chemise de nuit regardèrent la Citroën noire s'éloigner dans la nuit.

12

Arthur Patterson avait porté un coup terrible à Hilary le jour où il lui avait appris qu'il ne connaissait pas l'adresse de ses sœurs. Elle qui n'avait vécu que dans l'espoir de les retrouver, avait eu soudain l'impression que la terre s'arrêtait de tourner. Mais elle ne pouvait pas se permettre de s'effondrer et, le lendemain de son entrevue avec lui, le visage calme et les yeux secs, elle avait commencé à travailler à l'agence de placement. Maintenant, une seule chose comptait à ses yeux : s'en sortir à tout prix.

En plus de son travail de réceptionniste, elle s'inscrivit à des cours du soir pour poursuivre ses études, apprit la sténo à l'aide d'un livre et améliora considérablement ses performances en dactylographie. Elle suivait point par point le programme qu'elle s'était fixé. Il n'y avait dans sa détermination inflexible aucun désir d'accomplissement personnel, elle voulait simplement réussir sur le plan professionnel. Elle ne savait même pas pourquoi elle agissait ainsi. Ni pour qui. Puisqu'elle n'aimait personne et que personne ne l'aimait...

Elle travaillait depuis un an dans l'agence de placement quand sa carrière prit un brusque tournant. En tant que réceptionniste, elle était au courant de toutes les offres d'embauche proposées à l'agence, et elle se présenta avant tout le monde pour un emploi de réceptionniste à CBA, une chaîne de télévision d'audience nationale. CBA cherchait une jeune fille douée, intelligente et rapide dans son travail. Hilary possédait ces trois qualités. Elle fut aussitôt engagée et on lui proposa un salaire presque deux fois plus élevé que le précédent.

Très rapidement, elle obtint de l'avancement : elle fut d'abord secrétaire, puis assistante de production et finalement productrice. Elle avait alors vingt-trois ans, venait de décrocher son diplôme universitaire et était devenue quelqu'un d'extrêmement brillant. Ses supérieurs la respectaient, les employés qui travaillaient sous ses ordres la craignaient, mais elle conservait ses distances avec tout le monde.

Elle travaillait d'arrache-pied, n'hésitait jamais à rester tard le soir, et mit au point des émissions qui ne lui valurent que des éloges. Deux ans plus tard, elle devint l'une des principales productrices du journal du soir. Et, pour fêter sa promotion, Adam Kane, le responsable de l'information, l'invita à dîner.

Hilary hésita, puis elle songea que, par respect pour son patron, il était plus sage d'accepter. Et, deux jours plus tard, à une table du Brussels, un restaurant à la mode, elle exposait son plan de carrière à Adam Kane en buvant du champagne.

Celui-ci était un homme au doux regard brun, qui prenait la vie avec philosophie. Il fut donc un peu surpris de découvrir que Hilary avait des projets professionnels à très long terme et que, dans l'ensemble, ceux-ci étaient bien plus ambitieux que les siens.

— Eh bien ! dit-il en riant. A vous entendre, on se croirait dans un meeting organisé par le mouvement de libération des femmes...

Pour la première fois de sa vie, il était en face d'une femme qui ne cachait pas ses ambitions et cela l'effrayait un peu. Tout récemment, sa femme l'avait quitté sous prétexte qu'elle désirait être autre chose qu'une « simple épouse ». Après avoir vécu pendant des années avec elle et leurs deux fils, il avait emménagé tout seul dans un studio du West Side et il ne s'en était toujours pas remis. Les filles qui, comme Hilary, n'hésitaient pas à parler de leurs « objectifs de futur dirigeant » l'étonnaient. Il trouvait qu'elle était belle, jeune et désirable, mais que pourtant il lui manquait quelque chose.

— Si je comprends bien, les femmes qui veulent avoir des enfants et rester chez elles pour les élever sont complètement passées de mode...

— A mes yeux, oui ! reconnut Hilary en souriant.

Elle n'éprouvait pas le besoin de se justifier. Elle savait exactement où elle désirait arriver et personne ne pourrait l'arrêter tant qu'elle n'aurait pas atteint le but qu'elle s'était fixé. Elle était toujours en train d'essayer d'échapper aux démons de son passé, et elle se doutait bien qu'elle en avait pour jusqu'à la fin de ses jours. Adam Kane avait beau être plutôt attirant et très sympathique, elle ne lui raconterait pas ce qui lui était arrivé lorsqu'elle était enfant. Elle ne parlait jamais à personne de son passé. De toute façon, même si elle l'avait voulu, à qui aurait-elle pu se confier ? Elle ne fréquentait personne et sa vie se résumait à son travail pour CBA.

Adam Kane avait trente-huit ans et il était resté marié pendant quinze ans. Il avait du mal à imaginer qu'on puisse vivre comme le faisait Hilary en se consacrant uniquement à son travail.

— Vous n'avez pas envie de vous marier un jour et d'avoir des enfants ?

— Pour moi, ce n'est pas très important, répondit Hilary.

Elle s'était juré qu'elle n'aurait jamais d'enfants. Surtout pas deux petites filles qu'elle pourrait perdre un jour ou qu'on lui enlèverait sans lui demander son avis... Ou qui que ce soit d'autre. Non, elle continuerait à vivre seule. Elle se trouvait très bien comme elle était, même si parfois, comme ce soir, elle se disait que cela ne devait pas être si désagréable de partager la vie d'un homme comme Adam Kane... Pour penser une chose pareille, elle avait dû boire trop de champagne !

— Mes enfants sont certainement ce que j'ai de plus précieux dans la vie, Hilary ! Si vous pensez que ce n'est pas important, vous vous trompez lourdement.

D'une certaine manière, elle aussi, elle avait eu des enfants. Et elle les avait perdus. Mais elle ne pouvait pas expliquer cela à Adam Kane, ni à personne d'ailleurs...

— Pourquoi la plupart des gens pensent-ils donc que, quand on n'a pas d'enfants, il vous manque quelque chose ?

— Ils ont raison ! Malheureusement, les jeunes femmes aujourd'hui pensent exactement le contraire. Elles raisonnent comme vous et croient qu'elles ont toute la vie devant elles. Mais vous allez voir ce qui va se passer dans une dizaine d'années : elles se rendront compte soudain que si elles attendent encore, il sera trop tard, et elles se mettront à faire des enfants toutes en même temps...

Adam Kane n'avait pas cessé d'observer Hilary. Il la trouvait intelligente et d'une honnêteté à toute épreuve. Il était persuadé que c'était une fille très courageuse. Aussi était-il un peu étonné d'avoir aperçu au fond de ses yeux une lueur de crainte qu'il ne s'expliquait pas. De quoi avait-elle peur ? Peut-être avait-elle été déçue par un homme...

— Avez-vous déjà été mariée ? lui demanda-t-il finalement.

— Non, jamais. Mais je n'ai que vingt-cinq ans. Je ne suis pas pressée...

— Vous avez certainement raison. Moi, quand je me suis marié, j'avais vingt-trois ans et ma femme, vingt et un. Et, à nos yeux, c'était vraiment quelque chose d'important. Mais c'était il y a quinze ans. Aujourd'hui les choses ont beaucoup changé. Vous, en 1959, vous n'étiez qu'une enfant... Que faisiez-vous à l'époque ?

1959... Eileen et Jack Jones avaient-ils déjà déménagé à Jacksonville ou habitaient-ils encore à

225

Boston ? En repensant à eux, Hilary avait des frissons dans le dos.

— Pas grand-chose, répondit-elle avec un sourire crispé. A l'époque, je vivais chez ma tante à Boston.

— Sans vos parents ?

— Ils sont morts lorsque j'avais huit ans.

— Tous les deux ? demanda Adam.

Et comme Hilary hochait la tête, il ajouta :

— Dans un accident ?

A nouveau, de la tête, elle fit signe que oui. Elle aurait bien aimé qu'Adam Kane change de sujet.

— Vous étiez fille unique ?

Avant de lui répondre, Hilary lui lança un regard glacial qui le surprit un peu.

— Oui, dit-elle.

— Cela n'a pas dû être drôle pour vous tous les jours, fit remarquer Adam, qui semblait désolé pour elle.

Hilary n'avait que faire de sa pitié. Elle s'obligea à sourire dans l'espoir de détendre l'atmosphère. C'était la première fois qu'elle parlait de son passé depuis ce jour lointain où elle était allée voir Arthur, et cela la mettait mal à l'aise.

— C'est peut-être pour cette raison que j'aime autant mon travail, reconnut-elle. J'ai un peu l'impression d'avoir trouvé une famille...

« C'est vraiment triste », songea Adam avant de demander :

— Où avez-vous fait vos études ?

— A l'université de New York, répondit Hilary, qui ne jugea pas utile de préciser qu'elle avait obtenu son diplôme en suivant les cours du soir parce qu'elle était obligée de travailler.

— Ma femme et moi, nous avons étudié à Berkeley.

— Ça devait être formidable...

Adam Kane, qui n'avait plus très envie de lui parler de ses difficultés avec sa femme, préféra lui dire :

— Je suis très heureux que vous ayez accepté de venir dîner avec moi ce soir. Vous abattez un tel travail à CBA que j'avais envie d'en savoir un peu plus sur vous.

— Heureusement que je fais du bon travail ! Cela fait tout de même sept ans que je suis entrée à CBA...

Sept années pendant lesquelles elle avait gravi un à un tous les échelons et écrasé pas mal de pieds au passage. Mais maintenant, elle était productrice et fière de l'être. Elle avait parcouru un sacré bout de chemin depuis son départ du centre d'éducation surveillée de Jacksonville.

— Vous avez l'intention de rester chez nous ?

— A CBA ? Bien sûr ! Pourquoi irais-je travailler ailleurs ?

— Dans la profession, les gens bougent beaucoup...

— Pas moi, expliqua Hilary. La seule chose qui m'intéresse, c'est de me retrouver un jour tout là-haut, dans un de ces bureaux installés au dernier étage de l'immeuble...

Adam Kane lui lança un coup d'œil surpris. Hilary ne plaisantait pas. Elle espérait un jour atteindre l'étage où se trouvaient les bureaux des présidents de la chaîne.

— Pourquoi donc ? demanda-t-il, étonné.

Lui, il aimait son travail. Et, à trente-huit ans, il pouvait se vanter d'avoir réussi professionnellement. Mais il n'aspirait pas du tout à un poste de direction et il avait du mal à imaginer qu'une fille jeune et belle puisse avoir ce genre d'idée dans la tête.

— Pour moi, c'est très important, expliqua Hilary. Plus j'ai de l'avancement, plus je me sens en sécurité. Au moins, c'est quelque chose de tangible et ça permet de continuer à vivre.

— Jusqu'au jour où on va vous balancer et vous remplacer par quelqu'un d'autre... Ce jour-là, vous vous retrouverez toute seule et complètement déçue.

— La solitude ne me fait pas peur.

« Et même, j'aime cela », faillit ajouter Hilary, avant de reprendre :

— Quand on vit seule, au moins on est sûre que personne ne va vous faire du mal, vous laisser tomber ou vous trahir...

Adam Kane n'avait jamais encore rencontré une jeune femme aussi indépendante. Il était à la fois surpris et intrigué.

Lorsqu'ils eurent fini de dîner, il la raccompagna chez elle dans l'espoir qu'elle lui proposerait d'entrer. Mais Hilary se contenta de lui serrer cérémonieusement la main avec un sourire en le remerciant pour le repas.

En rentrant chez lui, Adam Kane était tellement excité par la soirée qu'il venait de passer avec elle qu'il décrocha aussitôt son téléphone. Elle ne devait pas déjà dormir et il se fichait même de la réveiller. Il ne supportait pas le fait de vivre seul et il était sûr qu'une fille comme Hilary adorerait ses deux fils. Sans compter qu'elle était diablement belle...

— Allô ?

— C'est encore moi, Hilary. Je voulais simplement vous dire à quel point j'ai apprécié la soirée que nous avons passée ensemble...

— Moi aussi, dit-elle en riant. Mais j'espère bien que cela n'aura aucune influence sur le travail, monsieur Kane. Vous savez à quel point je tiens à ma place...

— Je sais ! reconnut Adam. Mais ça ne vous empêche pas de venir déjeuner avec moi un de ces prochains jours.

— Avec plaisir. A condition, bien entendu, que je ne sois pas submergée de travail.

— Demain ?

A l'autre bout du fil, Hilary éclata de rire : un curieux cocktail de joie enfantine et de moquerie dénuée d'amusement.

— Il n'y a pas le feu, Adam ! Je vous ai dit que je comptais rester à CBA de toute façon...

— Tant mieux ! Et je vais profiter de la situation pour venir vous chercher dans votre bureau demain à midi et quart. D'accord ?

Il semblait tellement désireux d'obtenir son assentiment que Hilary ne put s'empêcher de sourire. Même si elle avait du mal à l'admettre, Adam Kane lui plaisait. Contrairement à la plupart des hommes qu'elle avait rencontrés jusqu'ici, elle avait l'impression qu'elle pouvait lui faire confiance. Elle ne risquait pas grand-chose en acceptant de déjeuner avec lui... Depuis qu'elle était arrivée à New York, elle n'était jamais sortie avec qui que ce soit. Seule sa future promotion l'intéressait, ou l'augmentation de son salaire. Le travail était son amant attitré. Et jusque-là il lui avait toujours rendu l'amour qu'elle lui portait...

— Midi et quart ? répéta Adam à l'autre bout du fil.

— Parfait ! répondit Hilary avant de raccrocher.

Le lendemain matin, lorsqu'elle entra dans son bureau, elle découvrit sur sa table de travail une rose unique placée dans un vase en cristal. Et à midi et quart, Adam vint la chercher et l'emmena déjeuner au Veau d'or.

Il était trois heures passées quand ils sortirent du restaurant.

— C'est affreux, Adam ! se plaignit Hilary. C'est la première fois depuis sept ans que j'arrive en retard. On dirait que vous avez envie que je me fasse virer juste au moment où je viens d'avoir une nouvelle promotion...

— Si vous vous faites virer, tant mieux ! Comme ça, vous m'épouserez ! Nous partirons vivre tous les deux à la campagne et nous aurons beaucoup d'enfants...

— Charmante perspective ! fit remarquer Hilary en lui lançant un de ces regards glacials dont elle avait le secret.

Ses longs cheveux noirs dénoués sur ses épaules, les manches de son chemisier en soie roulées au-dessus de ses coudes à cause de la chaleur, on aurait dit qu'elle lançait un défi à Adam. C'est ainsi en tout cas qu'il voyait les choses. Il avait l'impression que Hilary vivait à l'abri d'une haute barrière qu'il allait être obligé d'escalader s'il désirait arriver jusqu'à elle. Pour l'instant, il ignorait totalement jusqu'à quel point elle le laisserait s'approcher. Il tournait donc avec précaution autour d'elle et, comme elle agissait de la même manière avec lui, on aurait dit deux adversaires en train de se mesurer avant l'ouverture d'un combat.

Un peu effrayée par la tournure que prenaient les événements, Hilary refusa d'aller dîner au restaurant avec Adam le samedi soir suivant. Pour la même raison, elle déclina poliment deux invitations à déjeuner. Adam, vexé, cessa de lui adresser la parole. Pensant que ce différend avec son patron risquait d'avoir des conséquences sur son travail, elle finit par céder et accepta de sortir avec lui le vendredi soir. Adam l'emmena dîner chez P. J. Clarke, puis il remonta à pied avec elle la Troisième Avenue et la raccompagna jusqu'à la porte de son immeuble dans la 59ᵉ Rue.

— On dirait presque que vous me fuyez, Hilary, lui reprocha-t-il, l'air frustré et malheureux. Et je me demande bien pourquoi...

— Si nous voulons continuer à travailler ensemble, il vaut mieux que nous gardions nos distances, expliqua Hilary. Vous êtes mon patron, Adam, et si nous sortons ensemble, cela risque de nous compliquer singulièrement la vie.

— Ce problème va être rapidement résolu, Hilary. Je viens d'apprendre que j'allais être muté dans deux semaines à la tête du service commercial.

— Cela a dû vous faire un sacré choc, non ?

A CBA, le service commercial représentait plutôt une voie de garage et, à la place d'Adam, elle aurait été catastrophée.

— Je ne suis pas mécontent de changer de secteur, répondit Adam. Mon seul regret, c'est que je vais cesser de travailler avec vous. Mais peut-être accepterez-vous de sortir avec moi un peu plus souvent...

Si Adam quittait le service où elle travaillait, Hilary pourrait en effet se permettre de le voir le soir. Mais elle ne savait pas encore jusqu'où elle était prête à aller avec lui. Elle appréciait beaucoup le fait de vivre en célibataire et n'était pas du tout certaine de vouloir partager la vie de qui que ce soit.

— Je tiens beaucoup à vous, Hilary, reprit Adam en lui prenant tendrement la main.

— Comment pouvez-vous dire une chose pareille ! Vous ne savez même pas qui je suis... Je pourrais être très différente de ce que vous imaginez. *La femme aux yeux verts*[1]...

Sans le vouloir, Hilary s'était exprimée en français. Elle possédait parfaitement cette langue que sa mère lui avait apprise lorsqu'elle était enfant et dans laquelle elle s'était ensuite perfectionnée pendant ses études.

— Qu'est-ce que cela veut dire ? demanda Adam, interloqué.

Quand Hilary eut traduit en anglais la phrase qu'elle venait de prononcer, il lui demanda :

— Comment se fait-il que vous parliez aussi bien français ?

L'espace de quelques secondes, Hilary eut envie de s'ouvrir à lui et elle faillit lui parler de Solange. Puis elle y renonça.

— J'ai tout simplement appris le français à l'école, mentit-elle.

_____
1. En français dans le texte. (*N.d.T.*)

Cette réponse sembla satisfaire Adam et, comme ils étaient arrivés devant la porte de son immeuble, Hilary lui proposa de monter chez elle.

Ils passèrent la soirée à discuter autour d'une bouteille de vin en écoutant les disques de Roberta Flack. Il était une heure du matin quand Adam se leva pour prendre congé.

— J'aurais bien aimé passer la nuit avec vous, Hilary, avoua-t-il d'un air mélancolique. Mais j'ai l'impression que vous n'êtes pas encore prête pour ça... Est-ce que je me trompe ?

— Non, reconnut Hilary.

Aurait-elle jamais envie de passer la nuit avec qui que ce soit ?

— Y a-t-il quelqu'un dans votre vie ? demanda soudain Adam.

C'était une question qu'il désirait lui poser depuis longtemps.

— Non, pas vraiment..., répondit Hilary en rougissant. Cela fait très longtemps que je...

Elle semblait tellement embarrassée qu'Adam essaya de venir à son secours.

— Vous avez peut-être une raison précise pour vouloir rester seule...

— Des tas, Adam ! Mais ce serait beaucoup trop compliqué à expliquer...

— Essayez toujours.

— Je suis désolée, Adam ! Mais c'est impossible. Je ne peux pas...

— Et pourquoi donc ? demanda celui-ci en lui prenant tendrement les mains. Vous n'avez pas confiance en moi ?

— La question n'est pas là ! dit Hilary, les larmes aux yeux.

Dans l'espoir de mettre fin à la discussion, elle tourna le dos à Adam et redressa fièrement les épaules, ressemblant ainsi, sans le savoir, à sa mère. Mais il eut tôt fait de la rejoindre et, la prenant par le bras, il l'obligea à le regarder en face.

— Pourquoi ne pas vous laisser aller... Je sais que vous êtes forte et courageuse. Je m'en suis aperçu en travaillant avec vous. Mais ici, c'est différent... Nous ne sommes que tous les deux... Vous n'êtes plus sur un champ de bataille !

— La vie est un champ de bataille, Adam, rétorqua-t-elle d'une voix fatiguée.

— Pas toujours ! corrigea-t-il. Elle peut aussi être douce et agréable. Il suffit de le vouloir.

« Quelle naïveté ! » songea Hilary. A l'exception de son divorce, jamais Adam n'avait réellement souffert. Et il croyait certainement dur comme fer que Hilary était dans le même cas que lui.

— Les choses ne sont pas aussi simples, Adam... Je crois que, même si je vous expliquais quel genre de vie j'ai eu, vous ne pourriez pas comprendre.

— Si c'est comme ça, oublions le passé et recommençons à zéro. Qu'en dites-vous ?

— Nous pouvons toujours essayer, répondit Hilary, qui n'était qu'à moitié convaincue.

Aussitôt, Adam la prit dans ses bras et l'embrassa. Avec douceur d'abord, puis avec de plus en plus de passion. Cela faisait des mois qu'il la désirait, très exactement depuis le jour où il l'avait vue pour la première fois dans son bureau, à CBA.

Après l'avoir débarrassée de ses vêtements, il se déshabilla à son tour, puis il la déposa sur le lit de sa chambre et commença à lui faire l'amour. Mais il avait beau la caresser et l'embrasser, Hilary restait de marbre. Les caresses d'Adam lui rappelaient trop ce qu'elle avait dû subir de la part de Maida et de Georgine. Et quand il voulut la pénétrer, elle ne put s'empêcher de songer aux trois adolescents qui l'avaient violée chez Louise. Elle était incapable de chasser ces souvenirs traumatisants.

Quand Adam s'aperçut que Hilary, au lieu de se laisser guider par lui, lui résistait de plus en plus, il s'éloigna d'elle et s'assit sur le lit.

— Qu'est-ce qui ne va pas ? demanda-t-il, encore tout frémissant de désir. Moi qui avais tellement envie de faire l'amour avec toi…

— Je suis désolée, s'excusa Hilary en s'asseyant à son tour et en fixant le mur de la chambre d'un regard morne.

Elle avait soudain l'impression que tout son passé n'était qu'une longue suite de haines farouches. Elle haïssait Arthur Patterson, Jack Jones, les adolescents qui l'avaient violée, Maida et Georgine, les gens de la maison de correction, Eileen… et même son propre père, elle le détestait à cause de ce qu'il avait fait à sa mère. Avec tant de haine au fond du cœur, comment aurait-elle pu se comporter comme une femme normale ?

— Ce n'est pas ta faute, expliqua-t-elle à Adam. Je ne peux pas. Un point c'est tout !

— Pourquoi ?

Comprenant que si elle continuait à lui mentir,

Adam allait imaginer qu'elle ne voulait pas faire l'amour avec lui parce qu'elle ne l'aimait pas, elle préféra lui dire la vérité, aussi choquante soit-elle.

— Je me suis fait violer il y a longtemps, avoua-t-elle dans un souffle, espérant qu'il ne poserait pas de questions.

— Quand, et par qui ?

— Ce serait trop long à raconter...

Si elle disait à Adam qu'il y avait d'abord eu Jack Jones – qui n'était pas arrivé à ses fins –, puis Maida et Georgine, et enfin les trois adolescents, jamais il ne la croirait...

— Quel âge avais-tu ?

— Treize ans. Il n'y a eu personne depuis. Je crois que j'aurais dû te le dire avant.

— En effet ! reconnut Adam. C'est le genre de chose qu'il vaut mieux savoir... Sinon, comment voulais-tu que je devine ?

— Je pensais que cela n'avait pas d'importance...

— Sois sérieuse, Hilary ! Tu t'es fait violer il y a douze ans, ensuite tu n'as plus jamais eu de rapport avec un homme, et tu crois que le jour où tu décides de faire l'amour, tout va se passer le mieux du monde. Est-ce qu'au moins tu as consulté un psychologue ?

C'était le cas de nombreuses personnes de son entourage. Lui-même était retourné voir le sien dès que sa femme l'avait quitté.

— Non, reconnut Hilary.

Elle alla passer une robe de chambre et revint s'asseoir sur le lit à côté d'Adam.

— Qu'entends-tu par là ? Après que tu t'es fait violer, on t'a bien proposé une aide quelconque, non ?

— Non, Adam ! Et je pense que je n'en avais pas besoin...

— Tu es folle ou quoi ?

— Disons que même si j'en avais eu besoin, à l'époque, ça n'était pas possible...

— Mais où diable étais-tu ? Au pôle Nord ou quoi ?

« Dans une maison de correction », faillit répondre Hilary, que cette discussion commençait à agacer.

— C'est trop compliqué pour en parler, Adam !

— Trop compliqué ou trop douloureux ?

La question avait fait mouche et Hilary détourna la tête pour qu'Adam ne voie pas qu'elle avait les larmes aux yeux.

— Et si nous oubliions tout ça..., proposa-t-elle.

— Alors comme ça, tu te dégonfles ! s'écria Adam, hors de lui.

Il savait que si son travail avait été en jeu, Hilary aurait fait l'impossible pour sauver la situation. Mais, s'agissant simplement de sa relation avec lui, elle ne lèverait pas le petit doigt.

— Peut-être que cela finira par passer...

— Ah, tu crois ça ! Le traumatisme dont tu m'as parlé a eu lieu il y a douze ans et j'ai l'impression que tu n'es nullement guérie. Combien de temps crois-tu qu'il te faudra pour que « ça passe », comme tu dis ? Trente ans ? Cinquante peut-être... Enfin, Hilary ! Tu ne vas pas attendre d'avoir soixante-quinze ans pour avoir une vie sexuelle épanouie...

Toujours assise sur le lit à côté d'Adam, Hilary n'osait pas le regarder en face. Elle savait bien ce qu'il attendait d'elle : qu'elle l'aime, corps et âme, qu'elle l'épouse et qu'ils aient des enfants ensemble. Au fond, qu'elle remplace la femme qui l'avait abandonné quelques mois plus tôt... Malheureusement, elle était incapable de lui donner quoi que ce soit. Il n'y avait plus en elle ni amour ni affection. Ces sentiments-là l'avaient désertée il y a bien longtemps, il ne lui restait plus que la rage de travailler.

— Je tiens absolument à ce que tu commences une thérapie, insista Adam.

Mais Hilary était bien décidée à ne pas lui faire ce plaisir. Dieu seul savait ce qui lui arriverait si elle se mettait à fouiller dans son inconscient...

— Il n'en est pas question, Adam !

— Pourquoi ?

— Je n'ai pas le temps !

— Que tu le veuilles ou non, tu as un problème...

— Peut-être... Mais cela ne m'empêche pas de vivre !

— Tu appelles cela vivre, toi ?

Hilary commençait à en avoir par-dessus la tête. Adam n'avait pas le droit de la juger sous prétexte qu'elle ne voulait pas faire l'amour avec lui.

— Peut-être que cela va s'arranger...

— Tout seul ? Ça m'étonnerait !

— Un peu de patience, Adam ! Tu as l'air d'oublier que c'est la première fois...

Adam la contempla pendant quelques instants en silence avant de faire remarquer :

— Tu me caches beaucoup de choses, n'est-ce pas ?

— C'est sans importance, répondit Hilary avec un sourire énigmatique.

— Je ne te crois pas. Je pense que tu as érigé autour de toi une véritable forteresse...

— Autrefois, oui.

— Pourquoi ?

— Parce que j'avais besoin de me protéger, je vivais parmi des gens qui pouvaient me faire du mal.

— Et maintenant ?

— Maintenant ce n'est plus pareil : je sais me défendre.

Adam lui lança un regard bouleversé. Il la prit dans ses bras et l'embrassa avec douceur sur les lèvres.

— Jamais je ne te ferai de mal, Hilary, dit-il, les larmes aux yeux. Je te le jure... Je t'aime, tu sais...

Comme Hilary aurait aimé pouvoir répondre à son amour ! Mais c'était impossible. Plutôt que de lui mentir, elle préféra ne rien dire et se contenta de le regarder avec tristesse.

— Ne t'inquiète pas ! la rassura Adam. Je ne te demande rien. Laisse-moi simplement t'aimer.

Avec des gestes d'une tendresse infinie, il la débarrassa du peignoir dont elle s'était couverte, puis l'allongea à nouveau sur le lit à côté de lui. Se penchant vers elle, il lui caressa les seins, puis le ventre, longuement, en prenant bien garde de ne pas l'effaroucher. Il avait la main si légère, et les lèvres si douces, que Hilary finit par se détendre et, envahie par le désir, à gémir dans ses bras.

Mais au moment où il la pénétrait, il sentit qu'elle se raidissait.

— Tout va bien, Hil..., chuchota-t-il, pour apaiser ses craintes. Laisse-toi aller. Tu es belle...

Malgré tout, quand, un peu plus tard, il s'écarta d'elle, il savait qu'il n'avait pas réussi à lui faire partager le plaisir qu'il venait d'éprouver.

— Je suis désolé, murmura-t-il.

— Il n'y a pas de raison, Adam. C'était très bien.

Hilary resta silencieuse, perdue dans ses pensées, et Adam s'endormit. Elle se demanda à nouveau si la haine n'avait pas tué en elle tout sentiment. Serait-elle capable un jour d'aimer quelqu'un ?

Le lendemain matin, Adam quitta l'appartement avant que Hilary s'habille pour aller travailler. Plus tard dans la matinée, il l'invita à déjeuner, mais elle refusa, prétextant qu'elle avait trop de travail. Et quand il lui proposa de l'emmener dîner, elle répondit que ce soir-là elle avait une réunion. En désespoir de cause, il lui demanda si elle accepterait de passer la journée du dimanche avec lui et ses deux fils, dont il avait la garde pendant le week-end. Hilary hésita un long moment avant de répondre. Elle n'avait aucune envie de rencontrer les enfants d'Adam car elle craignait de s'y attacher – comme elle s'était attachée il y a bien longtemps à Megan et à Axie, avant de les perdre...

— Ce sont deux garçons formidables, Hilary. Je suis sûr qu'ils te plairont.

— D'accord, répondit-elle avec un sourire forcé.

Le dimanche, en fin de matinée, elle se rendit à Central Park pour y retrouver Adam et ses deux fils. Celui-ci avait promis de s'occuper du piquenique et il devait aussi apporter des battes de base-ball pour jouer avec ses enfants. Il l'attendait, assis sur un banc, près d'un arbre, le plus jeune de ses fils installé à califourchon sur ses genoux et l'aîné, qui avait six ans, sagement assis à côté de lui.

Lorsque Hilary aperçut les deux enfants, elle fut soudain si émue qu'elle crut qu'elle allait défaillir. Elle s'arrêta net et eut envie de s'enfuir à toutes jambes. Mais, craignant de faire de la peine à Adam, elle finit par s'approcher d'eux.

Très vite, elle comprit qu'elle ne tiendrait jamais le coup jusqu'à l'heure du déjeuner et, après les avoir regardés jouer au base-ball pendant une demi-heure, elle prétexta un terrible mal de tête et en profita pour s'éclipser.

Dès qu'elle fut seule, elle fondit en larmes et, indifférente aux promeneurs qui croisaient sa route, traversa le parc en courant. Elle rentra chez elle sans prêter attention ni aux feux rouges ni aux voitures qui freinaient brutalement pour l'éviter.

En arrivant chez elle, elle se jeta sur son lit en sanglotant et elle passa toute la journée à pleurer.

A la tombée de la nuit, elle réussit enfin à se calmer. Elle s'obligea à affronter le fait que Megan et Alexandra étaient sorties de sa vie pour toujours. Personne ne savait où elles étaient et elle ne pourrait donc jamais les retrouver. Il était inutile qu'elle continue à se torturer à ce sujet. Surtout que maintenant ses deux sœurs n'étaient plus des enfants.

Elles n'avaient certainement plus besoin de leur grande sœur pour se débrouiller dans la vie...

Malgré tout, Hilary savait à présent qu'elle ne pourrait supporter la vue des autres enfants. Aussi, quand le téléphone sonna ce soir-là, non seulement elle ne répondit pas, mais elle profita du fait que la sonnerie s'était arrêtée pour aller décrocher le combiné.

Le lendemain, lorsqu'elle croisa Adam au bureau, elle fit comme si de rien n'était. Elle fut aimable avec lui, efficace dans son travail – comme toujours – et un peu distante. Si bien qu'il ne se douta pas à quel point elle avait souffert de voir ses deux fils.

La semaine suivante, il fut muté au service commercial et Hilary profita de ce qu'ils ne travaillaient plus ensemble pour ne plus répondre à ses coups de fil. Adam insista pendant quelque temps. Puis il cessa de lui téléphoner. Il avait compris qu'il ne pourrait jamais rien faire pour elle.

Pendant les deux années suivantes, Hilary se consacra exclusivement à sa carrière professionnelle et elle devint la productrice la plus demandée de CBA. Elle travaillait trop pour avoir le temps de s'intéresser à qui que ce soit et, comme tous les hommes à qui elle plaisait étaient divorcés et avaient des enfants, elle refusait systématiquement leurs invitations à dîner. Elle avait vingt-sept ans quand elle rencontra William Brock.

Grand, blond, très bel homme, c'était un joueur de football célèbre avant que CBA lui propose de devenir présentateur des émissions sportives de la chaîne. Deux fois divorcé, il n'avait pas d'enfants, était libre comme l'air et en profitait pour tenter de séduire le personnel féminin de la chaîne avec enthousiasme.

Fasciné par les grands yeux verts de Hilary, il commença à la courtiser et à la couvrir de cadeaux.

— C'est trop gentil à vous, Bill, dit-elle un jour en déposant sur son bureau le manteau de fourrure qu'il venait de lui faire livrer.

— Ce n'est pas votre taille ? demanda Bill, nullement gêné.

— Je ne l'ai pas essayé, monsieur Brock, répondit Hilary en lui lançant un coup d'œil glacial. Et, de toute façon, ce n'est pas mon genre.

Changeant de tactique, Bill Brock l'invita à venir passer une semaine avec lui à Honolulu, puis il lui proposa un week-end à la Jamaïque, un séjour dans une station de ski du Vermont et, pour finir, un dîner dans un restaurant chic à New York. Hilary déclina poliment – mais fermement – chacune de ses offres.

Un soir, alors qu'elle sortait de son travail sous une pluie battante et ne parvenait pas à trouver un taxi, Bill Brock lui proposa de la raccompagner chez elle en voiture. Après avoir hésité quelques secondes, Hilary monta finalement dans sa Ferrari.

— J'habite la 59ᵉ Rue, fit-elle remarquer quelques minutes plus tard en voyant qu'il prenait exactement la direction opposée.

— Et moi à l'intersection de la Cinquième Avenue et de la 11ᵉ Rue.

— Vous m'en voyez ravie, répondit Hilary d'un air ironique. Et maintenant, ou vous me ramenez chez moi, ou je descends et je rentre à pied.

Au lieu de lui répondre, Bill profita de ce que le feu était rouge pour l'embrasser. Puis il lui annonça, comme si c'était la chose la plus naturelle du monde :

— Chez vous ou chez moi, peu importe ! A moins que Madame la Productrice en chef ne préfère que je l'emmène au Plaza...

« Il en est bien capable ! » se dit Hilary en éclatant de rire malgré elle. Puis elle lui demanda à nouveau de la raccompagner chez elle. Mais Bill, au lieu d'obtempérer, déclara qu'il l'invitait à dîner et gara aussitôt sa voiture devant un de ses restaurants favoris.

Pendant le repas, Hilary découvrit à sa grande surprise que Bill Brock pouvait être autre chose qu'un play-boy et que son imposante carrure de footballeur ne l'empêchait pas d'être intelligent.

— Vous êtes un mystère pour moi, belle dame aux yeux verts, avoua-t-il au moment où on leur apportait le café. Je ne vois pas ce qui vous motive dans la vie...

— L'ambition, répondit Hilary.

C'était la première fois qu'elle se montrait aussi sincère. Mais elle sentait que Bill Brock comprendrait ce qu'elle voulait dire.

— Je suis comme vous, reconnut-il. L'ambition, c'est comme la drogue. Une fois qu'on a commencé à y goûter, on ne peut plus s'en passer.

— Je sais...

Hilary était décidée à atteindre les plus hauts sommets. Elle avait l'impression qu'alors personne ne pourrait plus la déloger de la position qu'elle occuperait et que, ce jour-là, elle se sentirait enfin en sécurité. Mais elle ne pouvait pas expliquer cela à Bill Brock et elle préféra lui demander :

— Avez-vous été triste d'arrêter le football, Bill ?

— Bien sûr... C'est vraiment un sport extraordinaire ! Mais j'en avais par-dessus la tête de me faire écraser le nez. Sans parler des jambes cassées. C'est le genre de choses dont il vaut mieux ne pas abuser...

Après avoir réglé l'addition, Bill Brock escorta galamment Hilary jusqu'à sa voiture, puis il la reconduisit chez elle. Et, après lui avoir souhaité bonne nuit, il disparut au volant de sa Ferrari.

Hilary était à la fois surprise et déçue. Elle avait passé une si bonne soirée avec lui que, s'il avait insisté pour monter, elle lui aurait certainement proposé de venir boire un verre.

Une demi-heure plus tard, alors qu'elle était déjà en chemise de nuit et prête à se coucher, l'interphone bourdonna.

— Qui est là ? demanda-t-elle.

— Bill. J'ai oublié de vous demander quelque chose au sujet de notre émission de demain...

La ruse était un peu maladroite et, comme il neigeait à gros flocons, Hilary se dit que cela ne ferait pas de mal à M. Brock de rester debout quelque temps sous la neige.

— Qu'est-ce que vous avez oublié de me demander, Bill ?

— Quoi ?

— Je vous demande ce que vous avez oublié au sujet de notre émission ?

— Je ne vous entends pas ! hurla Bill dans l'interphone.

Et pour bien montrer que l'appareil ne fonctionnait plus, il appuya de toutes ses forces sur le bouton d'appel. Lassée par ce bourdonnement ininterrompu, Hilary finit par céder et elle actionna l'ouverture de la porte de l'immeuble.

Quelques minutes plus tard, Bill émergeait de l'ascenseur, le visage rougi par le froid et tout couvert de neige et, quand Hilary lui eut ouvert la porte, il lui adressa son sourire le plus dévastateur.

— Il y a quelque chose qui ne marche pas avec votre interphone...

— Vraiment ? De toute façon, ce n'était pas la peine de vous déranger, monsieur Brock... Vous n'avez jamais entendu parler du téléphone ?

— Non, m'dame !

Puis, sans prévenir, il souleva Hilary dans ses bras et, après avoir refermé la porte d'entrée derrière lui, l'emporta à l'intérieur de l'appartement. Ce petit numéro était tellement ridicule que Hilary éclata de rire.

— Où se trouve votre chambre, mademoiselle Walker ? demanda Bill.

On aurait dit un gamin tout heureux de faire une blague – ce qui ne l'empêchait pas d'être follement sexy.

— Par là... Pourquoi ?

— Je vais vous répondre dans une minute.

Dans la chambre, Bill déposa Hilary sur le lit, puis il courut s'enfermer dans la salle de bains. A peine avait-elle eu le temps de se remettre de sa surprise qu'il la rejoignait. Il était complètement nu et elle n'avait encore jamais vu un homme aussi désirable.

Ce qu'Adam n'avait pas réussi à faire en employant la douceur, Bill Brock y parvint grâce à son charme et à sa longue expérience amoureuse. Très vite, Hilary cessa de lui résister et elle se mit à gémir de plaisir entre ses bras.

Ils firent l'amour toute la nuit et, au petit matin, lorsqu'il la quitta, elle était tout étourdie. Le bonheur qu'elle avait connu grâce à lui était une émotion tellement nouvelle ! Contrairement à ce qu'elle avait pensé jusqu'ici, elle n'était pas morte à l'intérieur d'elle-même. Et un jour, peut-être, elle rencontrerait un homme capable de la rendre amoureuse...

Cette nuit passée avec Bill Brock lui avait fait un bien immense, mais elle n'attendait rien d'autre de lui. Elle savait qu'il ne voulait s'encombrer ni d'une épouse ni d'une maîtresse, et qu'avec un homme comme lui toute amitié était impossible. Sa vie n'était qu'un défilé ininterrompu de jolies filles, et il faisait l'amour comme d'autres mangent ou dorment. La seule chose qui comptait à ses yeux, c'était de pouvoir assouvir son formidable appétit sexuel quand il en avait envie.

Le lendemain, lorsqu'il lui offrit un énorme bouquet de roses et un bracelet en diamants de chez Harry Winston, Hilary lui rendit le bijou avec un sourire et il ne parut pas autrement surpris. D'ailleurs, il ne lui proposa pas de sortir à nouveau avec lui. Il avait certainement d'autres chats à fouetter : New York regorgeait de filles qui ne figuraient pas encore à son palmarès et, maintenant qu'il avait réussi à coucher avec elle, Hilary ne présentait plus d'intérêt à ses yeux.

Hilary fut un peu déçue, mais elle s'y attendait, et elle aurait certainement oublié Bill Brock si, deux mois plus tard, elle n'avait été obligée d'aller chez le médecin. Depuis plusieurs semaines, elle avait une grippe qu'elle n'arrivait pas à soigner et elle se sentait complètement épuisée. Elle était si fatiguée qu'elle ne pensait qu'à dormir. Quand elle arrivait au bureau le matin, l'odeur du café lui soulevait le cœur et elle avait perdu tout appétit.

Le médecin qu'elle consulta lui prescrivit des analyses de sang et deux jours plus tard, lorsqu'elle lui téléphona pour connaître les résultats, il lui annonça que, par pure routine, il avait demandé un test de grossesse et que celui-ci était positif. Hilary était tellement abasourdie par cette nouvelle qu'elle raccrocha sans même prendre la peine de le saluer.

Elle était enceinte ! Et, comme elle n'avait eu de rapports sexuels avec personne d'autre, Bill Brock était le père de l'enfant...

Il ne lui restait plus qu'une solution. Décrochant son téléphone, elle rappela le cabinet du médecin et prit rendez-vous pour le vendredi suivant. Puis, pour la première fois depuis qu'elle travaillait à la chaîne CBA, elle quitta son bureau en fin de matinée et rentra chez elle.

Elle avait besoin de réfléchir. Fallait-il qu'elle prévienne Bill ? Et, si elle le faisait, comment allait-il réagir ? Il risquait de se moquer d'elle et de lui répondre que c'était son problème, pas le sien...

Elle avait pris rendez-vous avec le médecin dans l'intention d'interrompre sa grossesse car cela semblait la décision la plus sage. Mais en se rappelant la joie qu'elle avait éprouvée à tenir la petite Megan dans ses bras lorsque celle-ci venait de naître, elle se demanda si ce n'était pas au contraire une folie de vouloir se débarrasser de ce bébé.

Après avoir perdu deux enfants qu'elle aimait, avait-elle le droit de tuer celui qu'elle portait ? N'était-ce pas un signe du destin ? Cet enfant, si elle le laissait vivre, comblerait peut-être ce sentiment de vide effroyable qu'elle éprouvait depuis tant d'années... Avec un père comme Bill Brock, il avait toutes les chances d'être magnifique... De plus, si elle ne disait rien à Bill, jamais il ne se douterait qu'il était de lui et elle l'élèverait toute seule : ce serait son enfant à elle !

Le médecin lui avait dit qu'elle était enceinte de huit semaines et elle comprenait maintenant pourquoi, depuis quelque temps, elle ne parvenait plus à rentrer dans ses pantalons. Et que se passerait-il dans quelques mois quand sa grossesse se verrait ? Ne risquait-elle pas de perdre son poste à CBA ? De toute façon, si elle se retrouvait toute seule avec un bébé, sa carrière professionnelle était fichue. Et comment réagirait Bill Brock si, par malheur, il découvrait la vérité ? N'essaierait-il pas de lui ravir cet enfant ?

Les jours suivants, l'irrésolution de Hilary se transforma peu à peu en véritable panique. Pour prendre une décision, elle aurait eu besoin de demander l'avis de quelqu'un. Mais, à qui s'adresser ? Elle ne connaissait personne...

Elle désirait garder cet enfant, mais elle était terrifiée à l'idée qu'un jour elle le perdrait ou qu'on le lui enlèverait – comme elle avait perdu Megan et Axie bien des années auparavant... Et sa terreur était telle que, plutôt que de courir ce risque, elle préférait sacrifier ce bébé. En agissant ainsi, elle restait fidèle à la mémoire de ses deux sœurs. Et, en quelque sorte, elle faisait le vœu de ne jamais avoir d'enfants.

Le vendredi après-midi, lorsqu'elle arriva au cabinet du médecin, elle tenait à peine sur ses jambes. Après avoir donné son nom à l'infirmière qui l'accueillit derrière le bureau de la réception et signé un formulaire, elle se rendit dans la salle d'attente.

Une heure plus tard, une autre infirmière vint la chercher pour la conduire dans une petite pièce, au bout d'un couloir. Elle la pria de se déshabiller entièrement et de passer une chemise et des chaussons préparés à son intention, puis de retourner voir l'infirmière à la réception.

— Merci, chuchota Hilary d'une voix inaudible.

Comme elle aurait aimé en cet instant que quelqu'un l'empêche de faire ce pour quoi elle était venue ici ! Mais, comme toujours, elle était seule...

Lorsqu'elle rejoignit l'infirmière à la réception, celle-ci lui lança un regard désapprobateur, comme si elle était une criminelle. Puis elle lui tendit un formulaire. A la vue de ce nouveau papier, Hilary crut qu'elle allait défaillir et elle fut obligée de s'asseoir sur un banc en bois qui se trouvait à côté du bureau.

— Vous ne vous sentez pas bien ? demanda l'infirmière en lui lançant un regard totalement indifférent.

— J'ai simplement la tête qui tourne, répondit Hilary.

Après avoir rempli et signé le papier, elle retourna dans la petite pièce. La seconde infirmière fit une brève apparition pour lui annoncer que le médecin serait là dans quelques minutes, puis elle la laissa seule après avoir refermé la porte derrière elle.

Une heure et demie plus tard, Hilary attendait toujours, et elle était dans un tel état de nervosité qu'elle tremblait de la tête aux pieds.

— Le médecin va arriver, lui expliqua l'infirmière. Nous avons eu un petit problème avec une de nos patientes et c'est pour cela qu'il est en retard.

L'attente était pénible, pourtant elle se disait que, grâce au retard du médecin, l'enfant qu'elle portait vivait encore. Peut-être n'était-il pas trop tard pour revenir sur sa décision ? Mais il aurait fallu pour cela qu'elle soit capable de surmonter la crainte qui l'habitait et elle ne s'en sentait pas la force. Si cet enfant vivait, elle l'aimerait tant qu'elle n'aurait plus jamais une seconde de tranquillité. Sans cesse, elle se dirait qu'elle allait le perdre. C'était donc lui ou elle...

— Prête ? demanda le docteur en entrant dans la pièce.

Il portait sa tenue de chirurgien, encore toute tachée de sang, un petit calot vert sur la tête et son masque autour du cou.

— Je... Oui... Est-ce que vous allez m'endormir ? demanda Hilary d'une voix mal assurée.

Bien qu'elle n'ait rien mangé depuis la veille au soir, elle avait envie de vomir et se sentait sur le point d'éclater en sanglots.

— Ce n'est pas la peine, répondit le médecin avec un grand sourire. Ce genre d'intervention ne prend que quelques minutes.

Hilary s'allongea sur la table de soins et, après avoir écarté les jambes, cala ses pieds dans les étriers en fer. Quand elle vit que l'infirmière lui attachait les pieds avec des sangles, elle demanda, prise de panique :

— Pourquoi faites-vous ça ?

— Pour que vous ne vous blessiez pas.

Elle s'approchait de Hilary pour lui attacher aussi les mains quand celle-ci s'écria :

— Je vous promets que je ne toucherai à rien !

Après avoir échangé un rapide regard avec le médecin, l'infirmière lui laissa les mains libres. Puis elle lui fit une anesthésie locale.

— Détendez-vous, conseilla le médecin. Il n'y en a pas pour longtemps et après, vous serez débarrassée...

« Débarrassée... », se dit Hilary. Mais ce mot, au lieu de la réconforter, lui rappela qu'elle allait tuer l'enfant qu'elle portait. On lui avait enlevé Axie et Megan, mais ses deux sœurs n'étaient pas mortes pour autant... Ce qu'elle allait faire maintenant était bien pire encore !

Elle était toujours allongée sur la table de soins quand elle entendit un vrombissement semblable à celui d'un aspirateur. Aussitôt, elle se releva sur ses coudes et demanda, affolée :

— Qu'est-ce que c'est que ça ?

— N'ayez pas peur ! répondit le médecin. Je vais procéder par aspiration. Il n'y en a pas pour longtemps. Recouchez-vous et comptez jusqu'à dix...

Hilary eut beau compter, elle ne réussit nullement à se détendre et bientôt elle ne put retenir un cri de douleur. Tout ce qu'elle avait subi dans sa jeunesse n'était rien en comparaison. L'anesthésie locale ne semblait lui faire aucun effet et elle souffrait tellement que ses jambes étaient agitées de tremblements convulsifs.

Pleurant de douleur, à demi inconsciente, elle se dit soudain qu'elle était en train de faire une terrible erreur.

— Non... S'il vous plaît... Arrêtez ! cria-t-elle au médecin.

Mais il était trop tard.

— C'est presque fini, répondit celui-ci.

— Je vous en supplie..., reprit Hilary d'une voix mourante. Je ne peux pas supporter de... Je veux garder ce bébé...

— Ne vous inquiétez pas ! Vous êtes jeune encore. Des bébés, vous en aurez d'autres...

Quand l'horrible vrombissement qui emplissait la pièce se tut enfin, Hilary comprit que l'intervention était terminée. Elle avait perdu ses sœurs, et maintenant, elle venait de tuer son bébé.

— Encore un peu de courage..., marmonna le médecin.

Le curetage fut au moins aussi douloureux que l'aspiration, mais Hilary s'en moquait. En cet instant, elle aurait voulu mourir. Elle avait tué son bébé. Entre son père et elle maintenant, il n'y avait plus de différence : elle aussi, elle avait commis un meurtre.

— Voilà, c'est fini..., annonça le médecin. Maintenant, vous allez vous reposer un peu, Hilary.

Puis, après lui avoir tapoté l'épaule d'un geste paternel, il quitta la pièce, suivi de l'infirmière. Hilary resta seule, toujours allongée sur la table de soins, les pieds emprisonnés dans les étriers et les jambes humides du sang qu'elle avait perdu. Dès qu'ils furent sortis, elle éclata en sanglots.

Une heure plus tard, elle quittait le cabinet médical avec des instructions : elle devait les appeler si les saignements étaient trop abondants. Sinon, elle serait remise après un repos au lit de vingt-quatre heures. En sortant, elle tenait à peine sur ses jambes et tremblait toujours violemment. Elle eut tout juste la force de héler un taxi.

— Ça n'a pas l'air d'aller très fort, ma petite dame, fit remarquer le chauffeur dès qu'elle fut assise à l'arrière. Vous êtes malade ?

Pâle comme une morte et les yeux marqués de larges cernes, Hilary claquait des dents.

— Oui... J'ai la grippe..., répondit-elle avec peine.

— Ça ne m'étonne pas ! En ce moment tout le monde l'attrape... Surtout ne m'embrassez pas, ajouta-t-il en riant.

Hilary était bien incapable de sourire. Elle était si triste et si désespérée. Jamais plus elle ne pourrait sourire. A personne. Jamais plus elle n'oserait se regarder en face.

En arrivant chez elle, elle se glissa dans son lit sans même prendre la peine de se déshabiller et elle dormit d'une traite jusqu'au lendemain matin quatre heures. Mis à part quelques douleurs dans le bas-ventre, tout avait l'air d'aller. Pour plus de précaution, elle passa le week-end au lit et, le lundi matin, elle reprit son travail comme si de rien n'était – seulement un peu plus pâle et fatiguée qu'à l'ordinaire...

Les deux années suivantes, pour oublier sa détresse, elle s'abrutit de travail. Au bureau, elle était infatigable et le soir, quand elle partait, elle se débrouillait toujours pour emporter des dossiers chez elle. A trente ans, elle devint l'enfant prodige de la chaîne CBA, la femme que tout le monde admirait et craignait... et à laquelle personne n'avait envie de ressembler.

— Elle me terrifie, avoua un jour une nouvelle secrétaire à sa collègue. Elle ne vit que pour la chaîne. Et j'ai l'impression qu'on n'a pas intérêt à lui mettre des bâtons dans les roues...

Hilary était insensible à ce genre de réflexion. Elle se fichait bien de ce que pensaient les gens. Seule sa carrière l'intéressait.

A trente-deux ans, elle fut nommée vice-présidente. Après une série de promotions, et lorsqu'elle devint le numéro trois de CBA à trente-huit ans, il devint évident pour tout le monde qu'elle n'allait pas tarder à prendre en main les destinées de la chaîne. Et même peut-être plus tôt que prévu... Le *New York Times* publia d'ailleurs un article à son sujet, assorti d'une longue interview dans laquelle elle expliquait sa politique actuelle et ses projets d'avenir. Quelques jours plus tard, le *Wall Street Journal* parlait de la rapide ascension du futur P-DG de CBA... Le bureau de Hilary Walker se trouvait maintenant « tout là-haut », ainsi qu'elle l'avait prédit un jour à Adam Kane, au dernier étage de l'immeuble qui abritait la chaîne. Comme son père, bien des années auparavant, elle aussi, elle avait réussi...

13

Lorsque Arthur Patterson quitta le cabinet de son médecin et qu'il sortit dans Park Avenue, il se sentit soudain si oppressé qu'il craignit d'avoir un malaise. Le diagnostic du médecin ne l'avait pas surpris. Depuis un mois, les médicaments qu'il prenait ne lui faisaient plus aucun effet et il souffrait tellement qu'il s'attendait au pire. Il n'était que quatre heures de l'après-midi mais il était déjà exténué et, à chaque pas, une douleur terrible lui déchirait la poitrine. Il réussit pourtant à héler un taxi et à donner son adresse dans un souffle. Au moment où le chauffeur démarrait, il fut secoué par une nouvelle quinte de toux.

Quand l'accès fut passé, il repensa à ce que lui avait dit le médecin... Il avait près de soixante-douze ans et ne pouvait plus espérer beaucoup de la vie. Marjorie était morte trois ans plus tôt. Le jour de l'enterrement, il avait appris qu'elle s'était remariée avec un député à la retraite et il s'était alors demandé avec une pointe de tristesse si, avec cet homme-là, elle avait été heureuse...

Maintenant, son tour était venu. Le plus étrange, c'est qu'il n'avait pas peur de mourir. Seule l'attris-

tait la pensée que personne au monde ne le regret-
terait. Peut-être manquerait-il à ses associés... Et
encore ! Quant à sa secrétaire, le jour où il ne serait
plus là, un autre avocat de la firme la prendrait à
son service. Même pour elle, cela ne ferait pas une
grosse différence.

Lorsqu'il arriva devant chez lui, le portier de
l'immeuble l'aida à descendre du taxi et l'accompagna jusqu'à l'ascenseur. Arthur profita de son trajet
vers les étages supérieurs pour échanger quelques
propos avec le liftier sur le temps qu'il faisait et sur
le résultat du dernier match de base-ball. Quand il
pénétra enfin à l'intérieur de son appartement, il
poussa un soupir de soulagement. Il n'en pouvait
plus.

Au moment où il entrait dans le salon, il se mit à
pleurer. Dans son souvenir venait soudain de resur-
gir Solange, avec sa flamboyante chevelure rousse
et ses grands yeux vert émeraude. La vie après la
mort existait-elle ? Avait-il quelque chance de
retrouver au ciel la seule femme qu'il ait jamais
aimée ?

Les joues mouillées de larmes, il se laissa tomber
dans un fauteuil. Il se sentait totalement désespéré.
Non seulement il avait abandonné Solange, mais il
n'avait pas pu sauver Sam et, pour couronner le
tout, il avait séparé leurs trois filles... Tout ça,
parce qu'il était faible et lâche. Il était trop tard
maintenant pour réparer le tort qu'il avait fait à ces
enfants, mais il pouvait tout de même essayer de les
retrouver avant de mourir. Peut-être parviendrait-il
ainsi à apaiser le sentiment de culpabilité qu'il
n'avait cessé d'éprouver.

Arthur passa le reste de l'après-midi, tassé dans son fauteuil, à se remémorer le passé. Il se souvint de sa première rencontre avec Sam en Italie, du jour où celui-ci lui avait sauvé la vie, de la libération de Paris, de leur première rencontre avec Solange rue d'Arcole... Et, pour finir, il se rappela le regard que lui avait lancé Hilary le jour où, à Charlestown, il lui avait annoncé qu'il venait chercher ses deux sœurs. Quel désespoir il avait lu alors au fond des yeux de cette petite fille de neuf ans ! Rien qu'à cause de cela, il fallait absolument qu'il retrouve les filles de Solange, et qu'avant sa mort elles soient réunies.

Quand la nuit tomba, Arthur quitta son fauteuil et, sans même prendre la peine de dîner, alla se coucher. Comme il ne parvenait pas à dormir, il se mit à échafauder des projets. S'il réussissait à retrouver Hilary et ses sœurs, il leur léguerait la maison qu'il possédait dans le Connecticut. C'était une grande maison de style victorien qu'il avait achetée plusieurs années auparavant pour s'en servir comme résidence d'été. En réalité, il avait été tellement occupé par son travail qu'il n'avait jamais eu le temps d'en profiter, mais il avait toujours pensé qu'il finirait ses jours là-bas, à jardiner et à faire de longues promenades le long de la côte. Maintenant, il savait que ses jours étaient comptés et qu'il ne prendrait jamais sa retraite dans le Connecticut. Le médecin lui avait expliqué qu'il était trop tard pour l'opérer, et les radios ne laissaient aucun espoir. Son cancer se généralisait et aucun traitement ne pourrait arrêter la progression de la maladie. Il pouvait encore espérer vivre trois mois. Au mieux six... Tout dépendrait de la rapidité de la maladie.

A minuit, comme il ne dormait toujours pas, Arthur prit un somnifère. Le jour se levait quand il s'endormit enfin. Aussitôt, il rêva qu'il s'enfuyait au volant d'une voiture. Sur le trottoir de la maison qu'il venait de quitter, Hilary sanglotait et elle brandissait dans sa direction un objet qu'il ne pouvait identifier. Et puis soudain, son visage devint celui de Solange. Elle aussi pleurait à chaudes larmes et, quand Arthur s'approcha pour la prendre dans ses bras, elle lui demanda soudain pourquoi il l'avait tuée...

14

Malgré la mauvaise nuit qu'il venait de passer, Arthur se rendit comme d'habitude à son bureau le lendemain matin. A onze heures, il eut une rapide entrevue avec l'un de ses associés. Il lui demanda le nom d'un enquêteur privé, sans lui préciser ses intentions. Son associé lui conseilla de s'adresser à John Chapman, qui, à son avis, était un as dans sa partie.

Plutôt que de passer par sa secrétaire, Arthur préféra lui téléphoner lui-même et il fut le premier surpris d'obtenir un rendez-vous le jour même. John Chapman lui proposa de le recevoir à midi, bien qu'il n'eût qu'une heure à lui consacrer avant le déjeuner.

Le nom d'Arthur Patterson ne lui était pas inconnu et les motifs que pouvait avoir l'associé principal d'un cabinet d'avocats aussi fameux l'intriguaient. L'affaire semblait urgente, et John Chapman avait pour règle d'or de ne jamais faire attendre ses clients.

Après avoir raccroché, Arthur quitta son bureau immédiatement.

— Est-ce que vous revenez cet après-midi ? demanda sa secrétaire en notant avec inquiétude qu'il paraissait de plus en plus souffrant.

— Je ne pense pas, répondit Arthur d'une voix à peine audible.

Il vérifia que ses médicaments se trouvaient bien au fond de sa poche, prit l'ascenseur, puis se fit conduire en taxi à l'adresse que lui avait donnée John Chapman.

En arrivant, il fut plutôt favorablement impressionné. Bien sûr, l'immeuble qui abritait les bureaux du détective privé était beaucoup moins luxueux que celui de son propre cabinet, mais il était de taille respectable et semblait très bien entretenu. Sur la porte, une plaque discrète indiquait simplement « John Chapman » et les locaux occupaient tout un étage.

Lorsque Arthur pénétra dans le hall de réception, il fut accueilli par une secrétaire qui lui annonça :

— M. Chapman va vous recevoir tout de suite.

Puis, sans attendre, elle l'introduisit dans un vaste bureau qui donnait sur la 57e Rue. Arthur, qui avait craint de se rendre dans un endroit sordide, fut agréablement surpris. Avec ses épais tapis, ses meubles anciens venus d'Angleterre et ses murs recouverts de livres de droit, non seulement le bureau du détective lui plaisait, mais il lui rappelait le sien.

Quand John Chapman vint le rejoindre, cette bonne impression ne fit que se confirmer. Grand, blond, les yeux gris et pétillants de vie, très bel homme, vêtu d'un pantalon gris et d'une veste de tweed, le détective avait l'allure de quelqu'un qui sort de Princeton ou de Harvard. Il avait en effet fréquenté ces deux universités : il avait préparé sa licence à Princeton et terminé ses études de droit à Harvard.

— Monsieur Patterson ? demanda-t-il, surpris par l'apparence chétive de son visiteur.

Il tendit la main avec un sourire chaleureux.

— Asseyez-vous, je vous en prie...

Il prit place dans un fauteuil à côté d'Arthur.

— C'est très aimable à vous de me recevoir aussi rapidement..., commença Arthur, qui dut s'interrompre à cause d'une quinte de toux. L'affaire dont je désire m'entretenir avec vous est à la fois importante et urgente. Je n'ai pas beaucoup de temps devant moi...

John Chapman, qui ignorait tout de la santé de son client, en déduisit que l'affaire en question n'allait pas tarder à passer devant un tribunal.

— Je suis très honoré que vous ayez choisi de traiter directement avec moi, monsieur.

En général, l'associé principal d'un cabinet d'avocats ne se déplaçait jamais en personne et préférait envoyer à sa place un avocat plus jeune. C'était une règle dans la profession que John Chapman n'ignorait pas, de par sa formation juridique. Ses clients l'appréciaient pour ses solides notions de droit et, plus qu'un détective privé, voyaient en lui un homme de loi. A quarante-deux ans, il était un des enquêteurs les plus prisés du pays.

Après avoir sorti de sa poche un calepin et un crayon, il proposa à Arthur :

— Vous pourriez peut-être m'exposer votre affaire, monsieur. Ensuite, je vous dirai en quoi je peux vous être utile.

John Chapman s'exprimait d'une voix calme et posée, et son langage châtié ne laissait aucun doute sur ses origines sociales. Malgré tout, il donnait l'impression d'être un homme simple et sans prétention. Arthur Patterson se demanda pourquoi il n'était pas entré dans le cabinet d'avocats que dirigeait son père à Boston ou pourquoi, comme ses deux frères établis à New York, il n'était pas devenu avocat. Il lui semblait étrange que, né dans une telle famille, il ait éprouvé le besoin de choisir un métier aussi peu conformiste que celui de détective privé...

Mais Arthur n'avait pas le temps de satisfaire sa curiosité. Il s'éclaircit la gorge.

— Il s'agit d'une affaire personnelle, monsieur Chapman. De la plus haute importance et résolument confidentielle. Je tiens absolument à ce que, vous mis à part, personne ne soit au courant.

— Je ne discute jamais des dossiers qui me sont confiés avec qui que ce soit, monsieur Patterson.

— J'aimerais aussi que vous vous occupiez personnellement de cette affaire, insista Arthur. Un de mes associés m'a dit grand bien de vous et c'est avec vous, et vous seul, que je désire traiter...

Arthur dut s'interrompre pour tousser.

— Malheureusement, reprit-il, nous avons peu de temps devant nous. Je vais bientôt mourir...

John Chapman dissimula sa surprise. Et, comme Arthur hissait sur ses genoux sa serviette remplie à craquer, il songea qu'il devait s'agir d'une vieille affaire non résolue qu'il avait décidé de tirer au clair avant de mourir.

— Mon médecin m'a prévenu que je n'en avais plus que pour trois ou quatre mois à vivre, continua Arthur. Et j'ai tout lieu de penser qu'il ne se trompe pas. C'est pourquoi j'aimerais retrouver trois jeunes femmes dont j'ai perdu la trace il y a bien longtemps... Il s'agit des filles de mon meilleur ami. Sa femme et lui sont morts il y a trente ans. L'aînée de leurs filles avait alors huit ans, la deuxième près de cinq ans et la dernière quelques mois seulement. L'aînée a vécu chez sa tante à Boston, puis a déménagé à Jacksonville et est revenue à New York lorsqu'elle avait dix-sept ans. Ses deux sœurs ont été adoptées et je n'ai plus jamais eu de leurs nouvelles. Voici toutes les informations que j'ai pu recueillir, ajouta-t-il en sortant une épaisse chemise de sa serviette. Il y a aussi un dossier de presse au sujet de leur père, car c'était un acteur célèbre à Broadway.

— Les parents sont-ils morts dans un accident ? demanda John Chapman, un peu intrigué par le récit d'Arthur.

— Pas exactement, répondit celui-ci en respirant avec difficulté. Mon ami a tué sa femme dans un moment de folie. C'est d'ailleurs moi qui l'ai défendu lors du procès qui a eu lieu en 1958...

John Chapman haussa les sourcils d'un air étonné. En règle générale, jamais un avocat d'affaires ne se risquait à plaider une cause criminelle.

— Il a été reconnu coupable, avoua Arthur dans un souffle. Et il s'est suicidé dans sa cellule juste après le verdict. J'ai essayé de trouver une famille prête à adopter les trois petites filles. Malheureusement, je n'y suis pas arrivé ! Voilà pourquoi les trois enfants ont été séparées...

John Chapman préférait ne pas intervenir et écouter Arthur. Il voyait à quel point ce retour en arrière lui était douloureux et il se doutait bien qu'il lui était difficile d'en parler avec un étranger. A sa place, n'importe quel avocat se serait senti responsable. Mais pas au point tout de même de relancer l'affaire trente ans plus tard. A moins d'éprouver un fort sentiment de culpabilité...

Après avoir bu un peu d'eau dans le verre que John Chapman lui avait obligeamment apporté, Arthur reprit :

— Vous trouverez dans le dossier une coupure de presse récente au sujet de CBA... La jeune femme dont il est question dans cet article porte le même nom que la fille aînée de mes amis. Peut-être s'agit-il de la même personne, ou bien c'est une coïncidence. Je n'en sais rien. A vous de voir...

Arthur avait fait cette découverte quelques semaines plus tôt en ouvrant le *Times*. Il n'avait pas reconnu sa filleule sur la photo qui accompagnait l'article. Mais cela ne prouvait rien.

Chapman acquiesça d'un signe de tête.

— Si je vous ai bien suivi, dit-il, les trois femmes que vous recherchez ont aujourd'hui respectivement trente-neuf, trente-six et trente et un ans... Cela fait une trentaine d'années que vous avez perdu leur trace et il ne va pas être facile de les retrouver.

— Je sais, reconnut Arthur en lui tendant le dossier.

— Admettons que je parvienne à les localiser, reprit Chapman. Que dois-je faire ensuite ?

— Commencez par me prévenir, puis prenez contact avec chacune d'elles. Dites-leur que je suis un vieil ami de leurs parents et que j'aimerais les réunir. Si possible chez moi, dans le Connecticut...

— Et si elles refusent ? demanda Chapman, qui, après dix-sept ans dans ce métier, envisageait toujours le pire.

— Vous devrez les convaincre.

— Les deux plus jeunes auront peut-être complètement oublié leur passé. Nul ne peut prévoir leur réaction devant une telle révélation.

John Chapman se demandait s'il n'y avait pas une histoire d'héritage derrière cette enquête... Mais il préféra garder cette question pour lui.

— Il est de mon devoir d'essayer de réunir ces trois jeunes femmes, expliqua Arthur. C'est par ma faute qu'elles ont été séparées, il y a trente ans... Avant de mourir, j'aimerais m'assurer qu'elles vont bien et qu'elles n'ont besoin de rien. Je veux le faire en mémoire de leurs parents.

Aux yeux de John Chapman, il était bien tard pour entreprendre une telle démarche. Mais, au fond, cela ne le regardait pas et il n'allait pas discuter avec Arthur du bien-fondé de ses dernières volontés.

— Alors, acceptez-vous ? demanda Arthur avec inquiétude.

— Je vais essayer.

— Pensez-vous pouvoir vous occuper vous-même de cette affaire ?

— Avant de vous répondre, il faut que je consulte le dossier, monsieur Patterson. Sur place, il se peut que j'engage des détectives privés qui seront plus efficaces et plus rapides que moi. Aussitôt que j'aurai pris connaissance du dossier, je vous téléphonerai. Je serai alors en mesure de vous donner un avis définitif.

— Vous savez, Chapman, il n'y a pas grand-chose dans ce dossier...

— On ne sait jamais, un détail me sautera peut-être aux yeux.

John Chapman jeta un coup d'œil à l'horloge qui se trouvait derrière Arthur. Il était une heure et quart et il n'aimait pas faire attendre Sasha, son amie.

— Je vous rappelle dans un jour ou deux, dit-il en se levant.

— Je vous suis très reconnaissant, dit Arthur en le suivant.

— C'est tout naturel, monsieur Patterson. Et j'espère que vous ne serez pas déçu. Avant de nous séparer, je dois tout de même vous avertir que ce genre d'enquête risque de vous coûter cher...

— Au point où j'en suis, à quoi voulez-vous que me serve mon argent ? demanda Arthur avec un sourire sans joie.

Pour toute réponse, John Chapman se contenta de sourire à son tour.

Après avoir raccompagné son visiteur, il revint précipitamment dans son bureau afin de ranger dans son coffre le dossier que lui avait remis Arthur. Puis il courut à l'ascenseur. Il avait près d'une demi-heure de retard. Sasha serait dans tous ses états !

15

A peine John Chapman avait-il quitté l'immeuble qui abritait ses bureaux qu'il se mit à courir en regardant sa montre. Il avait rendez-vous avec Sasha au salon de thé russe, deux rues plus loin, et celle-ci détestait qu'il soit en retard. Malgré tout, il n'aurait pas pu mettre Arthur Patterson à la porte. L'avocat était mourant, et son affaire l'intriguait, mais il savait que Sasha ne comprendrait pas.

Elle avait vingt-huit ans, un port de reine, et un corps musclé qu'elle soumettait à une discipline de fer. Ses longs cheveux blonds étaient toujours tirés en arrière sans qu'une seule mèche ne dépasse, elle avait de grands yeux verts légèrement bridés et une moue de petite fille boudeuse qui avait séduit John dès leur première rencontre.

Il l'avait connue chez un ami commun, un passionné de danse classique qui ne tarissait pas d'éloges sur les talents de Sasha. Fille de Russes immigrés, elle n'était encore qu'une enfant lorsqu'elle avait été acceptée dans la troupe des Ballets russes de Monte-Carlo. Ensuite, elle était entrée à l'académie Juilliard et, à l'âge de vingt ans, avait rejoint l'American Ballet Theatre.

A cause de sa petite taille, la carrière de danseuse étoile lui était fermée à jamais. Cela la contrariait beaucoup, mais elle se consolait en se disant qu'elle était certainement la meilleure danseuse de tout le corps de ballet. Elle ne perdait d'ailleurs jamais une occasion de le rappeler à John.

Ce n'était pas une fille facile à vivre. Elle passait son temps à se plaindre de ses pieds qui la faisaient horriblement souffrir, et John avait droit à une scène chaque fois qu'il avait le malheur d'être en retard. Malgré tout, il lui trouvait un charme fou. Pleine de talent, n'hésitant pas à s'astreindre à une discipline extrêmement stricte pour améliorer ses performances, quand elle dansait, elle semblait voler à quelques centimètres du sol avec une légèreté de papillon.

— Tu as plus d'une demi-heure de retard! lança-t-elle en lui jetant un regard furieux quand, tout essoufflé, il la rejoignit enfin.

Ils aimaient tous deux ce salon de thé dont l'atmosphère n'avait pas changé depuis cinquante ans et où l'on pouvait manger des blinis et du caviar. De plus, c'était un lieu de rendez-vous fort commode car les répétitions de Sasha avaient lieu tout près. John venait l'y retrouver cinq ou six fois par semaine, pour le déjeuner, ou bien en fin de journée après les répétitions, ou encore le soir, après le spectacle. Dans ce dernier cas, après une légère collation, ils finissaient la nuit chez John. Sasha partageait un appartement avec quatre danseuses du corps de ballet, et le désordre et l'agitation qui y régnaient rendaient toute conversation suivie, et *a fortiori* tout échange de caresses, impossible.

— J'allais partir, annonça Sasha quand John, après s'être excusé, se fut assis en face d'elle.

— Heureusement que tu ne l'as pas fait, répondit-il en lui caressant tendrement la main.

— Si je suis restée, c'est uniquement parce que j'avais faim, continua-t-elle durement.

— Je suis désolé, chérie. Je n'ai pas pu quitter le bureau plus tôt. J'étais avec un avocat important qui est venu me demander mon aide, et je ne pouvais tout de même pas le mettre à la porte.

A nouveau, John caressa la main de Sasha dans l'espoir de se faire pardonner. Elle s'emportait facilement mais, en général, ses colères ne duraient pas longtemps.

— J'ai eu une matinée terrible !

Son petit visage en forme de cœur était plus adorable que jamais.

— Rien de grave, j'espère.

John savait que la vie de danseuse n'était pas drôle tous les jours. Un muscle claqué ou un ligament déchiré, et toute votre carrière risquait d'être remise en cause.

— Ils nous ont imposé un nouveau chorégraphe. Un type impossible ! C'est un véritable bourreau de travail. Il est complètement fou, John ! Ce qu'il exige de nous est bien au-dessus de nos forces.

— Je suis sûr que tu y arriveras, répliqua John, qui était très fier du talent de Sasha.

— Je vais essayer, répondit Sasha en souriant. Mais j'ai l'impression qu'il veut notre mort.

Ce sourire était bon signe : John était pardonné. Il en profita d'ailleurs pour appeler le vieux serveur qui les connaissait bien et lui commander des blinis.

Sasha avait déjà mangé un bortsch et elle ne voulait pas trop s'alourdir avant sa répétition de l'après-midi. Elle commanda donc une salade en s'adressant au serveur en russe. Née à Paris, mais de parents russes, elle s'exprimait encore souvent dans cette langue.

Puis elle raconta à John, avec force détails, comment s'était déroulée sa matinée. Elle ne vivait que pour la danse et, à l'exception de son métier, rien ne l'intéressait. Elle ne posait jamais de questions à John sur son travail. Celui-ci avait l'habitude. Son ex-femme était écrivain, et il avait passé sept années de sa vie à la regarder pondre des romans policiers – qui s'étaient d'ailleurs finalement avérés d'excellents best-sellers... Aux yeux d'Eloise, rien n'était plus important que son travail d'écrivain, pas même son mari. Chaque fois qu'elle commençait un livre, il fallait que le monde s'arrête, et John était chargé de la protéger contre toutes les agressions extérieures. Il s'était parfaitement acquitté de cette tâche, jusqu'au jour où il s'était rendu compte que sa vie était devenue un véritable désert. Sa femme n'éprouvait pas le besoin de fréquenter qui que ce soit : ses personnages étaient ses amis et cela lui suffisait. De même, l'intrigue de ses romans lui semblait bien plus réelle que la vie. Elle écrivait chaque jour de huit heures du matin à minuit et, sans avoir échangé un mot avec John, se couchait exténuée. Le matin, au petit déjeuner, elle pensait déjà au livre qu'elle était en train d'écrire et il était impossible de lui tirer un mot.

Quand elle avait terminé un roman, soit elle était complètement déprimée parce qu'elle n'écrivait plus, soit elle partait donner des conférences à travers tout le pays pour présenter au public son dernier chef-d'œuvre. Un peu avant de divorcer, John avait calculé qu'ils devaient se parler en moyenne trente heures par an ! Et pourtant, ils s'aimaient. Seulement, Eloise aimait encore plus son travail que son mari. John n'était même pas sûr qu'elle ait vraiment compris pourquoi il la quittait pour toujours. Le jour de son départ, elle était plongée dans un nouveau roman et, lorsqu'il était monté dans son bureau pour lui dire au revoir, elle avait répondu distraitement, comme si elle pensait qu'il allait rentrer le soir même.

Il avait été le premier étonné de découvrir qu'il se sentait beaucoup moins seul depuis qu'il ne vivait plus avec elle. Au moins, il pouvait écouter des disques, chanter à tue-tête quand l'envie lui en prenait, recevoir des amis et faire tout le bruit qu'il voulait. Il avait recommencé à sortir avec des femmes et retrouvé le goût de vivre. Son seul regret était de ne pas avoir eu d'enfants avec Eloise. Depuis cinq ans maintenant qu'il avait divorcé, il était bien décidé à se remarier et à fonder une famille.

— Tu répètes, ce soir ? demanda-t-il à Sasha quand celle-ci eut fini de lui raconter sa matinée.

— Oui. Mais je serai libre à onze heures.

— Veux-tu que je vienne te chercher ?

« Pourvu que je ne sois pas en train de faire la même bêtise », songea-t-il soudain. N'avait-il pas tendance, encore une fois, à organiser sa vie en fonction des horaires de Sasha et de sa disponibilité ? Oui, mais Sasha était tellement plus gaie et débordante de vie qu'Eloise, qui, elle, s'enfermait à longueur de journée dans son bureau, tous volets fermés, avec une unique lampe pour éclairer sa table de travail. Même si Sasha adorait son art, jamais elle ne supporterait de se cloîtrer ainsi...

— Avec plaisir, répondit-elle. Je t'attendrai à l'entrée des artistes à onze heures dix. Tâche d'être à l'heure, ajouta-t-elle en agitant un doigt menaçant.

— Ne t'inquiète pas, Sasha ! Ce soir, je ne travaille pas. Je compte simplement lire le dossier que m'a apporté l'avocat dont je t'ai parlé.

Cela devrait lui prendre à peine une heure, peut-être moins. C'était d'ailleurs ce qu'il craignait, de ne rien y trouver.

— C'est pour le coup que tu risques d'être en retard !

La dernière fois que John s'était plongé dans un de ces fameux dossiers, il avait complètement oublié leur rendez-vous et était arrivé une heure après la fin du spectacle. Sasha ne supportait pas d'attendre. Comme elle le rappelait régulièrement à John, une *véritable* artiste ne devrait jamais attendre qui que ce soit.

— Veux-tu que je te raccompagne ? demanda John.

Il se montrait toujours très attentionné avec les femmes et c'était une des raisons de son succès auprès d'elles. Même Sasha y était sensible. Mais jamais elle ne lui disait à quel point elle l'aimait. A ses yeux, un tel aveu était indigne d'elle.

— Ce n'est pas la peine, John. J'ai rendez-vous avec les autres danseurs dans cinq minutes au coin de la rue. A ce soir.

Debout, le dos cambré, on aurait dit une ravissante statue sculptée dans le marbre. Elle haussa les sourcils et lui rappela :

— Tu seras à l'heure, n'est-ce pas ?

— Tu es un véritable tyran, répondit John en se levant pour l'embrasser.

Quand elle eut quitté le salon de thé, il paya l'addition et sortit à son tour.

En reprenant le chemin de son bureau, il pensait à Sasha. Elle le comblait et le laissait insatisfait à la fois. Il avait toujours l'impression de ne pas la posséder entièrement. Comme si, chaque fois qu'il s'approchait d'elle, elle s'échappait, d'un pas de danse. Au fond, il aimait ça. Avec elle au moins, il ne s'ennuyait jamais. Elle était cent fois plus attirante qu'Eloise ou que les avocates qu'il avait fréquentées depuis son divorce.

Nullement pressé de regagner son bureau, il déambula lentement dans les rues et réfléchit à l'étrange enquête que venait de lui proposer Arthur Patterson. Il sentait confusément que l'avocat ne lui avait pas tout dit. Pourquoi désirait-il tant retrouver ces trois femmes ? Après avoir mené pendant tant d'années des vies différentes, elles n'avaient certainement plus rien de commun. Dans ces conditions, pourquoi Arthur Patterson avait-il soudain décidé de les réunir ? Il était évident qu'il se sentait

275

coupable. Mais de quoi ? John se tenait devant un puzzle auquel il manquait encore bien des pièces. Son travail allait consister à le reconstituer entièrement. Dans ce genre d'affaire il faisait toujours preuve d'un flair exceptionnel. On disait de lui dans la profession qu'il était capable de retrouver une aiguille dans une botte de foin. Cette qualité lui valait le respect à la fois des avocats et des magistrats, car bien souvent ses enquêtes avaient joué un rôle décisif dans l'élucidation d'affaires criminelles qui semblaient inextricables. Arthur Patterson avait donc frappé à la bonne porte. Mais John se demanda s'il parviendrait à retrouver ces trois femmes.

Le soir même, en rentrant chez lui, il se plongea dans le dossier que lui avait remis Arthur. Celui-ci n'avait pas menti : il contenait bien peu de renseignements.

Pour commencer, John examina toutes les coupures de presse relatives au procès, et il fut un peu étonné de voir qu'autant de questions importantes étaient restées sans réponse. Pour quelle raison exactement Sam Walker avait-il tué sa femme ? Avait-on affaire à un meurtre avec préméditation, comme l'avait laissé entendre le procureur, ou au contraire à un crime passionnel ? Et, dans un cas comme dans l'autre, qu'avait fait sa femme pour qu'il en vienne à une telle extrémité ? Bien sûr, il n'avait nullement besoin de résoudre ces énigmes pour retrouver les filles de Sam et de Solange Walker... Mais il était intrigué.

Ensuite, il parcourut les critiques des pièces dans lesquelles Sam Walker avait joué et se souvint de l'avoir vu sur scène à Broadway alors qu'il était enfant. Le spectacle l'avait beaucoup impressionné à l'époque, mais, du comédien principal, il se rappelait seulement qu'il était très bel homme et bon acteur.

En lisant un court rapport rédigé d'une main tremblante par Arthur Patterson, il apprit que Sam et lui avaient été camarades de régiment pendant la guerre. Le vieil avocat avait dressé la liste de tous les endroits où ils s'étaient trouvés ensemble en Europe. Il décrivait aussi leur première rencontre avec Solange, dans un style lyrique assez étonnant chez un homme qui n'avait jamais rien écrit d'autre que des documents juridiques. John se demanda d'ailleurs si ce n'était pas là qu'il fallait chercher la réponse aux questions qu'il se posait depuis le début de cette affaire. Arthur aurait-il été amoureux d'elle ? Mais cela ne changeait rien à l'enquête : Sam avait tué sa femme et, en se suicidant ensuite, il avait laissé trois orphelines.

L'aînée avait été placée dans la famille de son père, chez Jack et Eileen Jones, à Charlestown. Elle était venue voir Arthur à New York en 1966 pour lui demander l'adresse de ses sœurs et, à en croire la courte note de l'avocat, leur entrevue avait été tout sauf cordiale. Ce jour-là, il avait appris que sa filleule avait passé plusieurs années dans un centre d'éducation surveillée de Jacksonville. Il était possible qu'elle ait enfreint la loi alors qu'elle était mineure. Et, si elle avait récidivé, elle devait avoir un casier judiciaire. John n'aurait aucune difficulté à le vérifier. Il la trouverait encore plus facilement si elle était en prison.

La deuxième avait été adoptée par un des associés d'Arthur, qui était mort peu après. Sa veuve était alors partie habiter en France et s'était certainement remariée. Quant à savoir avec qui et où elle vivait actuellement, c'était une autre affaire ! John examinerait le dossier Gorham, qui se trouvait toujours en possession d'Arthur. Son seul espoir, c'était que le cabinet ait eu besoin de contacter la veuve de George Gorham au cours de ces dernières années, par exemple pour régler un détail de la succession...

Quant à la troisième, elle semblait s'être évanouie dans la nature. Selon Arthur, les Abrams avaient tenu à rompre tout contact avec lui, afin de commencer une nouvelle vie avec la petite fille qu'ils adoptaient. Ainsi s'expliquait peut-être le fait qu'ils aient déménagé peu après en Californie, où tout le monde ignorerait que Megan n'était pas leur fille.

Avant de refermer le dossier, John étudia une dernière coupure de presse, où il était question de la future nomination de Hilary Walker à la tête de CBA. La coïncidence serait trop belle s'il s'agissait justement de la personne qu'il recherchait. Dans son métier, il ne fallait jamais se bercer de faux espoirs. Il vérifierait la piste, bien sûr. Mais, à son avis, il y avait peu de chances que cette Hilary-là soit la bonne.

Assis dans un fauteuil, le dossier posé devant lui sur son bureau, il réfléchissait à la manière dont il allait organiser son enquête, quand il jeta un coup d'œil à sa montre. Il était dix heures et demie passées.

— Grands dieux ! s'écria-t-il en enfilant aussitôt sa veste.

Plutôt que d'attendre l'ascenseur, il dégringola à toute vitesse les deux étages de son immeuble et, dehors, héla aussitôt un taxi. C'était l'heure de la sortie des théâtres, les rues étaient encombrées, mais il arriva à l'entrée des artistes au moment même où Sasha en passait la porte. Il était très exactement onze heures dix.

Sasha semblait exténuée par sa répétition. En cet instant, elle lui rappela Eloise quand elle sortait de son bureau. Sauf qu'elle portait un jean, des tennis et qu'avec son sac de danse à l'épaule et sa longue queue-de-cheval, on aurait dit une toute jeune fille.

— Comment s'est passée la répétition ?

— Horrible !

— Tu exiges trop de toi-même, ma petite chérie, dit John en la prenant par les épaules.

Elle était si frêle, elle lui donnait envie de la protéger.

— Non, c'était vraiment horrible ! J'ai affreusement mal aux pieds. Je suis sûre qu'il ne va pas tarder à pleuvoir.

— Je te masserai les pieds quand nous arriverons à la maison, dit John en faisant signe à un taxi.

Il habitait un petit immeuble en grès brun situé dans la 69ᵉ Rue Est. Son appartement se trouvait au second et dernier étage et, quand il y entra avec Sasha, il n'y avait pas un bruit dans le bâtiment. Le rez-de-chaussée était occupé par un médecin qui passait ses journées à l'hôpital et qui, le soir, était rarement chez lui. Au premier habitait une femme qui travaillait pour IBM et s'absentait de New York huit à dix mois par an. La plupart du temps, John était donc seul dans les lieux.

— Veux-tu boire quelque chose ?

— Juste une tasse de thé, merci.

Installée sur le divan, Sasha étira en soupirant ses bras, ses jambes et son dos douloureux tandis que John s'affairait dans la cuisine. Elle n'entrait jamais dans cette pièce minuscule et, les rares fois où ils dînaient dans l'appartement de John, il s'occupait de tout.

Quelques minutes plus tard, il ressortait de la cuisine, portant sur un plateau deux verres de thé. C'était une tradition russe que de boire le thé dans un verre et, pour faire plaisir à Sasha, John avait acheté un service spécialement conçu pour cet usage. Il trouvait normal de préparer lui-même le thé pour Sasha, de la même manière qu'il avait monté pendant sept ans des sandwichs à sa femme lorsqu'elle s'enfermait dans son bureau. Il fallait reconnaître qu'entre deux livres celle-ci adorait cuisiner. C'était une excellente pâtissière, et elle confectionnait des plats français qui tenaient littéralement du miracle. John avait donc eu droit à quelques dîners particulièrement réussis. Tandis que, pour Sasha, c'eût été une véritable injure que d'exiger d'une artiste qu'elle fasse seulement griller du pain.

— Le spectacle commence demain. Est-ce que tu viendras ? demanda-t-elle en libérant ses cheveux blonds qui retombèrent en cascade sur ses épaules.

John détourna les yeux. Il savait qu'il allait lui faire de la peine. Sasha détestait qu'il s'absente de New York. Elle attendait de lui qu'il soit toujours à ses côtés. Mais le lendemain après-midi, il devait prendre l'avion pour Boston.

— Je vais passer le week-end à Cape Cod, Sash, répondit-il finalement. Je t'en ai parlé il y a quelques semaines, mais tu as dû oublier... C'est l'anniversaire de ma mère. Elle va avoir soixante-dix ans. Cela ne m'amuse pas tellement de passer deux jours en famille. Mais j'y vais pour lui faire plaisir...

Les deux frères de John seraient présents, avec leur femme et leurs enfants. Alors que lui, malgré son mariage qui avait duré sept ans et les petites amies qu'il collectionnait depuis cinq ans, il arriverait encore seul. Il n'avait jamais rien à raconter chez ses parents. Ses frères, eux, parlaient des bijoux qu'ils venaient d'offrir à leurs chères épouses, de la dent qu'avait perdue le petit dernier ou de l'examen qu'avait récemment décroché l'aîné de leurs enfants. Pourtant, John aimait se retrouver de temps en temps en famille. Il adorait ses deux frères et, même s'il ne sympathisait guère avec ses belles-sœurs, il était toujours heureux de voir ses neveux. Il n'était pas question de proposer à Sasha de l'accompagner. Jamais ses parents n'admettraient qu'il amène dans la famille une femme avec laquelle il n'était ni marié ni fiancé.

— Je serai de retour dimanche, ajouta-t-il, dans l'espoir d'éviter une scène.

— Moi, dimanche, j'ai une répétition, répondit Sasha d'une voix dure. Et de toute façon, je n'ai pas l'intention de ramasser les miettes que m'auront laissées tes parents.

L'expression fit rire John.

— Je ne suis qu'une miette, si je comprends bien...

— On dirait que ta famille est sacro-sainte ! Moi, je t'ai présenté à mes parents, à ma tante et à ma grand-mère. Mais tu trouves peut-être que tes parents valent mieux que les miens ? Ou alors tu as peur qu'ils te jugent mal parce que tu sors avec une danseuse ?

Debout, les mains enfoncées dans les poches de son blue-jean, tout son corps tendu par la colère, ses longs cheveux blonds épars sur ses épaules, Sasha dardait sur lui ses yeux verts étincelants de fureur.

— Mes parents sont un peu stricts, je le reconnais..., commença John.

« Et terriblement conservateurs », faillit-il ajouter. Ils avaient déjà eu du mal à accepter que leur fils épouse une femme écrivain, s'ils apprenaient que celle qu'il fréquentait maintenant était danseuse, ils deviendraient fous. Mais comment l'expliquer à Sasha sans la blesser ?

— Ils ne comprennent pas notre relation, essaya-t-il.

— Moi non plus. Est-ce que nous sommes ensemble, oui ou non ?

Elle se sentait exclue de cette famille qu'elle n'avait jamais rencontrée et, sans même qu'il l'ait exprimé, elle était consciente de leur désapprobation.

— Bien sûr ! Mais pour que mes parents consentent à te recevoir, il faudrait que nous soyons mariés ou au moins fiancés...

Et ça, Sasha ne voulait pas en entendre parler. Elle refusait catégoriquement de se lier à quelqu'un par un contrat.

— La manière dont nous vivons leur semble immorale ?

— C'est bien possible... En tout cas, comme ils sont incapables d'affronter ce genre de situation, ils préfèrent se comporter comme si elle n'existait pas. Et moi, je n'ai aucune envie de les détromper. Ma mère va avoir soixante-dix ans samedi et mon père en a soixante-dix-neuf : il est un peu tard pour leur demander de changer.

— C'est ridicule ! s'écria Sasha en arpentant furieusement le salon. Tu es lâche, voilà tout.

— Je pensais les emmener te voir danser, la prochaine fois qu'ils viendront à New York. Il me semble que ce serait la meilleure façon de te présenter. Qu'en dis-tu ?

Voyant Sasha s'asseoir sur le divan et enfiler ses tennis qu'elle avait enlevées en arrivant, il comprit que l'affaire tournait mal.

— Que fais-tu ?

— Je rentre chez moi.

John ne put s'empêcher de soupirer. Il détestait les scènes, alors que Sasha en raffolait. On aurait presque dit qu'elle en avait besoin pour se maintenir en forme.

— Ne fais pas l'idiote ! dit-il en lui touchant gentiment l'épaule. Il est normal que nous ayons des activités séparées parfois. Toi, tu as ton art, tes amis danseurs et tes répétitions. Et moi, j'ai mon travail et certaines obligations familiales...

— Baratin ! répliqua Sasha, qui s'était relevée et empoignait son sac. La vérité, c'est que tu es snob ! Tu as peur que tes parents pensent que je ne suis pas assez bien pour toi. Et tu veux que je te dise ? Je m'en fiche complètement ! Tes parents et moi, nous ne faisons peut-être pas partie du même monde. Mais moi, un jour, je serai dans le Bottin mondain. Et si ça ne te suffit pas...

Au lieu de finir sa phrase, elle fit un geste du bras qui exprimait parfaitement ce qu'elle voulait dire. Puis elle se dirigea dignement vers la porte.

John n'essaya pas de la retenir. Il savait que le dimanche, quand il rentrerait de Boston, sa colère serait tombée.

— Dommage que tu le prennes ainsi ! dit-il au moment où elle claquait la porte derrière elle.

Parfois, Sasha se comportait vraiment comme une gamine et une égoïste. Jamais elle ne le questionnait au sujet de son travail et, quand elle semblait enfin s'intéresser à ce qu'il faisait, c'était toujours pour lui faire une scène.

Après son départ, John éteignit les lumières du salon et alla se coucher. Avant de s'endormir, il repensa aux accusations de Sasha. Elle l'avait traité de snob, ce qui était injuste. En revanche, lorsqu'elle disait que ses parents penseraient qu'elle n'était pas assez bien pour lui, elle ne se trompait pas de beaucoup. S'il l'emmenait à Boston, elle ne ferait certainement pas leur conquête. Ils la jugeraient difficile à vivre, plutôt mal élevée et peu cultivée. Et, bien sûr, ils déclareraient qu'elle n'appartenait pas à leur milieu. Pour John, ce genre de détail n'avait pas d'importance. Mais pour eux, si.

Avec Eloise, les choses s'étaient passées d'une manière légèrement différente. Elle ne s'était jamais bien entendue avec la mère de John et elle trouvait ses belles-sœurs assommantes. Mais ses beaux-parents ne pouvaient rien lui reprocher. Elle appartenait à une excellente famille et était diplômée de Yale avec les félicitations du jury. Elle était intelligente et pleine d'esprit. Deux qualités qui, malheureusement, ne suffisaient pas à faire d'elle une bonne épouse...

Après avoir jeté un coup d'œil à son réveil, John se dit que Sasha devait être rentrée chez elle maintenant. Il songea un instant à lui téléphoner. Puis il considéra qu'il réveillerait les filles avec lesquelles elle partageait son appartement et que, lorsqu'il l'aurait au bout du fil, il devrait encore s'excuser d'aller passer le week-end à Cape Cod avec sa mère. Il se sentait trop fatigué pour cela. D'ailleurs, après avoir enfoui sa tête dans son oreiller, il s'endormit aussitôt.

Le lendemain matin, la sonnerie du réveil le tira de son sommeil. Après avoir pris une douche et s'être rasé, il but une tasse de café et quitta son appartement pour se rendre à son bureau.

En ouvrant le journal dans le métro, il apprit qu'Eloise venait de publier un nouveau best-seller. Tant mieux pour elle ! Elle n'avait rien d'autre dans la vie et devait être heureuse de ce nouveau succès. Parfois, John se prenait à l'envier. Lui aussi, il aurait aimé être absorbé par son travail au point d'oublier ce qui se passait dans sa propre vie. Mais il avait beau aimer son métier d'enquêteur, cela ne lui suffisait pas. Il était à la recherche d'autre chose... C'était une des raisons pour lesquelles l'enquête qu'il allait mener pour Arthur Patterson l'excitait. En recherchant ces trois jeunes femmes, il avait un peu l'impression de partir en quête de la femme qu'il avait attendue toute sa vie. L'aînée surtout l'intéressait. Il se demandait ce qu'elle avait bien pu devenir après qu'Arthur Patterson l'eut abandonnée à Charlestown. Elle avait échoué à Jacksonville. Et après ? C'était le mystère... Il y avait bien peu de chances qu'avec un tel passé elle soit aujourd'hui en passe de diriger une chaîne de télévision. En tout cas, John était décidé à s'en assurer.

16

John arriva à son bureau un peu avant neuf heures. Il avait pas mal d'affaires à régler avant de quitter New York et, en particulier, il tenait à téléphoner à cette fameuse Hilary Walker qui avait accordé une interview au *Times*. Même si elle n'était pas la femme qu'il recherchait, il ne perdait rien à la contacter. La coupure de presse qu'Arthur lui avait remise constituait une piste qu'il ne pouvait se permettre de négliger. Il aurait été trop bête d'entamer une enquête alors que la femme qu'il désirait retrouver travaillait peut-être juste sous son nez, dans une chaîne de télévision dont le siège était à New York.

Sans déranger sa secrétaire, John appela les renseignements téléphoniques, puis il composa le numéro de CBA.

— J'aimerais parler à Hilary Walker, annonça-t-il en retenant son souffle.

Il était le premier étonné de voir à quel point cette affaire lui tenait à cœur.

La standardiste lui passa la secrétaire de Hilary Walker et celle-ci demanda :

— De la part de qui ?

— John Chapman, répondit-il, du cabinet Chapman et Associés. Mlle Walker ne me connaît pas personnellement, mais je souhaiterais l'entretenir d'une affaire assez urgente.

— Un instant, je vous prie...

Lorsque la secrétaire appela Hilary à l'interphone, elle se contenta de lui annoncer qu'un certain M. Chapman désirait lui parler. Hilary avait une importante réunion à dix heures, et pas une minute à perdre.

— Dites-lui que je le rappellerai plus tard.

Puis, changeant soudain d'avis, elle ajouta :

— Passez-le-moi, je vais lui parler...

Après avoir appuyé sur un des boutons de son téléphone, elle décrocha le récepteur.

— Hilary Walker à l'appareil.

John fut surpris de découvrir que sa correspondante avait une voix grave et profonde qui lui rappelait étrangement celle de sa propre mère.

— Je vais être très bref, mademoiselle Walker. Je sais que votre temps est précieux et je ne veux pas en abuser. Je m'appelle John Chapman et je fais partie du cabinet Chapman et Associés. Je recherche une personne qui se nomme comme vous Hilary Walker. Sa mère s'appelait Solange et son père Sam Walker, et elle a vécu chez Jack et Eileen Jones à Boston...

Heureusement pour Hilary, John Chapman ne pouvait pas voir sa réaction. Livide, tremblant de la tête aux pieds, elle s'agrippa à son bureau.

— Non, ce n'est pas moi, réussit-elle à répondre d'une voix neutre. Pourquoi m'avez-vous téléphoné ?

Instinctivement, Hilary avait nié. Mais elle voulait savoir pourquoi cet homme la recherchait. Est-ce que, par hasard, il voulait aussi retrouver ses sœurs ? Et qui le payait pour faire cette enquête ? Ce ne pouvait être que ce salaud d'Arthur Patterson.

— J'enquête pour un de mes clients qui aimerait retrouver une certaine Hilary Walker, répondit John. En lisant l'article paru dans le *Times*, il a pensé que vous étiez peut-être celle qu'il recherchait. Excusez-moi de vous avoir dérangée, ajouta-t-il, un peu désappointé.

— Je suis désolée de ne pas pouvoir vous aider, monsieur Chapman.

Hilary avait conservé un ton glacial pendant la conversation, et il ne vint même pas à l'idée de John qu'elle pouvait avoir menti.

— Merci d'avoir bien voulu me répondre, mademoiselle Walker.

— Je vous en prie, répondit Hilary avant de raccrocher.

Elle tremblait tellement en reposant le combiné qu'il lui fallut plusieurs minutes avant de recouvrer un semblant de calme. Non, elle ne faciliterait pas les choses à Arthur. Il n'avait jamais rien fait ni pour elle ni pour ses sœurs. Qu'il aille au diable ! Lui et ce John Chapman qu'il avait engagé pour la retrouver... Et tous les autres avec... Elle n'avait pas besoin d'eux.

A dix heures précises, Hilary entrait dans la salle de réunion. Elle était d'une humeur exécrable et renvoya trois producteurs. Elle qui était connue pour être impitoyable fut, ce jour-là, simplement un peu plus dure encore qu'à l'ordinaire.

17

Après y avoir inscrit une courte note, John replaça la coupure de presse dans le dossier. Il était un peu déçu. La femme qu'il avait eue au bout du fil s'appelait bien Hilary Walker mais ce n'était pas celle qu'il recherchait. Il devrait téléphoner à Arthur pour le lui dire. Mais cela pouvait attendre. Pour l'instant, il y avait plus pressé : deux de ses associés avaient demandé à lui parler avant son départ pour Boston. Trois des plus grosses affaires de l'agence n'allaient pas tarder à être jugées et, dans les trois cas, ils avaient réussi à réunir les preuves dont leurs clients avaient besoin pour gagner leur procès. C'était plutôt bon signe...

A midi, après avoir consulté sa montre, John décida de quitter New York plus tôt que prévu. Il s'était occupé des affaires les plus urgentes et le reste pouvait attendre lundi. S'il partait maintenant, il attraperait l'avion qui quittait l'aéroport de La Guardia à quatorze heures et atterrirait à Boston une heure plus tard. Ses parents ne l'attendaient que pour dîner, il aurait donc tout son après-midi devant lui. Et il en profiterait pour faire un crochet par Charlestown. Qui sait si, sur place, il ne dénicherait pas quelques renseignements sur Hilary Walker ? Bien sûr, il aurait pu se contenter d'aller directement à Jacksonville, mais il avait pour règle de ne jamais négliger aucun détail et peut-être découvrirait-il à Charlestown des éléments qui lui seraient utiles plus tard.

Après avoir annoncé à sa secrétaire qu'il partait chez ses parents, au cas où on aurait besoin de le joindre pendant le week-end, il se fit conduire en taxi jusqu'à son appartement. Dix minutes plus tard, sa valise était prête et, à une heure, il était en route pour La Guardia. Il n'eut aucun mal à trouver une place sur le vol régulier de quatorze heures et, à quinze heures dix, son avion atterrissait à Boston. Il loua une voiture à l'aéroport et, trente minutes plus tard, il s'arrêtait à l'entrée de Charlestown pour vérifier dans son dossier l'adresse où il désirait se rendre.

Certaines banlieues de Boston avaient été restaurées ces dernières années, mais Charlestown n'avait pas eu cette chance. Déjà en bien mauvais état quarante ans auparavant, le quartier s'était encore dégradé. Les maisons aux façades lépreuses tombaient en ruine, et plusieurs avaient même dû être jugées insalubres car des planches étaient clouées sur les ouvertures. Nul doute qu'à la nuit tombée les rats devaient s'en donner à cœur joie.

La maison devant laquelle John gara sa voiture était certainement une des plus délabrées du quartier. Les herbes qui envahissaient le jardin lui arrivaient à peu près à hauteur d'épaule, l'air empestait les ordures et la porte d'entrée tenait à peine sur ses gonds.

Les trois marches du perron semblaient en si mauvais état que John craignit de passer au travers et, lorsqu'il voulut appuyer sur le bouton de sonnette, il se rendit compte que celle-ci était depuis longtemps hors d'usage. Il frappa donc à la porte et dut attendre cinq bonnes minutes avant qu'une vieille femme édentée daigne enfin lui ouvrir.

Après l'avoir dévisagé d'un air ahuri, elle lui demanda ce qu'il voulait.

— Je cherche Eileen et Jack Jones, répondit-il. Ils habitaient ici il y a une trentaine d'années. Est-ce que vous les connaissez ?

Il avait un peu élevé la voix pour le cas où cette vieille femme serait dure d'oreille. Elle n'était pas sourde, mais semblait seulement simple d'esprit.

— Jamais entendu parler d'eux, répondit-elle. Demandez à Charlie. Il habite ici depuis la guerre. Sa maison est de l'autre côté de la rue.

— Merci beaucoup, dit John après avoir jeté un rapide coup d'œil dans la maison.

La femme lui claqua la porte au nez, non pas parce qu'elle était en colère, mais parce qu'elle n'avait jamais appris d'autre façon de refermer une porte.

« Quel intérieur déprimant ! » songea-t-il dans le jardin. Cette maison était devenue un taudis et elle ne devait pas être beaucoup plus reluisante il y a trente ans de cela quand Hilary et ses sœurs étaient venues y habiter.

Il traversa la rue et, arrivé devant la maison que la femme venait de lui indiquer, il aperçut un vieil homme assis dans un fauteuil à bascule sur le porche. Il fumait la pipe et un misérable chien galeux était couché à ses pieds.

— B'jour ! dit-il en souriant au moment où John gravissait le perron.

— Bonjour. C'est vous, Charlie ? demanda John de son air le plus aimable.

Avant d'être à la tête d'une agence de détectives privés, il avait appris le métier sur le tas et usé ses semelles à enquêter dans des quartiers comme celui-ci. Et, au fond, cela ne lui déplaisait pas de recommencer. Il adorait son travail.

— C'est moi, oui, répondit le vieil homme. Qu'est-ce que vous me voulez ?

— Je m'appelle John Chapman, dit John en lui tendant la main. Je suis à la recherche d'un couple qui a habité ici il y a une trentaine d'années : Eileen et Jack Jones. Leur nom vous dit quelque chose ?

— Sûr qu'il me dit quelque chose ! répondit Charlie, que le ton poli et amical de John avait mis en confiance. Je me rappelle qu'une fois, je lui ai même trouvé du travail, à Jack Jones. Oh, il n'a pas gardé longtemps sa place... Il buvait comme un trou. Elle aussi, d'ailleurs. Il paraît que ça a fini par la détraquer complètement...

John prit un air entendu, comme si ces détails lui étaient familiers. Dans la manière d'écouter résidait tout l'art de faire parler les gens.

— J'ai toujours travaillé au chantier naval, expliqua Charlie. Même pendant la guerre... Comme je faisais du rhumatisme aigu quand j'étais gosse, j'ai été réformé et j'ai pu continuer à travailler près de chez moi sans quitter ma femme ni mes petiots. Ce n'est pas très patriotique de penser une chose pareille, mais je considère que j'ai eu bien de la chance.

— Vos enfants habitent toujours ici ?

— Non, répondit Charlie en tirant sur sa pipe, ils sont grands maintenant. Et ma femme n'est plus là non plus. Elle est morte il y a quatorze ans. Ah... c'était une femme très bien. Je n'ai pas non plus à me plaindre de mes enfants. Mes fils viennent me voir aussi souvent qu'ils le peuvent. Quant à ma fille, elle habite Chicago. Je suis allé passer Noël chez elle l'année dernière, et je peux vous assurer qu'il faisait un froid de canard... Et tel que vous me voyez, ajouta-t-il fièrement, j'ai six petits-enfants.

John en profita aussitôt pour lui demander :

— Vous ne vous souvenez pas par hasard des trois petites filles qui sont venues vivre chez les Jones, il y a une trentaine d'années ? Durant l'été 58, pour être exact. La plus âgée avait neuf ans environ, la seconde près de six ans et la troisième n'était qu'un bébé...

— Non, je me souviens pas... Jack et Eileen n'ont jamais eu d'enfants, vous savez. Et je crois que ça valait mieux. Ils n'arrêtaient pas de se taper dessus. A tel point qu'un soir j'ai failli appeler les flics. Ils avaient fait un tel barouf que je croyais que Jack avait tué sa femme.

« Charmant endroit pour placer trois enfants ! » se dit John.

— Ces trois petites filles étaient les enfants du frère d'Eileen, précisa-t-il en espérant que ce détail allait réveiller les souvenirs de Charlie. Leur tante les a gardées pendant un été et après, seule l'aînée est restée chez elle.

— Ça y est, j'y suis ! s'écria Charlie en brandissant sa pipe. Une histoire terrible... Le père avait tué sa femme et ces trois gamines étaient orphelines. Moi, je ne les ai vues que deux ou trois fois. Mais je me rappelle que Ruth, ma femme, me disait qu'elles étaient mignonnes comme tout et qu'Eileen les traitait comme des chiens. Il paraît qu'elle les laissait mourir de faim. Une ou deux fois, Ruth leur a apporté de quoi manger, même si elle était presque sûre qu'Eileen et Jack mangeraient tout à leur place... Les Jones ont déménagé ensuite. Eileen était malade et ils sont partis je ne sais où. En Arizona ou en Californie... Quelque part où ils étaient sûrs de trouver du soleil. Ça n'a pas empêché Eileen de mourir. Si vous voulez mon avis, c'est la boisson qui l'a tuée... Je ne sais pas ce que sont devenues les gamines. Peut-être bien que Jack les a gardées...

— Non, l'aînée seulement, les deux autres sont parties à la fin de l'été.

— C'est bien possible, reconnut Charlie. Si Ruth était encore là, elle vous renseignerait mieux que moi...

Après avoir rallumé sa pipe, il se mit à se balancer d'avant en arrière dans son fauteuil à bascule comme si ce mouvement régulier l'aidait à rassembler ses souvenirs.

Pendant ce temps, John réfléchissait. Il n'avait pas appris grand-chose. Rien d'essentiel en tout cas concernant l'enquête proprement dite. Par contre, il s'expliquait mieux le sentiment de culpabilité d'Arthur Patterson. Comment l'avocat avait-il pu laisser ces trois petites filles chez des gens aussi abominables que les Jones ? Puis abandonner ainsi Hilary... Rien qu'à imaginer quelle avait dû être la vie de cette gamine, John en avait froid dans le dos.

— Pensez-vous qu'il y ait quelqu'un d'autre par ici qui se souvienne des Jones ? demanda-t-il à Charlie.

— Je suis bien le seul à avoir vécu aussi long-temps ici... La plupart des gens passent un ou deux ans dans le quartier, puis ils vont vivre ailleurs. On les comprend, n'est-ce pas ? Mon fils aîné aimerait bien que je quitte ma maison et que je vienne vivre chez lui. Mais moi, je préfère rester ici. C'est ici que j'ai vécu avec ma femme et c'est certainement ici que je mourrai un jour. Il est trop tard pour que je m'en aille...

— En tout cas, grand merci pour votre aide, lui dit John avec un large sourire.

Au moment où il allait partir, Charlie demanda, soudain curieux :

— Pourquoi voulez-vous retrouver Jack et Eileen ? Est-ce que par hasard ils auraient hérité de quelqu'un ?

— Pas du tout. Ce sont les trois petites filles qui m'intéressent. Un ami de leurs parents aimerait les retrouver.

— Il me semble que c'est diablement tard pour essayer de retrouver qui que ce soit...

— Vous avez raison... Et c'est pourquoi vous m'avez drôlement aidé. Je ne peux reconstituer la vie des gens que grâce aux informations qu'on me fournit. De temps en temps, j'ai un coup de chance. Comme avec vous, Charlie... Encore merci pour votre aide !

— Vous êtes bien payé pour ce boulot ? On dirait une chasse au dahu.

— C'est parfois le cas, répondit John en souriant.

Après avoir serré la main du vieil homme, il regagna sa voiture, au coin de la rue. En repartant, il eut l'impression de sentir le regard de Hilary sur lui, comme s'il était à la place d'Arthur.

Il lui fallut un peu moins d'une heure pour faire le trajet qui le séparait de la maison de ses parents. Lorsqu'il arriva, son frère aîné était déjà en train de boire un gin tonic en compagnie de son père sur la terrasse.

— Tu as l'air en pleine forme, papa ! lança John en les rejoignant.

A près de quatre-vingts ans, son père avait toujours une imposante crinière blanche, le dos droit et la démarche souple d'un jeune homme. Il vint à sa rencontre et lui demanda en souriant :

— Comment va la brebis galeuse de la famille ?

Il avait l'habitude de taquiner John au sujet de sa profession mais cela ne l'empêchait pas de l'aimer autant que ses frères. Il savait que son fils réussissait dans son métier et qu'il menait une vie très intéressante. Il regrettait seulement qu'il n'ait pas réussi à fonder une famille.

— Pas trop de boulot ces derniers temps ? demanda son frère, en s'approchant à son tour.

— Plein ! Mais tu sais bien que j'adore ça, répondit John en lui serrant la main.

Les deux hommes s'aimaient bien mais leurs rapports restaient toujours un peu cérémonieux. Charles avait quarante-six ans et était devenu une sommité en droit international. Il était l'un des principaux associés d'un important cabinet d'avocats new-yorkais. Marié à une femme ravissante qui s'occupait d'une association de parents d'élèves, il avait trois enfants adorables. Selon les critères de la famille Chapman, il avait pleinement réussi. Mais, aux yeux de John, la vie de son frère était un peu trop bien réglée et ne devait pas être drôle tous les jours – en particulier sur le plan amoureux...

Lesley, sa femme, sortait justement de la maison en compagnie de sa belle-mère.

— Le fils prodigue est arrivé ! lança celle-ci en serrant son fils dans ses bras.

Vêtue d'une robe en lin jaune, un rang de perles autour du cou, les doigts ornés de bagues qui appartenaient à sa famille depuis cinq générations, la mère de John possédait une élégance innée.

Après avoir regardé son fils, elle lui fit remarquer :

— Tu m'as l'air soucieux, mon chéri. Qu'as-tu fait avant de venir ?

— Juste un petit travail... Je viens de commencer une nouvelle enquête.

Cette réponse sembla rassurer la mère de John. Celle-ci était fière de ses fils, tous les trois charmants et intelligents, même si elle avait toujours eu une petite préférence pour John.

— J'ai entendu dire que tu étais tombé amoureux de la danse classique, lança sa belle-sœur.

John ne fut pas tellement étonné par cette sortie. Lesley était une chipie et elle avait un côté mesquin qui lui tapait sur les nerfs. Elle avait tout pour être heureuse : un mari qui réussissait sur le plan professionnel, des enfants charmants, et de l'argent à ne savoir qu'en faire... Mais cela ne l'empêchait pas d'être jalouse des autres et de John en particulier. Ce dernier avait toujours l'impression qu'elle lui reprochait de vivre mieux que Charles !

— Jamais je n'aurais pensé qu'un jour la danse t'intéresserait, insista-t-elle.

— Eh oui, tu vois..., dit John sans se compromettre.

Leslie ne pouvait l'avoir vu en compagnie de Sasha qu'au salon de thé russe. Le plus drôle, c'est qu'elle s'y trouvait peut-être avec un amant...

L'arrivée de Philip mit fin aux insinuations de Leslie. Le frère cadet de John venait de passer ses vacances en Europe et il était encore très bronzé. Il vivait dans le Connecticut et c'était un passionné de tennis. Il avait deux enfants, un garçon et une fille. Sa femme, blonde aux yeux bleus, âgée de trente-huit ans comme lui, gagnait régulièrement les tournois de tennis de Greenwich. A eux quatre, ils formaient vraiment une famille modèle.

John, lui, avait une manière un peu différente de concevoir la vie. Au fond, il ne faisait jamais ce qu'on attendait de lui. Quand il était encore marié avec Eloise, les week-ends en famille n'étaient pas plus faciles. Sa femme pouvait se montrer très sociable quand elle le voulait. Mais le reste du temps, elle montait dans sa chambre avec sa machine à écrire et travaillait jusqu'à l'heure du déjeuner, ce que ses belles-sœurs et sa belle-mère supportaient mal. Rien qu'à imaginer Sasha arrivant dans la famille Chapman avec ses justaucorps, ses jeans moulants, sa moue d'enfant gâtée et son air provocant, il ne put s'empêcher de sourire.

— Qu'y a-t-il de si drôle, vieux frère ? demanda Philip en lui donnant une grande claque dans le dos.

Ignorant la question, John lui demanda comment s'était passé son voyage en Europe. Voyage sans aucun intérêt, bien sûr, dont il dut pourtant écouter le récit détaillé. Comme d'habitude, il s'ennuyait tellement qu'il savait déjà que le lendemain à la même heure il n'aurait plus qu'une hâte : rentrer à New York. Et pourtant, il aimait ses frères. Mais la vie qu'ils avaient choisie lui semblait terriblement plate.

De toute façon, il était venu pour fêter l'anniversaire de sa mère. Il lui avait acheté chez un antiquaire spécialisé en bijoux anciens une broche ornée de diamants et un bracelet assorti. Charles, pour sa part, avait décidé de lui offrir des actions. Une drôle d'idée, de l'avis de John. Mais l'intéressée semblait ravie par tous ses cadeaux. De ses trois fils, c'est Philip qui avait eu la meilleure idée. Comme elle rêvait depuis des années de posséder un piano à queue, il lui en avait fait livrer un.

Quand la fin du week-end arriva, John poussa un soupir de soulagement. Avant de prendre son avion, il rendit la voiture qu'il avait louée la veille et, à huit heures du soir, il était rentré chez lui. Après s'être fait un sandwich, il s'installa dans son bureau avec le dossier Patterson. Il n'avait pas appris grand-chose et devrait partir le lendemain matin pour Jacksonville.

Un peu plus tard dans la soirée, quand il annonça à Sasha, qui était venue le rejoindre, qu'il allait à nouveau s'absenter de New York, elle n'eut pas l'air d'apprécier la nouvelle.

— Tu repars encore ! s'écria-t-elle, furieuse. Et pour quelle raison, cette fois ?

John venait de commettre une grave erreur. Il avait très envie de faire l'amour avec elle et, depuis quelque temps, elle refusait toutes ses avances sous prétexte qu'elle était fatiguée ou courbatue ou encore qu'elle avait une répétition le lendemain. Ce soir, elle avait l'air décidée et il aurait mieux fait de se taire. Si elle lui faisait une scène, il allait encore passer la nuit tout seul.

— Toujours cette fameuse enquête dont je t'ai parlé, répondit-il dans l'espoir d'arranger les choses. C'est une affaire importante et j'ai promis à mon client de m'en occuper moi-même.

— Je croyais que tu étais le patron. Le chorégraphe du ballet, si tu préfères...

— En effet, reconnut John, que cette comparaison amusa. Mais cette fois-ci, je fais une exception, à la demande de mon client.

— De quoi s'agit-il ? interrogea Sasha en s'asseyant sur le lit de la chambre.

— Il m'a confié la tâche de retrouver trois jeunes femmes dont il a perdu la trace il y a une trentaine d'années. Et il faut que je me dépêche, car il est mourant...

— Ce sont ses filles ?

— Non ! Les filles de son meilleur ami.

— Et elles habitent en Floride ?

— L'une d'elles, l'aînée, y a habité autrefois. J'ai cru que je l'avais trouvée à New York, mais je me suis trompé. Il faut que je reprenne l'enquête à zéro.

— Combien de temps comptes-tu être absent ?

— Quelques jours seulement. J'espère bien être de retour vendredi. Nous pourrions peut-être organiser quelque chose pour le week-end...

— Impossible ! Je suis prise par mes répétitions.

L'emploi du temps de Sasha ne leur facilitait pas la vie !

— Tant pis, dit John, qui avait l'habitude. J'en profiterai pour travailler moi aussi.

— Tu es sûr que tu ne pars pas en vacances en Floride ? demanda Sasha en lui jetant un regard soupçonneux.

— Absolument sûr ! répondit John en se glissant à côté d'elle sur le lit. Si je devais partir en vacances, ce serait avec toi et je peux t'assurer que nous n'irions pas à Jacksonville.

Puis il l'embrassa sur les lèvres, et elle se laissa déshabiller en riant. Il oubliait tout quand Sasha l'enserrait de ses longues jambes musclées... Soudain elle le repoussa.

— Ça va ? demanda John, craignant de lui avoir fait mal.

— Est-ce que tu te rends compte que cette position pourrait être très mauvaise pour moi ? demanda-t-elle le plus sérieusement du monde.

Enfin, gagnée par la passion amoureuse de John, elle s'abandonna. Mais il savait qu'elle pensait encore, toujours, à ses muscles, à ses pieds, à sa danse. A *elle*.

— Je t'aime, Sash, murmura John un peu plus tard alors qu'ils reposaient dans les bras l'un de l'autre.

Sasha restait silencieuse, les yeux perdus dans le vague.

— A quoi penses-tu, ma chérie ?

— Cet après-midi, ce salaud de chorégraphe n'a pas cessé de me houspiller, comme si je dansais mal. Alors que ce n'était absolument pas le cas...

Même quand elle faisait l'amour, Sasha était incapable d'oublier son métier... John sentit une grande tristesse l'envahir. Eloise était exactement pareille. Au lit, elle emportait ses personnages avec elle. Vivre avec ce genre de femme finissait par être lassant. John aurait bien aimé que de temps en temps Sasha laisse de côté ses histoires de ballet et qu'elle s'intéresse un peu à lui. Mais peut-être était-ce trop lui demander...

D'ailleurs, quand John se leva pour aller chercher à boire, elle était toujours perdue dans ses pensées et ne sembla même pas s'apercevoir qu'il avait quitté la chambre.

En sortant de la cuisine, il s'installa sur le divan du salon et, sans allumer la lumière, s'abîma dans une profonde réflexion. Est-ce qu'un jour il rencontrerait enfin une femme qui s'intéresserait à son travail, à sa vie et à ses amis, au lieu de ne jamais penser qu'à elle-même ? Une femme qui apprécierait sa compagnie et serait heureuse de vivre avec lui ?

— Que fais-tu ? demanda Sasha en le rejoignant dans le salon.

A cause du clair de lune, sa silhouette pleine de grâce se découpait dans l'encadrement de la porte. Mais il faisait trop sombre dans la pièce pour qu'elle puisse voir à quel point John semblait triste.

— Je réfléchissais.

— A quoi ? interrogea Sasha en s'asseyant sur le divan à côté de lui.

Pour une fois, elle avait l'air de s'intéresser à lui. Mais ce bon mouvement fut de courte durée et, avant qu'il ait pu répondre, elle annonça d'une voix geignarde :

— Il faut absolument que j'aille voir le médecin.

— Pourquoi ?

— Mes pieds me font horriblement souffrir !

— Peut-être pourrais-tu t'arrêter de danser...

— Tu es fou ou quoi ! lança-t-elle, stupéfaite. Je préférerais mourir. Si on me disait que je ne pouvais plus danser, je me tuerais.

John savait qu'elle en était tout à fait capable.

— Tu n'aimerais pas avoir des enfants ?

— Plus tard, peut-être...

Mot pour mot, la réponse d'Eloise chaque fois que John abordait ce sujet. Jusqu'au jour où, à trente-six ans, elle s'était fait ligaturer les trompes parce que des enfants étaient incompatibles avec sa carrière littéraire.

— A force de toujours remettre les choses à « plus tard », fit remarquer John, tu risques de ne jamais avoir d'enfants.

— Tant pis. J'ai déjà une vie tellement bien remplie ! Je n'ai pas besoin d'enfants pour être épanouie.

— Et un mari, Sasha, tu en auras besoin ?

La danse mise à part, y avait-il dans la vie quelque chose qui comptait pour elle ?

— Je suis encore trop jeune pour penser au mariage.

Mais John avait quarante-deux ans, et il n'avait pas l'intention de vivre seul jusqu'à la fin de ses jours. Il désirait rencontrer une femme qui l'aime et qu'il pourrait aimer sans passer après le livre qu'elle était en train d'écrire ou sa prochaine répétition.

— Tu as vingt-huit ans, Sasha. C'est le moment ou jamais de penser à ton avenir.

— Avec ce dingue qui me torture à longueur de journée, je n'arrête pas d'y penser, à mon avenir !

— Je ne parlais pas de ton avenir professionnel, mais de ta vie...

— La danse, c'est ma vie, John !

C'est bien ce qu'il craignait !

— Et moi, qu'est-ce que je deviens dans tout ça ?

John était le premier étonné de la tournure que prenait leur conversation. Mais il était trop tard pour faire machine arrière. Il fallait bien qu'un jour ou l'autre Sasha et lui parlent d'autre chose que de ses pieds douloureux ou de sa dernière répétition.

— C'est à toi de voir, répondit-elle. Pour l'instant, je ne peux rien t'offrir de plus. Si cela te suffit, tant mieux ! Sinon..., conclut-elle en haussant les épaules d'un air fataliste.

Au moins, elle était honnête. Et John ne parviendrait certainement pas à la faire changer d'avis. Il semblait avoir un net penchant pour les causes perdues d'avance. C'est en tout cas ce que lui avait fait remarquer son plus jeune frère, après qu'il lui eut présenté Sasha. Il avait ajouté qu'il était complètement fou, et qu'il avait autant de chances d'épouser Sasha que de réussir l'ascension de l'Everest...

— Veux-tu que je passe la nuit ici ? demanda-t-elle.

— Oui, j'aimerais bien, dit John.

En réalité, il attendait beaucoup plus d'elle. Plus en tout cas que ce qu'elle pourrait jamais lui donner.

— Bon, alors je vais me coucher, annonça Sasha en reprenant le chemin de la chambre. Il faut que je me lève tôt demain, j'ai une répétition.

Et quand John, quelques minutes plus tard, voulut encore lui prouver son amour, elle se plaignit d'être trop fatiguée et pleine de courbatures.

18

John profita du vol New York-Jacksonville pour lire un rapport d'enquête qu'il avait emporté avec lui. Mais il ne parvenait pas à fixer son attention sur le dossier qu'il tenait entre les mains. Il ne cessait de penser à Hilary Walker. D'après ce qu'il avait appris à Charlestown, sa vie chez les Jones avait dû être un enfer...

En arrivant à Jacksonville, il se rendit directement au centre d'éducation surveillée et demanda à voir le directeur. Il était extrêmement rare que le centre accepte de communiquer le contenu d'un dossier mais, lorsque John eut expliqué les raisons de son enquête et assuré le directeur de sa totale discrétion, celui-ci consentit à l'aider.

Pour qu'il puisse examiner le dossier de Hilary Walker, il fallait que le juge du tribunal pour mineurs donne son accord, aussi le directeur le pria-t-il de revenir le lendemain matin.

Dès que John eut trouvé une chambre d'hôtel, il consulta un annuaire du téléphone. Il y avait à Jacksonville cinq Jack Jones et il décida de téléphoner à chacun d'eux. Les trois premiers étaient des Noirs. Le quatrième n'était pas chez lui. Le cinquième, un

Jack Jones junior, déclara qu'en effet son père avait vécu à Boston et qu'il avait été marié à une femme nommée Eileen avant d'épouser sa mère. Le jeune homme avait dix-huit ans et son père était mort dix ans plus tôt de cirrhose. Quand John lui demanda s'il savait où son père vivait il y a vingt-cinq ans, le jeune Jack Jones répondit :

— Ici même. Il n'a jamais déménagé.

C'était plus que n'espérait John et, aussitôt, il proposa au jeune homme de se rendre chez lui. Ce dernier, qui semblait désireux de l'aider, accepta.

En arrivant à l'adresse qu'il lui avait donnée, John ne fut pas tellement surpris de découvrir que le quartier ressemblait beaucoup à celui où demeuraient les Jones à Boston : mêmes maisons miteuses, même ambiance déprimante. Situé juste à côté des docks, il était habité en majeure partie par des Noirs et ses rues étaient envahies de jeunes garçons qui faisaient pétarader leurs motocyclettes.

Le fils de Jack Jones l'attendait devant la maison, debout à côté de sa propre mobylette, et il semblait très fier qu'on lui rende visite. Après avoir raconté à John le peu qu'il savait sur son père et lui avoir montré quelques photos, il lui proposa d'entrer pour rencontrer sa mère.

L'intérieur de la maison était crasseux et dégageait de forts relents de bière et d'urine. Quant à la dernière épouse de Jack Jones, elle faisait peine à voir. Elle devait avoir une cinquantaine d'années, mais en paraissait bien trente de plus. John se demanda si c'était la maladie qui l'avait mise dans cet état ou l'excès de boisson. De toute façon, elle ne pouvait lui être d'aucun secours : elle ne connaissait ni Eileen ni Hilary, et quand John lui posait des questions, elle se contentait d'ouvrir sa bouche édentée et de sourire d'un air vague.

John finit par renoncer, et il était sur le point de quitter la maison quand Jack lui conseilla d'interroger leur voisine. Elle habitait là depuis de nombreuses années et peut-être avait-elle connu la précédente femme de son père...

Après avoir remercié le jeune homme, John alla frapper à la porte qu'on lui avait indiquée et bientôt, une vieille femme apparut derrière la porte-moustiquaire. Elle l'observa d'un air soupçonneux, sans se décider à ouvrir.

— J'aimerais vous parler, dit-il.

Il savait qu'il était toujours très difficile de mettre les gens en confiance, et il se rappelait qu'à l'époque où il effectuait lui-même des enquêtes on lui avait plusieurs fois claqué la porte au nez.

— Vous êtes de la police ?

John était habitué à cette question.

— Non, madame. Je recherche une jeune femme nommée Hilary Walker. Je sais qu'elle a vécu ici autrefois quand elle était enfant. Peut-être savez-vous où elle se trouve aujourd'hui...

Après avoir répondu par la négative, la femme jeta un coup d'œil à John, puis elle demanda :

— Qu'est-ce que vous lui voulez ?

— Un ami de ses parents désire la retrouver.

— Il aurait mieux fait de s'en occuper il y a vingt-cinq ans ! Pauvre gamine...

En voyant que la femme secouait la tête avec tristesse, John se dit qu'il avait gagné la partie. De fait, elle entrouvrit lentement la porte et, sans pour autant lui proposer d'entrer chez elle, commença son récit :

— Une nuit, son oncle l'a battue à mort. La pauvre gosse a réussi à sortir de chez elle et à ramper jusque chez nous. C'est mon mari et moi qui l'avons découverte le lendemain matin. Elle était tellement amochée que nous l'avons aussitôt emmenée à l'hôpital. Là-bas, ils nous ont dit que non seulement il l'avait battue, mais qu'il avait essayé de la violer.

— Personne n'a porté plainte contre lui ? demanda John, horrifié.

« Quel cauchemar que la vie de cette enfant ! » songea-t-il.

— La petite n'a pas osé... Elle avait bien trop peur de son oncle.

— Et ensuite, que s'est-il passé ?

— Elle a été placée dans une famille, puis dans un centre d'éducation surveillée. Nous sommes allés la voir une ou deux fois là-bas. Et puis nous n'y sommes plus retournés... Cela ne servait à rien. On sentait bien que cette gamine ne pourrait jamais plus s'attacher à qui que ce soit.

La réaction de Hilary Walker était facile à comprendre. Après avoir été aussi maltraitée par la vie, à qui aurait-elle pu faire confiance ?

— Merci pour tous ces renseignements, dit John avant de prendre congé.

Grâce à cette femme, il savait maintenant pourquoi Hilary avait été placée dans un centre d'éducation surveillée. Non pas parce qu'elle avait enfreint la loi, mais pour la soustraire aux mauvais traitements de son oncle.

Le lendemain, John put consulter le dossier de Hilary Walker. Avec l'autorisation du juge, elle avait été placée à deux reprises dans des familles d'accueil, dont l'adresse figurait dans le dossier, puis dans le centre d'éducation surveillée. C'était une adolescente très sage qui n'avait jamais causé d'ennuis pendant ses années de séjour au centre. Après avoir obtenu son baccalauréat, elle avait quitté Jacksonville avec, en poche, la somme de deux cent quatre-vingt-sept dollars. Le rapport ne fournissait pas d'autres renseignements. Seul détail intéressant : l'assistante sociale n'avait pas manqué de souligner que Hilary était une enfant très renfermée et que, durant tout son séjour, elle n'avait eu aucune amie. Bien entendu, ceux qui s'étaient occupés d'elle ne travaillaient plus au centre depuis longtemps et John avait bien peu de chances de retrouver les familles qui l'avaient accueillie.

Pourtant, le lendemain, il interrogeait Louise, qui était toujours vivante et habitait à la même adresse.

— Elle était plutôt arrogante, dit celle-ci, mais ne rechignait pas au travail. Elle n'est pas restée bien longtemps chez moi. Elle maigrissait trop et elle est partie au centre. Je ne sais pas ce qu'elle est devenue…

John n'insista pas. Il suffisait d'écouter pendant cinq minutes cette femme parler avec dureté des enfants qu'elle avait reçus pour comprendre aussitôt à quel point Hilary avait dû être malheureuse chez elle.

Par acquit de conscience, John se rendit aussi à l'adresse de la deuxième famille d'accueil et là, il apprit que tout le pâté de maisons avait été démoli, puis reconstruit, bien des années auparavant. Oh non, il n'y avait aucun point commun entre la femme à laquelle il avait téléphoné à CBA et cette malheureuse gamine. Cette dernière devait vivre Dieu sait où dans une misère noire. En l'abandonnant chez les Jones à l'âge de neuf ans, Arthur l'avait plus ou moins destinée à cette vie. Et John ne s'étonnait plus de ce que, le jour où elle avait pu enfin sortir de ce centre d'éducation surveillée, elle soit montée le voir à New York pour lui lancer sa haine au visage.

Le tout était maintenant de découvrir où elle était allée après cette visite. La piste s'était complètement perdue. John savait qu'il n'y avait pas de casier judiciaire au nom de Hilary Walker et il avait aussi vérifié les informations du FBI. Mais elle pouvait très bien avoir changé de nom, s'être mariée et même remariée plusieurs fois, ou même être morte. En vingt-deux ans, tout pouvait arriver… Pourtant, si elle habitait toujours New York, John était sûr de la retrouver.

C'est avec soulagement qu'il quitta Jacksonville. La chaleur humide qui régnait dans la ville et la pauvreté des quartiers où il s'était rendu avaient fini par le déprimer et il fut heureux de retrouver New York. En arrivant chez lui le jeudi soir, il téléphona à Sasha et laissa un message sur son répondeur automatique pour lui annoncer qu'il était rentré.

Le lendemain matin, lorsqu'il arriva à son bureau, son premier soin fut de téléphoner à Arthur Patterson. Quand il lui eut rapporté ce qu'il avait découvert à Jacksonville, il y eut un long silence au

312

bout du fil. John ne voyait pas les larmes qui coulaient en silence sur les joues d'Arthur.

— Après sa visite à votre bureau, sa trace se perd, reprit-il. Mais je n'ai pas encore dit mon dernier mot.

John confia à l'un de ses assistants le soin de vérifier les écoles, les hôpitaux, les agences pour l'emploi et les hôtels pour le cas où Hilary Walker y serait passée depuis 1966, date de son arrivée à New York. Ce n'était pas une mince tâche, mais peut-être trouverait-on quelque indice, une piste à suivre. John mettrait ce temps à profit pour s'occuper d'Alexandra.

— J'aurai besoin de venir à votre bureau, lundi, dit-il à Arthur. Il faut que j'examine le dossier de la succession Gorham. L'avocat qui s'en est occupé a peut-être eu besoin de prendre contact avec la veuve à un moment ou à un autre.

Une quinte de toux d'Arthur mit fin à la conversation et, dès qu'il eut raccroché, John se mit au travail. Les dossiers s'étaient empilés pendant son séjour en Floride, et il était sept heures et demie quand il put enfin quitter son bureau. Il s'arrêta au drive-in pour prendre un hamburger et, lorsqu'il entra dans son appartement, le téléphone sonnait.

— Où étais-tu ? questionna Sasha qui semblait furieuse.

Après presque une semaine sans le voir, elle ne lui demandait même pas comment il allait. Elle n'avait pas pris la peine non plus de lui téléphoner en Floride alors que John avait laissé sur son répondeur le numéro de téléphone du motel où il était descendu.

— J'étais au bureau, Sasha, répondit-il. Je suis allé manger un hamburger avant de rentrer. Tu vas bien ?

— Très bien. Hier, j'ai cru que j'avais une tendinite. Mais finalement, ce n'était pas grave...

« Elle ne changerait jamais », songea-t-il.

— Veux-tu venir chez moi ? proposa-t-il.

Il se sentait très déprimé par la semaine qu'il venait de passer en Floride et il aurait bien aimé se changer les idées. D'un autre côté, il n'avait nulle envie d'écouter Sasha se plaindre de ses muscles ou de ses tendons.

— Je suis exténuée, John ! Je te téléphone de chez moi et je ne vais pas tarder à me coucher. Mais je ne travaille pas ce week-end. Si tu veux, nous pouvons nous voir demain...

— Si nous partions deux jours dans les Hamptons ou à Fire Island ?

— Impossible, John ! Dimanche, nous fêtons l'anniversaire de Dominique Montaigne et je lui ai promis de venir. Je ne peux pas le laisser tomber.

Quand ce n'était pas les répétitions, c'était le spectacle ou les danseurs avec qui elle travaillait...

— Bon, alors, si tu n'es pas libre dimanche, nous pouvons passer la journée de samedi au bord de la mer. Cela nous ferait du bien de lézarder sur une plage.

— Oh oui, John !

Ce dernier ne se faisait guère d'illusions. Après être restée étendue une demi-heure au soleil, Sasha s'agiterait et elle se mettrait à faire ses mouvements d'assouplissement pour « ne pas s'ankyloser ».

— Je passerai te prendre demain à neuf heures, dit-il.

— D'accord! répondit Sasha avant de raccrocher.

En posant le combiné, John se sentit soudain effroyablement triste et seul. Il ne put s'empêcher de repenser à cette fille qu'il ne connaissait pas et qui avait passé une partie de sa jeunesse dans un centre d'éducation surveillée. Au départ, ce n'était qu'un personnage imaginaire, comme ceux d'Eloise. Mais depuis une semaine, elle était devenue aussi réelle que s'il l'avait rencontrée dans la vie. Et elle finissait même par l'obséder.

Le lendemain, John emmena Sasha à Montauk, une plage de Long Island, où ils passèrent une journée agréable. Il profita de ce qu'elle s'étirait sur la plage pour faire un peu de jogging et, sur la route du retour, ils s'arrêtèrent dans un restaurant pour manger du homard. Il était onze heures et demie quand ils regagnèrent l'appartement de John et ils se couchèrent aussitôt. Sasha était d'excellente humeur et, pour une fois, ils firent l'amour sans qu'elle se plaigne parce que leurs étreintes risquaient de l'estropier pour la vie.

Ils s'endormirent dans les bras l'un de l'autre et ne se réveillèrent que le lendemain matin à dix heures. Après avoir jeté un coup d'œil à sa montre, Sasha sauta du lit en poussant un cri.

— Que se passe-t-il? demanda John en clignant des yeux.

Sans répondre, elle courut dans la salle de bains et, quelques secondes plus tard, il entendit couler l'eau de la douche. Il se leva à son tour et, poussant la porte, lui dit tout étonné :

— Il est bien tôt pour prendre une douche.

— J'ai promis à Dominique d'être chez lui à onze heures et demie, répondit Sasha, le visage sous l'eau.

— Pourquoi si tôt ?

— C'est moi qui prépare le déjeuner, annonça Sasha en sortant de la douche.

— Tiens, tu sais donc faire la cuisine chez lui ?

Il était furieux que Sasha veuille le quitter aussi vite. La veille, ils avaient passé une excellente journée ensemble et il aurait bien aimé traîner un peu au lit avec elle.

— C'est différent, expliqua Sasha. Les invités sont tous des danseurs.

— Tu veux dire qu'ils ne mangent pas comme les autres ?

— Ne sois pas bête ! Je t'appellerai ce soir, dès que je serai rentrée.

Mais John était à bout.

— Inutile !

Quittant la salle de bains, il alla chercher une cigarette sur sa table de nuit, dans la chambre. Il fumait rarement, seulement lorsqu'il avait besoin de retrouver son calme.

— Ne fais pas l'enfant, John ! dit Sasha, qui l'avait rejoint dans la chambre et se brossait énergiquement les cheveux. Je t'aurais bien emmené, mais il n'y aura que des danseurs. Dans ce genre de fête, aucun de nous n'amène d'étrangers. Au fond, ajouta-t-elle en souriant d'un air méchant, c'est comme quand toi tu vas dans ta famille à Boston...

« Voilà donc le fond de l'histoire », se dit John, qui en avait par-dessus la tête de ces gamineries.

— On se voit demain soir ? demanda Sasha au moment de quitter la chambre.

— Je ne sais pas. Tout dépendra de mon travail.

— Je t'aime, dit-elle en se serrant contre lui et en l'embrassant sur les lèvres.

John était nu et, au contact de ce corps souple et musclé, il sentit monter en lui une flambée de désir. Mais, avant qu'il ait pu faire un geste, Sasha avait quitté la chambre et quelques secondes plus tard la porte d'entrée se refermait derrière elle.

Par désœuvrement, il téléphona à son plus jeune frère et alla passer la journée à Greenwich. Il joua au tennis avec son frère, sa belle-sœur et leur fils, puis rejoignit sa nièce dans la piscine. Quand vint le moment de rentrer à New York, il se dit que, même s'il s'était ennuyé à mourir, cette journée en famille l'avait détendu et lui avait permis d'oublier Sasha.

Au moment où il entrait dans son appartement, le téléphone sonnait, mais il ne décrocha pas. Il n'avait aucune envie d'écouter Sasha parler du repas d'anniversaire de Dominique Montaigne, de Pierre, Josef, Ivan et les autres.

Le lundi matin, il se rendit au cabinet d'Arthur et, après que celui-ci lui eut donné carte blanche, il examina le dossier de la succession Gorham. Il eut vite fait de trouver ce qu'il cherchait : le cabinet avait pris contact avec Margaret Millington pour la dernière fois en 1962 et, à cette époque, elle était remariée au comte de Borne et vivait rue de Varenne, à Paris.

En arrivant à son bureau, John vérifia dans un annuaire de téléphone parisien vieux d'une dizaine d'années que P. de Borne habitait toujours à la même adresse. Si sa femme était encore en vie, il serait facile de lui demander où se trouvait Alexandra. Et le tour serait joué...

19

— Encore ! s'écria Sasha, hors d'elle. Qu'est-ce qui t'arrive ? Tu travailles pour le compte d'une compagnie d'aviation ou quoi ?

C'était le troisième voyage de John en l'espace de quelques semaines, et plus qu'elle ne pouvait tolérer.

— Je ne serai pas absent longtemps, dit-il en matière d'excuse.

Ses relations avec Sasha ne s'étaient pas améliorées ces derniers temps, et il n'était pas question qu'il recule la date de son voyage pour lui faire plaisir.

— Et où vas-tu cette fois ?

— A Paris, répondit-il avec un sourire narquois. Pour une fois, je vais travailler dans des conditions plutôt agréables.

Sasha s'abstint de tout commentaire. C'était la première fois depuis qu'elle le connaissait que John voyageait autant. Et il avait beau lui dire que c'était parce qu'il avait accepté de se charger lui-même d'une enquête, elle avait du mal à le croire. Son travail n'était peut-être qu'une excuse. En réalité, il partait à Paris en compagnie d'une petite amie.

— Je compte être de retour vendredi, Sasha.
Lundi au plus tard.

— Au cas où tu l'aurais oublié, je te rappelle que
je pars en tournée pour trois semaines. Nous ne
nous verrons sans doute pas avant mon retour. A
moins que tu ne prennes l'avion pour venir passer
un week-end avec moi.

« Pas question ! » se dit John, qui savait à quel
point les danseurs du ballet étaient survoltés pendant les tournées. Sasha elle-même serait complètement hystérique, à bout de nerfs, et elle
s'apercevrait à peine de sa présence.

— Ce n'est pas grave, dit-il. Moi aussi, j'ai du
travail.

Donc ils ne se verraient pas pendant un mois.
Un an plus tôt, il aurait eu beaucoup de mal à
supporter une aussi longue séparation. Alors
qu'aujourd'hui il se sentait presque soulagé par le
départ de Sasha. Il lui pesait qu'elle soit toujours
obsédée par son travail et incapable de s'intéresser
à autre chose.

Cette nuit-là, ils dormirent l'un à côté de l'autre,
sans faire l'amour, et le lendemain matin, en allant
à l'aéroport, John déposa Sasha devant son appartement.

— Je te verrai à ton retour, dit-il en l'embrassant
au moment où elle descendait du taxi.

— Bon voyage ! chuchota Sasha en posant sur
lui ses beaux yeux innocents. Tu vas me manquer.

Il était si rare qu'elle lui dise un mot gentil que
John regretta soudain de la voir partir. Elle était terriblement égocentrique, mais elle ne s'en rendait

pas compte. Elle trouvait même cela tout à fait normal.

Après avoir promis de lui téléphoner de Paris, John agita la main en signe d'adieu et demanda au chauffeur de l'emmener à l'aéroport. Perdu dans ses pensées, il se demandait ce qu'il allait bien trouver à Paris. Si Margaret Gorham avait épousé un comte français, la jeunesse de sa fille avait dû être très différente de celle de Hilary. Du moins l'espérait-il. Il voyagea en première classe, à la demande d'Arthur. A minuit, heure locale, il arrivait à Paris et il se fit conduire aussitôt à l'hôtel Bristol, où il avait réservé une chambre. Gêné par le décalage horaire, il eut du mal à s'endormir et, quand il se réveilla le lendemain matin, il était déjà onze heures. Il se leva aussitôt, téléphona à la réception pour qu'on lui monte un café et des croissants, et décida d'appeler Margaret de Borne avant de prendre sa douche.

Quand il eut expliqué qu'il désirait parler à la comtesse de Borne, une voix masculine au bout du fil lui demanda en français :

— De la part de qui, monsieur ?

— John Chapman, répondit-il.

Il aurait aimé ajouter que la comtesse ne le connaissait pas, mais il en était incapable en français. Quelques secondes plus tard, on lui passait la comtesse.

— Monsieur Chapote ?

— John Chapman, rectifia-t-il, de New York.

— Mon Dieu ! s'écria Margaret. Ce pauvre André est incapable de comprendre les noms américains. Est-ce que je vous connais ?

Sa voix plut aussitôt à John. C'était celle d'une femme directe et qui ne s'embarrassait pas de manières.

— Non, madame, répondit-il. J'aimerais discuter avec vous d'une affaire qui vous concerne et je téléphonais pour obtenir un rendez-vous.

— Ah…, s'étonna Margaret. Toutes mes affaires se traitent en général à New York. Vous voulez me proposer un placement ?

John ne voulait pas lui annoncer par téléphone le but de sa visite, de crainte qu'elle ne refuse de le voir. Malgré tout, il fallait bien qu'il se présente de quelque manière.

— Il ne s'agit pas d'un placement, mais d'une affaire personnelle. J'aimerais m'entretenir avec vous d'une enquête dont je m'occupe à la demande d'un des associés de votre défunt mari.

— Pierre ? Mais il n'a jamais eu d'associés de sa vie…

John s'empressa de mettre fin au malentendu.

— Pardon, dit-il, je voulais parler de M. Gorham.

— Mais ce pauvre George est mort en 1959… Cela fait presque trente ans, monsieur Chapman !

— Je me doute bien que tout cela doit vous paraître terriblement loin.

— Il n'y a rien de grave, au moins ? demanda Margaret, soudain alarmée.

— Pas du tout ! la rassura John. La personne qui m'envoie est simplement à la recherche de quelqu'un et nous avons pensé que vous pourriez nous aider dans notre enquête. C'est un peu délicat pour en parler par téléphone, ajouta-t-il. Si vous pouviez me consacrer quelques instants, je préférerais venir vous l'expliquer de vive voix.

— Très bien, acquiesça Margaret, un peu à contrecœur.

Devait-elle accepter de rencontrer cet inconnu ? Au téléphone, il avait l'air de quelqu'un de sérieux. Mais on n'était jamais à l'abri de charlatans ou de malfaiteurs en tout genre.

Après avoir réfléchi quelques secondes, elle proposa :

— Peut-être pourriez-vous passer me voir demain, monsieur Chapman. Mais rappelez-moi le nom de votre firme à New York...

A l'autre bout du fil, John ne put s'empêcher de sourire : Margaret de Borne allait se renseigner avant d'accepter de le recevoir. Elle avait bien raison.

— Chapman et Associés, répondit-il. Nos bureaux se trouvent dans la 57e Rue. A quelle heure voulez-vous que je vienne demain ?

— Je vous attends à onze heures, répondit Margaret avant de raccrocher.

Elle ne pouvait s'empêcher d'éprouver une certaine inquiétude à l'idée de cette visite. Pourtant, lorsqu'elle téléphona à son avocat à New York, celui-ci ne tarit pas d'éloges au sujet de John Chapman. Il l'avait lui-même employé à l'occasion d'une affaire épineuse et il lui assura que c'était un homme honnête et digne de confiance. Il se demanda seulement quelle affaire pouvait bien l'amener à prendre contact avec Margaret de Borne à Paris.

Le lendemain, John se présenta à onze heures précises rue de Varenne, où le vieux majordome, après s'être incliné, l'introduisit dans le « cabinet de travail de madame la comtesse ». La pièce était garnie de magnifiques meubles Louis XV et son lustre en cristal taillé, dont les pampilles réfléchissaient la lumière du soleil, dessinait sur les murs une myriade d'arcs-en-ciel. Perdu dans la contemplation de cet admirable phénomène, John n'entendit pas Margaret entrer dans la pièce.

— Monsieur Chapman ?

Grande et élégante, Margaret de Borne avait une poignée de main énergique, une voix forte et un regard chaleureux. Elle portait ce jour-là un tailleur Chanel jaune clair, des chaussures de ville et une superbe paire de boucles d'oreilles en diamants, cadeau de son mari.

Après avoir serré la main de John, elle lui indiqua d'un geste un siège qui semblait un peu plus large et un peu moins fragile que les autres.

— Ces meubles n'ont pas été conçus pour des gens comme nous, fit-elle remarquer avec un sourire. D'ailleurs, j'utilise rarement cette pièce. Il paraît que c'est un cabinet de travail pour dame, mais je n'ai jamais très bien compris à quoi il pouvait servir. Seule ma petite-fille de six ans s'y sent à l'aise. Vous voudrez bien m'excuser.

— Je vous en prie, comtesse.

John avait choisi de l'appeler « comtesse » et Margaret de Borne, aussi peu guindée soit-elle, sembla apprécier cette marque de politesse.

— Je suis venu vous parler d'une question assez délicate, commença-t-il. Je suis envoyé par Arthur Patterson...

Il se tut pour voir si ce nom lui rappelait quelque souvenir. Puis, comme Margaret ne manifestait aucune réaction, il ajouta :

— M. Patterson était un des associés de M. Gorham et c'est lui qui a servi d'intermédiaire dans l'adoption de la jeune Alexandra Walker.

John n'avait pas quitté Margaret des yeux et elle devint si pâle qu'il craignit soudain qu'elle ne s'évanouisse. Elle ne dit pas un mot mais il était clair maintenant qu'elle se souvenait d'Arthur Patterson.

— Il est très malade, continua John. Sam Walker était son meilleur ami et il aimerait s'assurer que ses filles vont bien avant de...

John hésitait à prononcer le mot quand Margaret l'interrompit :

— N'est-il pas un peu tard, monsieur Chapman ? Ce ne sont plus des enfants.

— Vous avez raison. Mais il semble qu'il ait toujours repoussé cette recherche. Avant de mourir, il voudrait savoir ce qu'elles sont devenues.

— De quel droit ?

Quittant d'un mouvement brusque le fauteuil où elle était assise, Margaret fit les cent pas dans la pièce.

— Je vous demande pardon ?

— De quel droit M. Patterson cherche-t-il à savoir ce que sont devenues les filles de son ami ? Elles étaient très jeunes à l'époque et ce sont des femmes aujourd'hui. Elles ne se souviennent certainement pas de lui. Elles ne se connaissent même pas.

Margaret avait raison. Et il était clair qu'elle ferait tout ce qui était en son pouvoir pour l'empêcher de rencontrer sa fille. Malgré tout, John travaillait pour Arthur Patterson et, à ce titre, il devait essayer de la convaincre du bien-fondé de sa démarche.

— Justement, dit-il doucement, M. Patterson aimerait les réunir.

— Mon Dieu ! s'exclama Margaret en se laissant tomber dans un des fauteuils Louis XV. Jamais je ne permettrai une chose pareille ! Ma fille a trente-six ans et elle n'a aucune raison de vouloir rencontrer ses sœurs. Inutile de la faire souffrir après tant d'années... Savez-vous dans quelles circonstances ses parents sont morts, monsieur Chapman ? demanda-t-elle soudain.

Il hocha la tête.

— Moi aussi, poursuivit-elle. Mais ma fille n'est pas au courant. Et je ne vois aucune raison de lui dire la vérité. George puis le comte et moi-même l'avons toujours considérée comme notre propre fille et c'est ainsi qu'elle a été élevée, avec tous les avantages que cela supposait. Aujourd'hui, c'est une femme heureuse, mariée, et qui a deux enfants. Je n'ai nulle envie de troubler son bonheur.

« Encore moins de gâcher sa vie », faillit ajouter Margaret. La simple pensée qu'Henri de Morigny apprenne un jour que le père de sa femme était un meurtrier la terrifiait.

— Je vous comprends très bien. Mais je me demande aussi si votre fille ne serait pas heureuse de revoir ses sœurs. Peut-être faut-il au moins lui laisser le choix... Sait-elle qu'elle a été adoptée ?

Margaret hésita avant de répondre.

— Oui et non... Nous le lui avons dit il y a très longtemps, mais nous n'en avons plus jamais reparlé avec elle, et je ne suis pas sûre qu'elle s'en souvienne. De toute façon, cela n'a aucune importance, monsieur Chapman. Je suis bien décidée à ne rien lui dire.

— Vous lui devez la vérité, dit John d'une voix calme et grave. Si vous m'y obligez, je n'aurai aucun mal à la trouver. Mais je préférerais de loin que ce soit vous qui lui parliez de ma visite.

— C'est du chantage ! s'écria Margaret, les larmes aux yeux. Vous êtes en train de me forcer la main pour que je lui révèle quelque chose qui, j'en suis sûre, va lui faire beaucoup de peine.

— Si votre fille refuse de revoir ses sœurs, personne ne l'y obligera. Mais il me semble qu'il faut au moins qu'elle puisse faire ce choix. Il se peut en effet qu'elle désire les rencontrer.

— C'est long, trente ans, monsieur Chapman ! Et que sont devenues ses sœurs pendant ce temps-là ? Entre Alexandra et elles, il n'y a certainement plus aucun point commun...

Entre Hilary, maltraitée par son oncle et élevée dans un centre d'éducation surveillée, et Alexandra, choyée par une famille riche et aristocratique, qu'y avait-il de commun, en effet ? Le destin s'était montré bien injuste avec la première. Au moins avait-il apporté le bonheur à la seconde, mais John n'en éprouvait qu'une plus grande commisération pour la pauvre Hilary. Quant à Megan, John ne savait pas encore quel sort lui avait réservé la vie.

— Je vous en prie, comtesse, aidez-moi. Vous me faciliteriez tellement les choses. Votre fille a le droit de connaître la vérité et c'est mon devoir de lui dire...

— Lui dire quoi ?

— Qu'elle a deux sœurs qui habitent quelque part aux Etats-Unis et qui seraient peut-être heureuses de la revoir.

— Vous les avez retrouvées ?

— Pas encore. Mais cela ne va pas tarder, ajouta-t-il d'un ton assuré, préférant taire ses craintes.

— Pourquoi ne pas revenir quand votre enquête sera terminée ?

— Je ne peux pas me permettre de perdre du temps. Comme je vous l'ai dit, M. Patterson est mourant.

— Dommage qu'il ne soit pas mort avant de vouloir détruire d'autres vies !

Margaret était furieuse. Tous ses efforts pour cacher la vérité à Alexandra semblaient soudain anéantis par la venue de cet étranger qui n'hésiterait pas une seconde à faire souffrir sa fille sous prétexte qu'elle avait le droit de connaître ses origines.

— Croyez-moi, je suis désolé, s'excusa John.

Cette femme lui était sympathique et il regrettait profondément de l'avoir ainsi bouleversée.

— Si c'est le cas, rétorqua Margaret, ne pouvez-vous simplement pas dire à M. Patterson que vous n'avez pas trouvé Alexandra ?

John secoua la tête.

— J'ai besoin de réfléchir, annonça Margaret avec un soupir. Pour ma fille, cela va être un choc énorme. En particulier en ce qui concerne ses parents... Elle doit déjeuner avec moi demain. Si l'occasion se présente, je lui parlerai.

— Je suis descendu à l'hôtel Bristol. Quand vous aurez parlé avec votre fille, dites-lui que j'aimerais la rencontrer.

— Il se peut qu'elle refuse de vous voir, monsieur Chapman. C'est même ce que j'espère.

Quittant le fauteuil Louis XV où elle était assise, Margaret sonna le majordome.

— Merci pour votre visite, monsieur Chapman, dit-elle sans prendre la peine de lui serrer la main.

— C'est à moi de vous remercier, comtesse.

A la manière dont l'entrevue se terminait, le majordome comprit que John Chapman était maintenant persona non grata. L'air sévère et désapprobateur, il l'escorta jusqu'au rez-de-chaussée et referma bruyamment la porte d'entrée derrière lui.

20

Lorsque Alexandra arriva rue de Varenne, sa mère l'attendait comme d'habitude dans le petit salon. Mais ce jour-là, elle ne travaillait pas à sa tapisserie et, plus étonnant encore, portait une robe bleu marine que n'égayait aucun bijou.

— Tu as l'air bien sérieuse, aujourd'hui, fit remarquer Alexandra après l'avoir embrassée. Je parie que tu es passée à ta banque ce matin.

Margaret, qui n'avait pas fermé l'œil de la nuit, adressa à sa fille un sourire forcé.

— Tout va bien, ma chérie.

— Tu me caches quelque chose, insista Alexandra.

Depuis la mort de son père, jamais elle n'avait vu sa mère aussi tendue.

— Tu te fais des idées ! répondit Margaret en jetant autour d'elle un regard complètement effaré. Ah, voilà notre déjeuner ! ajouta-t-elle, soulagée, au moment où André entrait dans la pièce, portant un énorme saladier sur un plateau.

Dès qu'il eut posé le plat sur la table, Margaret servit la salade en racontant à Alexandra les derniers potins qu'elle avait entendus chez son coiffeur. Mais son accès de bonne humeur fut de courte durée et aussitôt qu'elles eurent fini de déjeuner, elle se tut.

— Qu'est-ce qui t'inquiète ? demanda Alexandra. Je sais qu'il y a quelque chose qui ne va pas et je veux que tu me dises ce que c'est.

Pourvu que sa mère n'ait pas d'ennuis de santé. Elle était remarquablement conservée pour son âge, mais... Se pouvait-il qu'elle soit partie la semaine précédente à New York pour consulter un médecin ? Elle avait dit à sa fille qu'elle allait y faire des achats et avait en effet rapporté de merveilleux cadeaux à ses petites-filles. Mais elle était très capable de lui avoir caché la véritable raison de son voyage.

Avant de répondre à sa fille, Margaret attendit qu'André ait fini de servir le café. Il était dur d'oreille et ne comprenait pas un mot d'anglais. Mieux valait malgré tout qu'il n'assiste pas à leur conversation.

— J'ai reçu hier une visite plutôt désagréable, commença-t-elle. J'ai eu soudain l'impression de voir un revenant.

Les larmes aux yeux, elle jeta un coup d'œil à sa fille. Alexandra demanda, étonnée :

— Quel genre de revenant ?

— Je ne sais pas par où commencer, expliqua Margaret en se tamponnant les yeux. C'est une histoire tellement longue et tellement compliquée...

Elle se moucha discrètement dans le mouchoir en dentelle qui lui avait servi à s'essuyer les yeux. Alexandra, après avoir approché sa chaise, lui serra la main pour la rassurer.

— Est-ce que tu te souviens de l'époque qui a précédé mon mariage avec Pierre ? demanda Margaret d'une voix tremblante.

— Pas vraiment, maman. Pourquoi ?

— Te rappelles-tu que j'étais mariée avec quelqu'un avant d'épouser ton père ? Je veux dire, avant d'épouser Pierre...

— Oui... Un peu... Je suppose que c'était mon vrai père... Mais, pour être tout à fait honnête, je ne me souviens pas de lui. Je ne me souviens que de papa.

C'était bien ce que Margaret avait toujours pensé. Et cela n'allait pas lui faciliter les choses.

— Pierre de Borne était mon second mari, Alexandra. D'ailleurs, il t'a adoptée juste après notre mariage. Peut-être que ça, tu t'en souviens...

Maintenant que sa mère venait de lui rafraîchir la mémoire, en effet Alexandra se souvenait que ce jour-là, ils étaient allés tous les trois chez un homme de loi, puis ensuite à la mairie et que, pour fêter l'événement, ils avaient déjeuné chez Maxim's.

— Comme c'est drôle ! dit-elle. J'ai l'impression que j'avais complètement oublié que j'avais été adoptée. Je suppose que j'aurais dû en parler à Henri, ajouta-t-elle en rougissant soudain. Je n'ai jamais pensé que c'était important et comme papa disait toujours...

— Ton père t'a toujours dit que tu étais sa fille parce qu'il t'a toujours considérée comme la chair de sa chair, intervint Margaret. Et même plus..., ajouta-t-elle dans un murmure.

Elle se tut pendant quelques secondes. Puis, prenant son courage à deux mains, elle annonça :

— Pierre était en réalité ton second père adoptif, Alexandra. Avant que je ne l'épouse, mon premier mari et moi, nous t'avions déjà adoptée. Tu avais un peu moins de six ans, tes parents étaient morts et un des associés de George est venu le voir et lui a parlé de toi... Nous t'avons aimée dès la première seconde.

Incapable de continuer, Margaret fondit en larmes. Quant à Alexandra, elle était complètement stupéfaite. Quoi ? Margaret n'était pas sa mère ?

— Je ne me souvenais pas de tout ça, dit-elle en serrant Margaret dans ses bras comme si elle craignait soudain de la perdre. J'ai toujours pensé que tu étais ma mère...

Comment avait-elle pu oublier sa vraie famille ? Bien entendu, cela ne changeait rien aux sentiments qu'elle éprouvait pour Margaret... Mais qui étaient ses parents ?

Après s'être à nouveau essuyé les yeux, Margaret reprit :

— Tu devais avoir quatre ans et demi environ quand ta mère est morte. Quelques mois plus tard, ton père est décédé à son tour. Tu as alors été placée chez une tante. D'après ce que j'ai compris, elle ne pouvait pas toutes... te garder. Un ami de tes parents a alors cherché une famille désireuse de t'adopter... Quand George m'a parlé de toi, j'étais emballée. Tu es donc devenue notre fille. Et, six mois plus tard, lorsque George est mort, je suis venue avec toi en France... Quant au reste de l'histoire, tu la connais aussi bien que moi, ma chérie...

Bien entendu, elle dissimulait une partie importante. Mais Alexandra, que ses explications n'avaient pas entièrement satisfaite, lui demanda soudain :

— Comment sont morts mes parents ?

Il y eut un long silence pendant lequel elles se regardèrent toutes les deux et Alexandra sentit un frisson courir dans son dos. Margaret ferma les yeux. Quand elle les rouvrit, ce fut pour dire :

— Ils ont eu une dispute terrible à laquelle personne n'a rien compris... Ton père était un acteur de théâtre très connu à Broadway et il paraît que ta mère était très belle...

— Ce n'est pas ce que je t'ai demandé, maman !

Alexandra savait que ce qu'elle allait apprendre était effroyable. Mais elle tenait à ce que Margaret lui dise la vérité.

— Ton père a tué ta mère, avoua celle-ci dans un souffle.

— Et ensuite, il s'est suicidé, compléta Alexandra en portant la main à sa bouche pour étouffer un sanglot. Comment ai-je pu oublier une chose pareille ? Et ma mère...

Une image subite se dressa devant ses yeux et, d'un coup, un flot de larmes roula sur ses joues.

— Elle avait les cheveux roux, et elle parlait français...

Margaret avait pris Alexandra dans ses bras et celle-ci sanglota longuement contre son épaule. Quand le plus dur fut passé, elle releva la tête et, tournant vers Margaret son visage baigné de larmes, elle demanda :

— Est-ce que ma mère était française ?

Maudissant intérieurement John Chapman et Arthur Patterson qui les obligeaient à évoquer de tels souvenirs, Margaret répondit à contrecœur :

— Je crois, oui.

Et elle avait probablement les cheveux roux, comme Alexandra et comme Axelle...

— Pourquoi mon père s'est-il suicidé ? Parce qu'il l'avait tuée ?

Alexandra voulait savoir. Soudain elle avait désespérément besoin d'une réponse aux questions oubliées depuis si longtemps.

— Il s'est suicidé parce qu'il avait été jugé coupable du meurtre de sa femme. Ce fut un scandale, à l'époque... Et c'est ainsi que tu es devenue orpheline, ma chérie.

Reprenant la main d'Alexandra dans les siennes, Margaret caressa tendrement les doigts de sa fille. Comme leurs mains étaient différentes ! C'était la première fois qu'Alexandra en prenait conscience. Maintenant, elle savait pourquoi elle ressemblait si peu à Margaret. Mais elle ne se souvenait pas pour autant du visage de sa vraie mère. Seul subsistait dans sa mémoire le souvenir d'une longue chevelure rousse...

Margaret n'avait pas fini. Tenant toujours la main d'Alexandra dans la sienne, elle lui avoua :

— Tu as aussi deux sœurs...

Deux sœurs ! La nouvelle frappa Alexandra comme un coup de couteau. Deux sœurs... Elle crut soudain entendre, venant de son passé, une voix qui disait : « Axie, je t'aime... » Mon Dieu ! Ces longs cheveux noirs et ces grands yeux tristes... Hillie ! Hillie et un bébé...

S'écartant soudain de Margaret, elle fit quelques pas dans la pièce et s'approcha de la fenêtre. Dans son dos, Margaret expliquait :

— Nous ne pouvions pas vous adopter toutes les trois. George se sentait trop vieux pour cela.

Mais Alexandra ne l'entendait pas. Elle écoutait cette même voix qui lui murmurait maintenant : « Je t'aime de tout mon cœur, Axie ! Est-ce que tu t'en souviendras ? » Et, par instants, cette voix était couverte par les sanglots d'un bébé...

— Comment s'appelaient mes sœurs ?

— Je ne sais pas, répondit tristement Margaret. L'une d'elles était ton aînée...

— ... et l'autre n'était qu'un bébé, termina Alexandra. Je me souviens d'elles maintenant que tu m'en parles, ajouta-t-elle en se retournant vers Margaret. Comment ai-je pu oublier tout ça ?

— A l'époque, ces souvenirs étaient trop douloureux... N'importe qui à ta place aurait agi de même. Tu n'as rien à te reprocher ! Tu avais droit à une vie normale. D'ailleurs, ton père et moi avons fait tout notre possible pour que tu sois heureuse.

Toujours assise sur sa chaise, Margaret semblait si malheureuse qu'on aurait dit qu'elle venait soudain de perdre sa fille unique. Alexandra s'approcha d'elle et la prit tendrement dans ses bras.

— C'est toi ma mère, maman ! Tu l'as toujours été et ce que tu viens de me dire n'y change rien.

— Tu en es bien sûre, ma chérie ? dit Margaret en ne retenant plus ses larmes. C'est tellement affreux ! Cet homme n'avait pas le droit de venir nous voir après si longtemps...

— Pourquoi est-il venu ?

— Arthur Patterson, qui s'est occupé de ton adoption, était un ami de tes parents. Il veut savoir ce que vous êtes devenues. Et puis...

Margaret hésita quelques secondes avant de poursuivre :

— ... il veut vous réunir toutes les trois !

— Sait-il où se trouvent mes sœurs ?

— Pas encore. Mais comme l'enquêteur qu'il a engagé n'a eu aucun mal à te retrouver, je pense qu'il découvrira aussi où habitent les deux autres.

Alexandra hocha la tête. Elle avait du mal à assimiler ce qu'elle venait d'apprendre. Soudain elle se découvrait deux sœurs, une mère aux longs cheveux roux qui était morte, assassinée par son père... Et une mère adoptive, Margaret, qu'elle avait toujours considérée comme sa mère. Sans oublier non plus un mais deux pères adoptifs.

— Je crois que j'ai besoin d'un remontant, dit-elle en buvant d'un trait son verre de vin.

— Moi aussi, reconnut Margaret.

Immédiatement, elle sonna André et lui commanda un double bourbon.

— Les habitudes américaines ont la vie dure, surtout en période de crise, fit-elle remarquer d'un air fataliste.

Puis, après avoir remué les glaçons avec son doigt, elle demanda à sa fille :

— Vas-tu accepter de rencontrer tes sœurs ?

— Je ne sais pas encore, répondit Alexandra, pensive. Que se passera-t-il si nous découvrons que nous n'avons plus rien en commun ? Trente ans, c'est si long...

— C'est exactement ce que j'ai dit à John Chapman. Je trouve ce projet complètement ridicule.

Alexandra, elle, se sentait assez attirée par l'idée de revoir ses sœurs. Mais, pour l'instant, elle avait un problème plus urgent à résoudre.

— Que va dire Henri quand il apprendra tout ça ? Crois-tu qu'il changera d'attitude à mon égard ?

Margaret aurait bien aimé rassurer sa fille. Mais elle ne se faisait guère d'illusion : son gendre serait furieux, il avait horreur des scandales. Alexandra le savait aussi bien qu'elle.

— S'il t'aime vraiment, cela ne devrait pas affecter vos relations. Mais il risque de prendre la chose plutôt mal. A ta place, d'ailleurs, je ne lui dirais rien. Ton père et moi, nous avons discuté de cette question avant que tu te maries et nous n'avons pas jugé utile de lui dire la vérité... Tu es notre fille dans tous les sens du terme, Alexandra ! Ce qui est arrivé auparavant ne regarde personne. Pas même ton mari.

— Maintenant que je suis au courant, ce serait malhonnête de ma part de ne rien lui dire.

— Pourquoi ? Pourquoi veux-tu le bouleverser par une telle révélation ?

Margaret avait de plus en plus de mal à conserver son calme. Toute cette histoire tournait au cauchemar.

— Tout simplement parce que, aux yeux d'Henri, le fait que je suis la fille du comte de Borne est très important. S'il a réussi à accepter que tu sois de nationalité américaine, c'est uniquement parce qu'il sait que tu appartiens à une famille très chic... Alors imagine sa réaction si je lui apprends que mon père était acteur, qu'il a tué ma mère et que, de surcroît, je suis américaine, comme les deux sœurs que je ne connais pas ! Il risque d'avoir une crise cardiaque... Et s'il n'en meurt pas, il demandera le divorce et peut-être même la garde de nos filles.

— Tu exagères, Alexandra ! Nous ne sommes plus au Moyen Age tout de même ! Et Henri est un homme raisonnable. Il n'empêche que si j'étais à ta place, je ne lui dirais rien.

— Si je le lui dis, il n'hésitera pas une minute à demander le divorce. Mais, si je ne dis rien... Imagine qu'il apprenne un jour la vérité et découvre que je lui ai menti...

— Mieux vaut prendre ce risque, ma chérie.

— Avant, j'avais l'excuse de ne pas être au courant. Mais maintenant que je sais ce qu'il en est, comment vais-je pouvoir lui mentir ?

— Cesse d'être aussi morale ! s'écria Margaret après avoir avalé une gorgée de bourbon. Personne ne peut exiger de toi que tu sois parfaite ! De temps en temps, il faut aussi que tu penses à toi. Ce serait complètement idiot de tout avouer à Henri. En plus, ça ne servirait à rien. Sauf à te créer des tas de problèmes.

Alexandra savait que sa mère avait raison. Elle risquait de tout perdre : son mari et ses enfants.

— Et si je décide d'aller voir mes sœurs ? Je ne peux tout de même pas dire à Henri que je m'absente pour déjeuner alors que je pars une semaine aux Etats-Unis...

— Tu es sûre que tu désires revoir tes sœurs ?

— Je ne sais pas encore... Mais si je le voulais, que dirais-je à Henri ?

« Tu ferais mieux de renoncer à ce projet ridicule », faillit répondre Margaret. Si Alexandra retournait aux Etats-Unis pour revoir ses sœurs, elle la perdrait peut-être pour toujours... Mais elle n'avait aucun droit de l'influencer sur ce sujet. Pour ce qui était de son mari, en revanche...

— Ne dis rien à Henri, Alexandra ! Et avant de prendre une décision, téléphone à ce M. Chapman. Il est descendu à l'hôtel Bristol et attend ton appel.

— Pourquoi est-il venu à Paris ?

— Pour te voir.

Margaret alla chercher la carte de John Chapman sur laquelle il avait inscrit le nom de son hôtel à Paris et son numéro de téléphone, et elle la tendit à sa fille. En rangeant la carte dans son sac, Alexandra jeta un coup d'œil à sa montre et se rendit compte avec horreur qu'il était plus de six heures. Henri et ses deux filles devaient l'attendre à la maison depuis près d'une heure !

— Il faut que je parte, maman, annonça-t-elle en embrassant Margaret. N'oublie pas que je t'aime !

— Tu seras toujours ma petite fille chérie, répondit celle-ci en la serrant avec fougue dans ses bras.

Quelques secondes plus tard, Alexandra quittait la rue de Varenne et, tandis qu'elle rentrait chez elle, elle ne pouvait s'empêcher de repenser à cette voix qui, venue de loin, lui disait : « Je t'aime, Axie ! Est-ce que tu t'en souviendras ? »

21

Quand Alexandra arriva chez elle, elle n'était pas remise du choc que lui avaient causé les révélations de Margaret. Elle marchait comme dans un rêve, cherchant à ramener à sa mémoire un passé disparu depuis tant d'années... Une femme aux cheveux roux... Une petite fille qu'elle appelait Hillie... Plongée dans ses pensées, elle entrait dans son cabinet de travail quand soudain la voix d'Henri la fit sursauter :

— Tu es bien en retard !

— Je suis désolée, Henri. Ma mère m'a montré certains papiers dont elle voulait discuter avec moi et... je n'ai pas vu le temps passer.

Henri n'avait pas l'air décidé à la croire.

— Où étais-tu ?

— Je viens de te le dire, répondit Alexandra en retirant la veste de son tailleur. J'étais chez ma mère.

Elle avait beau essayer de se contrôler, sa voix trahissait sa nervosité, et les larmes lui montèrent aux yeux.

— Il est six heures, Alexandra ! Jamais tu n'es rentrée de chez elle aussi tard.

Alexandra ne répondit pas et se dirigea vers sa chambre. Elle avait besoin d'être seule, besoin de réfléchir. Et besoin de se souvenir...

— Tâche de ne pas recommencer, dit Henri avant de quitter la pièce. Je ne comprends pas que ta mère t'ait gardée aussi longtemps. Elle sait bien pourtant que tu as d'importantes obligations.

Alexandra se retint pour ne pas lui lancer la vérité au visage. Si elle était en retard, c'est parce qu'elle venait d'apprendre que sa mère n'était pas sa mère, que sa vraie mère avait été assassinée par son père et qu'elle avait deux sœurs. Rien d'important, bien sûr !

Dès qu'elle fut seule, elle se dépêcha de se changer. Elle choisit une robe en soie noire, des bas fins assortis et une paire de chaussures en satin noir. Elle se maquilla, se recoiffa. Puis elle plaça dans sa pochette en satin noir son rouge à lèvres et son poudrier. Ces diverses opérations lui prirent exactement vingt minutes et, avant de rejoindre Henri, qui l'attendait dans le vestibule, elle alla dire au revoir à ses filles. En les voyant, elle ne put s'empêcher de repenser à ses propres sœurs et faillit se remettre à pleurer.

— Essayez de ne pas vous disputer, murmurat-elle en embrassant Marie-Louise. Vous ne savez pas la chance que vous avez d'être ensemble...

Et d'être entourées de gens aimants. Elle-même avait eu de la chance d'être adoptée par Margaret et Pierre.

Elle rejoignit son mari et s'installa avec lui à l'arrière de la Citroën. Le chauffeur démarra aussitôt. Ils avaient rendez-vous ce soir-là chez Taillevent pour y rencontrer de nouvelles relations d'Henri.

— Pourquoi ta mère ne demande-t-elle pas conseil à son avocat ou à son banquier quand elle a un problème ? demanda Henri, qui n'avait toujours pas pardonné son retard à Alexandra.

— Elle croyait que je pourrais l'aider. C'est tout.

La chose sembla si ridicule à Henri qu'il éclata de rire.

— Toi, l'aider ? Elle ferait mieux de faire appel à moi.

Alexandra savait que jamais Margaret ne demanderait quoi que ce soit à son gendre. Elle préféra ne pas répondre à Henri et ils effectuèrent la fin du trajet dans le plus complet silence.

Lorsqu'ils arrivèrent chez Taillevent, la salle de restaurant était bondée. Le Tout-Paris était là, les hommes vêtus de complets sombres et les femmes rivalisant de beauté et d'élégance. Le décor était magnifique : de luxueux lambris aux murs, des lustres somptueux et, sur chaque table, des coupes qui débordaient de fleurs fraîchement coupées. Le restaurant n'accueillait que l'élite et il fallait réserver sa table plusieurs mois à l'avance.

C'était le restaurant favori d'Henri et il y invitait régulièrement certains de ses amis ou même parfois, comme ce soir, des relations d'affaires. Ce dîner était particulièrement important pour lui car ses invités lui apporteraient certainement leur soutien dans sa carrière politique.

Pour la première fois depuis qu'ils étaient mariés, Alexandra ne fut pas à la hauteur de la situation. Incapable de suivre une conversation, elle avait l'impression de perdre pied et, quand la fin du repas arriva, elle était au bord des larmes.

— Pardon ? dit-elle à sa voisine pour la dixième fois au moins de la soirée. Je suis désolée...

Cette femme venait-elle de lui parler du sud de la France ou de ses enfants ? Elle aurait été incapable de le dire. Sous le regard furieux d'Henri, elle utilisa sa serviette de table pour s'essuyer discrètement les yeux et poussa un soupir de soulagement quand, une heure plus tard, ils quittèrent enfin le restaurant.

— Comment as-tu osé me faire une chose pareille ! s'écria Henri dès qu'ils se retrouvèrent à l'intérieur de la Citroën. Tu les as littéralement insultés !

— Je suis désolée, Henri... Je ne me sentais pas bien...

En réalité, si elle avait si peu prêté attention à leurs invités, c'est qu'elle n'avait cessé de penser à John Chapman et à la conversation téléphonique qu'elle aurait avec lui le lendemain.

— Tu n'avais qu'à ne pas venir si tu étais malade ! Je suis certain que tu as fait une très mauvaise impression sur nos invités.

— J'ai fait tout ce que j'ai pu, Henri...

— Tu n'as aucune excuse ! lui reprocha-t-il, blanc de rage. Je croyais que tu savais te tenir. Chaque fois que tu reviens de chez ta mère, tu es impossible !

— Ma mère n'a rien à voir là-dedans, dit Alexandra d'une voix faible.

Elle se moucha, mais les larmes recommencèrent à jaillir de ses yeux. Henri continua à la fusiller du regard, se moquant bien pour une fois de ce que le chauffeur pût les entendre se disputer.

— Et maintenant, tu vas me dire où tu étais cet après-midi ?

Alexandra gardait le visage obstinément tourné vers la vitre.

— Je t'ai déjà dit que j'étais chez ma mère, Henri.

— Et il n'y avait personne d'autre ?

C'était la première fois qu'il se montrait aussi soupçonneux.

— Bien sûr que non ! répondit Alexandra, profondément peinée. Qu'essaies-tu d'insinuer ?

Il lui aurait été facile de lui rappeler ses propres infidélités. Mais une telle allusion risquait de les entraîner trop loin et elle préféra essayer de l'amadouer.

— Henri, je t'en prie…, dit-elle en lui caressant la main.

— Tu m'as vraiment fait honte !

— Je suis désolée, répéta Alexandra. J'avais un mal de tête épouvantable.

Durant le reste du trajet, Henri ne desserra pas les lèvres. En arrivant avenue Foch, il lui ouvrit courtoisement la porte, puis, sans lui souhaiter bonsoir, alla aussitôt s'enfermer dans sa chambre.

22

Le lendemain matin, dès qu'Henri eut quitté la maison pour se rendre à son bureau, Alexandra décrocha son téléphone et composa le numéro de l'hôtel Bristol. Quand elle eut John Chapman au bout du fil et qu'elle dut se présenter, elle faillit raccrocher tellement elle se sentait nerveuse. Si jamais Henri découvrait ce qui se passait, il n'hésiterait pas une seconde à demander le divorce.

Comprenant son embarras, John lui demanda aussitôt d'une voix calme :

— Avez-vous parlé avec votre mère ?

— Oui. Hier. Est-ce que vous me croirez si je vous dis que j'avais complètement oublié cette époque de ma vie ?

— Bien sûr ! C'est très compréhensible, dit John. Voulez-vous que nous nous rencontrions aujourd'hui, madame... Excusez-moi, ajouta-t-il aussitôt, je ne connais que votre nom de jeune fille.

Avant de lui téléphoner, Alexandra avait craint de tomber sur un de ces détectives privés minables comme ceux que l'on voyait dans les films policiers de série B. Elle était agréablement surprise de découvrir que John Chapman était poli et semblait avoir reçu une parfaite éducation.

— Morigny, répondit-elle, sans mentionner son titre de baronne. Alexandra de Morigny.

— Je serai très heureux de vous rencontrer, madame de Morigny. J'en profiterai pour vous montrer le dossier de l'enquête. Peut-être aurez-vous quelque chose à y ajouter... Du moins, vous avez le droit de le consulter. En fin de matinée ?

— Avec plaisir, monsieur Chapman. Que diriez-vous de onze heures à votre hôtel ?

Cela laissait à Alexandra largement le temps de se préparer et de donner ses instructions aux domestiques avant de partir.

— Cela me convient parfaitement, répondit John, calculant qu'il pourrait ainsi reprendre l'avion le soir même pour New York. Je vous attendrai dans le hall. Je mesure un mètre quatre-vingt-dix et j'ai les cheveux blonds. Je porterai une veste en tweed, une chemise bleu ciel et un pantalon gris.

« Une tenue bien sérieuse pour un détective privé ! » songea Alexandra en souriant. Puis, se rappelant que John Chapman ne l'avait jamais vue, elle dit à son tour :

— Moi aussi, je suis blonde. Je mesure un mètre soixante et je porterai un tailleur gris.

Et quand, à onze heures et quart, elle arriva dans le hall de l'hôtel Bristol, elle portait en effet son tailleur gris de chez Chanel, un chemisier en soie rose et un foulard Hermès. Très élégante et l'air éminemment distinguée, elle jeta un coup d'œil autour d'elle et allait se diriger vers le bureau de la réception quand elle aperçut John Chapman. Lui aussi l'avait remarquée et, quittant la chaise où il s'était assis pour l'attendre, il s'avança vers elle en souriant. Son regard plein de gentillesse plut aussitôt à Alexandra. Elle songea que c'était exactement le genre d'homme qu'elle aurait aimé avoir comme ami.

— Je suis désolée d'être en retard, s'excusa-t-elle en lui serrant cérémonieusement la main. Je suis venue sans mon chauffeur et je ne trouvais pas de place pour me garer. Finalement, j'ai confié ma voiture au portier de l'hôtel.

Elle était tellement émue qu'elle avait du mal à respirer et jetait des regards effrayés en direction de la serviette que tenait John. Elle était persuadée que celle-ci recelait de terribles secrets sur son passé qu'il n'allait pas tarder à lui révéler.

John l'emmena un peu à l'écart et, quand ils furent assis tous les deux dans de confortables fauteuils en velours rouge, il lui demanda :

— Voulez-vous boire un apéritif ? Ou bien une tasse de thé ?

Alexandra était tellement anxieuse qu'elle n'aurait rien pu avaler. Elle secoua la tête. Puis, voyant qu'il venait de sortir un épais dossier de sa serviette, elle lui demanda aussitôt :

— Vous faudra-t-il beaucoup de temps pour retrouver mes sœurs ?

— J'espère que non ! répondit John. Pour l'instant, je ne me suis pas encore occupé de Megan. Quant à Hilary, je sais qu'elle est venue voir Arthur Patterson en 1966 pour lui demander où vous vous trouviez, vous et votre sœur. Elle a été furieuse d'apprendre qu'il n'en savait rien et elle l'a clairement accusé d'être responsable de votre séparation à toutes les trois. Nous ne savons pas ce qu'elle est devenue ensuite. En revanche, j'ai enquêté à Charlestown, puis à Jacksonville où elle a passé sa jeunesse, et je peux vous assurer qu'elle en a vu de toutes les couleurs...

John raconta à Alexandra ce qu'il avait découvert. En apprenant le terrible destin de sa sœur aînée, les yeux de la jeune femme s'emplirent de larmes. La simple pensée qu'un tel malheur pourrait arriver à l'une de ses filles la rendait malade. Hilary avait tous les droits d'être amère. Elle qu'on avait abandonnée, battue, oubliée.

— Comme nous avons perdu la trace de Hilary après son arrivée à New York, tous les moyens sont mis en œuvre actuellement pour enquêter sur place, conclut John. Il se peut très bien que, dès mon retour, je dispose de nouveaux éléments d'information.

— Quelle vie terrible elle a eue..., murmura Alexandra en s'essuyant les yeux.

John lui proposa alors de consulter le dossier qu'il avait apporté. Alexandra examina avec soin les coupures de presse concernant son père et les comptes rendus du procès. Puis elle s'obligea à lire les rapports d'enquête au sujet de Hilary. Quand elle eut terminé sa lecture, elle se tourna vers John et lui demanda, d'une voix angoissée :

— Comment une chose pareille a-t-elle pu se produire ?

— Je n'en sais rien. La vie n'est pas tendre pour tout le monde, madame.

— Vous avez raison, reconnut Alexandra.

Le destin de Hilary et le sien avaient été si différents ! Cela lui rappelait ce kaléidoscope qu'elle
avait offert à ses filles. Il suffisait de le faire tourner
très légèrement pour que les mêmes morceaux de
verre soient arrangés d'une manière totalement
contraire. Là où précédemment on voyait des
fleurs, apparaissaient soudain des démons crachant
du feu. Comme il lui semblait injuste que sa sœur
aînée n'ait connu que les démons !

— Que puis-je faire pour vous aider à les retrouver ? demanda-t-elle à John.

— Pas grand-chose, répondit celui-ci en souriant. Sauf si un détail important vous revient en
mémoire... Aussitôt que j'aurai retrouvé vos sœurs,
je vous téléphonerai. M. Patterson aimerait vous
réunir toutes les trois dans sa maison du Connecticut. C'est en quelque sorte sa dernière volonté
avant de mourir.

— A quoi ressemble-t-il ? Aussi étrange que cela
paraisse, je ne me souviens absolument pas de lui.

De son père non plus, elle ne se rappelait rien.
En consultant les coupures de presse que contenait
le dossier de John Chapman, elle avait été très surprise de découvrir à quel point il était beau et non
moins étonnée d'apprendre la carrière fulgurante
qu'il avait eue à Broadway. Le dossier comprenait
aussi deux photos de sa mère. Sur la première, elle
était encore toute jeune et, à cause peut-être de sa
flamboyante chevelure rousse, Alexandra lui avait
trouvé un air de famille avec sa plus jeune fille. Sur
la seconde photo, elle tenait dans ses bras un bébé
vêtu d'une longue robe de dentelle et avait posé
avec Hilary et Alexandra, toutes les deux en robes

blanches et souliers vernis. La photo avait été prise juste après la naissance de Megan, devant la porte de leur immeuble de Sutton Place. Mais elle n'avait éveillé aucun souvenir chez Alexandra.

— M. Patterson est très vieux et très malade, répondit John. Je pense qu'il n'en a plus pour longtemps à vivre. C'est pourquoi il est si pressé de vous réunir dans sa maison du Connecticut.

— Et si vous ne réussissez pas à trouver mes deux sœurs avant qu'il meure ?

— En prévision de cette éventualité, il m'a versé une importante provision pour que je continue mon enquête quoi qu'il arrive.

« Dommage qu'il n'ait pas été aussi prévoyant il y a trente ans ! » songea Alexandra. Les choses se seraient alors passées différemment pour Hilary.

— Puisqu'il était le meilleur ami de mes parents, pourquoi ne nous a-t-il pas recueillies après leur mort ? Ainsi, nous serions restées ensemble...

— J'avoue que je n'en sais rien. Il m'a simplement dit que sa femme avait refusé de se charger de trois enfants. Et je crois qu'aujourd'hui il le regrette profondément. Dans la vie, on commet parfois de terribles erreurs. Et, malheureusement, on ne s'en rend compte que plus tard.

John se tut. Le moment était venu de poser à Alexandra une question qui, aux yeux d'Arthur, importait plus que tout le reste.

— Pardonnez-moi d'être indiscret, dit-il. Mais quand je vais rentrer à New York, M. Patterson va me demander si vous êtes heureuse. Que dois-je lui répondre ?

— Vous pouvez lui dire que j'ai toujours été heureuse, répondit-elle avec un large sourire. J'ai eu la chance d'avoir des parents merveilleux. Pierre de Borne était un homme remarquable. Il m'aimait énormément et moi, je l'adorais. Quant à ma mère, elle a toujours été et elle reste ma meilleure amie. C'est une femme exceptionnelle. Le fait de devoir me parler de mon passé a été une terrible épreuve pour elle, continua Alexandra en repensant à son après-midi de la veille. J'imagine qu'à sa place tout le monde aurait réagi de la même façon. La mort de mes parents a été un tel drame ! Quelqu'un sait-il vraiment pourquoi mon père l'a tuée ?

— Cela reste un mystère, répondit John. Je suppose qu'ils se sont disputés, et que votre père était ivre. Lors de sa plaidoirie, M. Patterson a déclaré qu'il s'agissait d'un état de démence passagère et, encore aujourd'hui, il soutient que votre père adorait sa femme. Les émotions et les passions humaines sont parfois insondables...

Alexandra hocha la tête. De toute façon, la seule chose qui importait maintenant, c'était Hilary et Megan.

— Tout ce que j'espère maintenant, c'est que mes deux sœurs s'en sont bien sorties.

Elle avait l'impression de les connaître, ces deux enfants enfouies dans sa mémoire. C'était aussi un curieux hasard qu'elle soit retournée dans le pays natal de sa mère.

— J'ai deux filles, ajouta-t-elle. L'aînée s'appelle Marie-Louise et la seconde, Axelle. Et maintenant que j'ai vu la photo qui se trouve dans le dossier, j'ai l'impression que Marie-Louise ressemble à Hilary.

— Votre mari est-il au courant ?

— Je n'ai rien dit à Henri, monsieur Chapman. Je crois qu'il ne comprendrait pas. Il ne supportera pas le fait que mes parents lui aient menti au moment où nous nous sommes mariés. Tant que vous n'avez pas retrouvé mes sœurs, je préfère me taire. Cela ne pourrait que lui faire de la peine.

La nuit précédente, avant de s'endormir, Alexandra avait retourné le problème dans tous les sens et elle avait fini par se ranger à l'avis de Margaret.

— Et le jour où je les aurai retrouvées ?

— Ce jour-là, bien sûr, je serai obligée de lui dire quelque chose. Je ne pourrai pas partir aux Etats-Unis sans lui fournir un minimum d'explications...

— Puisque vous aviez complètement oublié votre passé, votre mari ne peut rien vous reprocher.

— Moi, j'avais oublié, mais mes parents étaient au courant. Henri sera furieux. Il a toujours pensé que j'étais la fille du comte de Borne. A ses yeux, mon ascendance est quelque chose de très important. Mettez-vous à sa place : son arbre généalogique remonte neuf cents ans en arrière ! Avec une telle lignée, il n'aurait certainement pas choisi comme grand-père pour ses filles un Américain, meurtrier de surcroît...

Heureusement qu'Alexandra n'avait pas eu de fils ! Jamais Henri ne lui aurait pardonné.

John, voyant à quel point elle était bouleversée, essaya de la rassurer.

— Je pense qu'avec le temps il s'adaptera à cette situation. Vous êtes mariés depuis longtemps et c'est tout de même quelque chose qui compte dans la vie.

— Tout dépend pour qui, monsieur Chapman...

Henri l'aimait-il vraiment ? Après quatorze ans de mariage, elle en était encore parfois incertaine. Tout ce qu'elle savait, c'est que, pour son mari, elle faisait partie de ses biens au même titre qu'un meuble Louis XV ou qu'un tableau de maître. Mais que se passerait-il le jour où il apprendrait que le tableau en question n'était qu'une habile copie ? Ne choisirait-il pas alors de se séparer d'elle ? Ou l'aimait-il assez pour l'accepter malgré son « pedigree » indigne de lui ?

John, qui observait Alexandra depuis le début de leur entretien, se dit que vraiment elle lui plaisait. Elle était douce et timide, et il aimait la tendresse qu'on lisait au fond de ses yeux. De plus, elle était ravissante et d'une élégance raffinée. Il espérait de tout son cœur que l'enquête qu'il effectuait pour le compte d'Arthur Patterson n'allait pas la faire souffrir. Elle ne méritait pas cela.

— Accepteriez-vous de déjeuner avec moi, Alexandra ? proposa-t-il.

Puis, s'apercevant trop tard qu'il l'avait appelée par son prénom, il rougit comme un gamin et ajouta aussitôt :

— Pardonnez-moi de vous avoir appelée ainsi. Cela m'a échappé...

— Vous connaissez tous les secrets de ma vie, répondit Alexandra en riant. Je ne vais tout de même pas exiger que vous m'appeliez madame la baronne de Morigny.

— Grands dieux ! Je ne savais pas que votre mari avait un titre de noblesse !

— Bien sûr que si ! Le baron Henri Edouard Antoine Xavier Saint-Brumier de Morigny. Joli nom, n'est-ce pas ?

En voyant la mine de John, Alexandra ne put s'empêcher de pouffer comme une gamine. Après la matinée qu'elle venait de passer, elle avait besoin de se détendre.

— Est-ce que tous ses noms et prénoms doivent figurer sur son permis de conduire ? demanda John avec une pointe d'ironie.

La plaisanterie les fit rire tous les deux. Puis, redevenant soudain sérieuse, Alexandra lui expliqua :

— Vous êtes un homme intelligent et j'aimerais connaître votre avis. Que pensez-vous de tout ça ? Même à vous, l'histoire de mes parents doit sembler un peu choquante.

— Dans ce métier, il y a longtemps que rien ne me choque plus. Néanmoins, je suis toujours bouleversé de découvrir qu'un acte de folie meurtrière peut détruire toute une famille. Dans ce sens, je pense qu'il vaut mieux ne pas raviver une blessure oubliée. Mais ce n'est pas à moi de juger. Peut-être trouverez-vous un certain réconfort à être à nouveau réunies...

— J'aimerais bien revoir mes sœurs, reconnut Alexandra. Je me souviens un peu de Hilary... Enfin, depuis hier seulement et parce que ma mère m'en a parlé. La pauvre ! Pour elle, ça a été un choc terrible !

— Pour vous aussi, non ? Je suis désolé de vous causer autant d'ennuis...

— Pour l'instant, vous ne m'avez causé aucun ennui.

Le jour où John Chapman aurait retrouvé ses deux sœurs et qu'elle serait obligée d'en parler à Henri, ce serait une autre histoire...

— Accepteriez-vous malgré tout de venir déjeuner avec moi ? demanda-t-il.

John avait recueilli largement assez d'informations pour satisfaire Arthur Patterson. Cette invitation à déjeuner n'apportait donc rien de plus à son enquête. Mais Alexandra lui plaisait, et il désirait soudain mieux la connaître.

— Avec plaisir.

— Où voulez-vous aller ? Cela fait très longtemps que je ne suis pas venu à Paris et si je vous propose un restaurant, il risque d'être un peu démodé.

— Les restaurants les plus anciens sont souvent les meilleurs, monsieur Chapman, fit remarquer Alexandra en se levant.

Au moment où John replaçait le dossier dans sa serviette, elle faillit lui demander la photo où elle se tenait en compagnie de ses sœurs et de sa mère. Puis elle y renonça en se disant que Megan et Hilary seraient peut-être heureuses elles aussi de la voir le jour où John Chapman les retrouverait. Elle comprit soudain pourquoi ses parents n'avaient aucune photo d'elle bébé.

— Où allons-nous ? demanda John tandis qu'ils sortaient de l'hôtel.

— Je vous emmène au Ritz, répondit Alexandra en lui prenant le bras. Et je vous préviens que la salle risque d'être remplie de vieilles dames.

— J'adore les vieilles dames, répondit John en riant.

— Moi aussi, renchérit Alexandra. Grâce à elles, je vais avoir l'air terriblement jeune et jolie.

— Vous l'êtes de toute façon ! Même si vous faites semblant de ne pas le savoir.

— Je ne fais pas semblant ! Quand je me regarde dans la glace, je ne vois que mes rides.

Alexandra plaisantait. Elle paraissait à peine trente ans. Et John pensa que, malgré son tailleur un peu strict, c'était vraiment une femme très désirable, qui ressemblerait probablement à sa mère si elle se laissait un peu plus aller. Une seule chose l'étonnait : la couleur de ses cheveux. Après avoir hésité pendant quelques secondes, il finit par lui dire :

— Avant de vous rencontrer, j'aurais juré que vous étiez rousse.

— Je le suis ! Tout comme ma cadette, Axelle. Mais je me teins pour faire plaisir à mon mari. Il trouve que les cheveux roux font vulgaire…

« Quel idiot ! » se dit John.

Pendant le déjeuner, ils parlèrent de New York et de Boston, de Cape Cod et de Saint-Jean-Cap-Ferrat. John expliqua à Alexandra pourquoi il avait choisi de devenir détective plutôt que juriste, comme ses frères. Et quand la fin du repas arriva, ils avaient l'impression de se connaître depuis des années et étaient devenus les meilleurs amis du monde.

Alexandra accompagna John jusqu'à l'hôtel Bristol pour y récupérer sa voiture.

— Dès que vous savez quelque chose, téléphonez-moi, John, lui rappela-t-elle au moment de le quitter.

— Promis ! répondit-il en se penchant par la portière pour l'embrasser sur la joue. Et j'espère que la prochaine fois que nous nous verrons, vos cheveux seront d'un roux éclatant !

Après lui avoir dit adieu de la main, Alexandra s'engagea dans le flot de la circulation et, tout en rentrant chez elle, elle ne cessa de penser à lui. Il lui semblait qu'elle s'était fait un nouvel ami. Elle le trouvait beau, plein de charme et extrêmement brillant, et était étonnée qu'il ne soit pas marié. Il lui avait expliqué qu'il était divorcé et qu'il avait un net penchant pour les femmes difficiles à vivre... Mais elle ne comprenait pas qu'un homme aussi merveilleux n'ait pas été harponné par une femme aussitôt après son divorce.

En arrivant avenue Foch, Alexandra s'aperçut qu'il était déjà quatre heures. Elle n'avait pas une minute à perdre car ce soir-là, elle attendait des invités. Elle commença par s'occuper des fleurs et du vin, donna ses dernières instructions au cuisinier et vérifia que tout était en ordre. Puis elle alla voir ses filles qui jouaient dans le jardin avec une amie. Les petites étaient ravies de voir que la fin de l'école approchait et se préparaient avec impatience à leur départ pour le cap Ferrat.

A six heures et demie, dans sa chambre, elle entendit Henri entrer dans son cabinet de travail. Plutôt que de le déranger, elle se fit couler un bain et se prélassa pendant quelques instants dans sa baignoire. Puis elle choisit dans sa garde-robe une robe longue en soie blanche. Elle avait fini de se coiffer et sortait de leur écrin une paire de pendentifs en diamants qui avait appartenu à la mère d'Henri quand celui-ci la rejoignit dans sa chambre.

— Comment vas-tu, chéri ? demanda-t-elle en se levant pour l'accueillir.

Mais en voyant l'expression de son visage, son sourire s'effaça aussitôt.

— Qu'y a-t-il ? interrogea-t-elle, soudain alarmée. J'ai vérifié que tout était prêt pour nos invités et je n'ai rien vu...

— Crois-tu que je vais te laisser me ridiculiser devant tout Paris ? demanda Henri, qui semblait hors de lui.

— Mon Dieu, Henri ! Mais de quoi parles-tu ?

— Du fait que l'on t'a vue déjeuner avec un homme au Ritz aujourd'hui, alors que tu croyais être bien cachée.

Alexandra pâlit brusquement.

— Si je désirais me cacher, ce n'est certainement pas au Ritz que j'irais déjeuner. Il s'agissait d'ailleurs d'un repas d'affaires. L'homme que j'ai rencontré venait de New York et nous avons parlé d'une affaire qui concerne ma mère.

— Il me semble que j'ai entendu le même refrain hier, Alexandra. Et je ne vais pas avaler un tel mensonge une seconde fois. Cela explique en tout cas ton comportement d'hier soir. Cet homme te tourne complètement la tête ! Je te demanderai donc de quitter la maison dès demain matin et de partir au cap Ferrat plus tôt que prévu.

Son mari la punissait comme une petite fille pour une faute qu'elle n'avait pas commise. Quelle injustice !

— Depuis que nous sommes mariés, je ne t'ai jamais trompé, Henri ! Il faut que tu me croies.

— Jusqu'ici, je t'ai toujours fait confiance. Mais c'est bien fini ! Ta mère devrait avoir honte de te servir de paravent ! Je ne vais d'ailleurs pas me gêner pour lui dire ce que j'en pense. Et j'en profiterai pour lui préciser que je ne veux pas la voir au cap Ferrat cette année.

— Tu es injuste avec elle, Henri. Tu sais très bien qu'elle vient pour voir ses petites-filles...

— Elle n'avait qu'à y penser avant de te servir d'alibi pour tes amants.

— Je n'ai pas d'amant ! s'écria Alexandra. Et ma mère n'a rien à voir avec ceci...

— Ah, ah ! Et moi qui avais cru entendre que cette affaire concernait justement ta mère !

Henri, qui, jusque-là, était resté à la porte, s'approcha d'Alexandra d'un air victorieux tandis que celle-ci se laissait tomber sur une chaise, affreusement malheureuse.

— De quel genre d'affaire s'agit-il ? demanda Henri en lui relevant durement le menton. Une affaire de cœur, n'est-ce pas ?

— Je ne peux pas t'expliquer pour l'instant. Il s'agit d'un travail confidentiel au sujet de mes parents.

Ce demi-mensonge n'eut pas l'air de satisfaire Henri. Lâchant le menton d'Alexandra, il traversa à nouveau la chambre et, arrivé à la porte, lui annonça :

— Débrouille-toi pour que ce genre de chose ne se reproduise jamais ! Car, la prochaine fois, tu retournes chez ta mère... sans tes filles. Je veux que demain à midi tes bagages soient prêts et que tu partes pour la côte d'Azur.

Puis il claqua rageusement la porte derrière lui.

Après son départ, Alexandra éclata en sanglots. Quel dommage que la bonne journée qu'elle venait de passer avec John se termine sur une telle scène ! Si elle devait partir le lendemain au cap Ferrat, il fallait absolument qu'elle le prévienne.

Aussitôt, elle décrocha son téléphone et composa le numéro de l'hôtel Bristol. Par chance, John était dans sa chambre et il répondit aussitôt. Elle lui expliqua alors qu'elle devait quitter Paris plus tôt que prévu et lui donna le numéro de la maison de Saint-Jean-Cap-Ferrat.

— J'espère que nous nous reverrons bientôt, lui dit John.

— Moi aussi, répondit Alexandra.

John était si gentil et si compréhensif. Elle aurait bien aimé qu'il ne retourne pas aussi vite à New York. Mais il avait sa vie, et elle la sienne. De plus, elle avait suffisamment d'ennuis actuellement sans se mettre à rêver à son sujet...

— Aussitôt que j'ai du nouveau, je vous appelle.

— Merci, John. Et bon voyage.

— Merci. Je pars demain matin.

Il avait espéré prendre un vol de nuit. Mais en rentrant à son hôtel, il n'avait pas eu le courage de s'attaquer à ses bagages et avait finalement décidé de ne quitter Paris que le lendemain. Un peu plus tôt, au téléphone, Sasha s'était montrée d'une humeur massacrante et ne lui avait donné aucune envie de hâter son départ. Il comptait dîner dans un bistrot près de l'hôtel et passer le reste de la soirée à flâner dans les rues de Paris.

Après lui avoir dit au revoir, Alexandra retourna dans la salle de bains pour retoucher son maquillage. Puis elle descendit dans le salon pour accueillir ses invités. Pendant toute la soirée, Henri la traita d'une manière glaciale et le lendemain, au moment du départ, sa colère n'était toujours pas tombée.

— Je t'interdis de sortir tant que je ne serai pas arrivé, lui annonça-t-il. Tu n'as qu'à rester dans la villa. D'ailleurs, je téléphonerai régulièrement pour vérifier que tu es là.

— Ai-je le droit d'aller à la plage ou dois-je demeurer enfermée dans ma chambre avec un boulet au pied ? demanda Alexandra sur un ton légèrement persifleur.

— Je suis désolé que notre mariage te pèse autant, ma chère ! Je vais finir par croire qu'avec moi tu souffres le martyre.

Comme d'habitude, Henri avait réponse à tout. Et, pour la première fois, Alexandra se surprit à le haïr. C'est avec soulagement qu'elle quitta l'avenue Foch en compagnie de ses deux filles, du chauffeur et de deux domestiques pour rejoindre la gare de Lyon, où ils devaient tous prendre le train tandis que leur Citroën et leur break Peugeot seraient acheminés de nuit par train-auto.

— Papa avait l'air drôlement fâché, remarqua Axelle alors qu'ils roulaient vers la gare. Il était en colère contre toi ?

— Il était simplement de mauvaise humeur, répondit Alexandra en caressant les boucles rousses de sa fille.

Maintenant, chaque fois qu'elle était avec ses filles, elle ne pouvait s'empêcher de penser à ses sœurs. Elle espérait que John Chapman réussirait à les retrouver et qu'elle ne tarderait pas à les voir. Mais Axelle ne lui laissa pas le loisir de réfléchir à cette éventualité.

— Il était furieux, oui ! corrigea-t-elle. Est-ce que tu as fait quelque chose d'affreux, maman ?

Alexandra sourit et prit la main de sa fille dans la sienne. Ces quelques semaines de vacances sans son mari lui feraient peut-être du bien.

— Simplement une petite bêtise, répondit-elle.

— Comme le jour où tu avais acheté ce chapeau qui me plaisait tant ?

Le chapeau en question avait une voilette et des plumes, et Henri, sous prétexte que « ça faisait vulgaire », avait obligé Alexandra à le renvoyer aussitôt au magasin.

— Quelque chose comme ça...

— Tu as acheté un autre chapeau ?

— Oui... En quelque sorte...

— Et il était joli ?

— Très, répondit Alexandra en souriant à sa fille.

Axelle lui sourit à son tour. Et, quelques minutes plus tard, elles arrivaient à la gare de Lyon.

23

En rentrant de Paris, John apprit que les détectives de l'agence avaient réussi à dénicher Hilary. Ils avaient découvert l'adresse du cours du soir où elle s'était inscrite peu après son arrivée à New York et celle de son premier employeur, une agence de placement. A partir de là, il leur avait été facile de déterminer qu'elle était entrée à CBA et qu'elle y travaillait toujours. John avait donc fait mouche du premier coup ! La fameuse Hilary Walker à laquelle il avait téléphoné après son entrevue avec Arthur était bien celle qu'il recherchait. Et il était clair qu'elle ne désirait pas qu'on la retrouve. Il allait donc attendre d'avoir trouvé Megan pour lui annoncer qu'il savait qui elle était.

Une fois de plus, il eut un petit serrement de cœur en pensant à Hilary. Maintenant qu'il savait où elle travaillait, il aurait aimé la rassurer, lui dire que tout allait bien, qu'il y avait des gens qui pensaient à elle et qu'elle n'était plus obligée de fuir les démons de son passé. C'était terrible de l'imaginer seule, délaissée de tous et remâchant sa colère. Mais peut-être se faisait-il des idées… La petite fille blessée par la vie pouvait très bien être mariée,

avoir des enfants et mener une existence pleinement heureuse. Il demanderait à un de ses assistants d'enquêter à ce sujet. Mais il savait qu'il ne se
sentirait en paix avec lui-même que le jour où il
pourrait enfin la rencontrer.

John avait l'impression d'être obsédé par le destin des trois femmes qu'on lui avait demandé de
retrouver. Parce qu'il éprouvait le besoin d'en parler avec quelqu'un, il finit par téléphoner à son ex-
femme pour lui proposer de déjeuner avec lui.

Grande, calme et très contrôlée, Eloise avait mis
toute son intelligence au service de sa carrière littéraire et parfaitement réussi. Elle n'aurait pas du
tout été à sa place dans l'ambiance un peu bohème
du salon de thé russe et John préféra l'inviter aux
Quatre Saisons, le rendez-vous favori des éditeurs
new-yorkais. Là au moins, au milieu des marbres et
du discret jaillissement des fontaines, elle était dans
son élément.

— Quand tu écris, est-ce que tu tombes amoureuse de tes personnages ? demanda John dès que le
serveur eut disparu avec leur commande.

— Amoureuse ? Que veux-tu dire ? As-tu l'intention d'écrire un livre ?

— Pas du tout ! Je pensais simplement à cette
fichue enquête sur laquelle je travaille actuellement.
Mes recherches m'ont obligé à remonter trente ans
en arrière et les trois femmes que je suis censé
retrouver m'obsèdent tellement que je pense à elles
toute la journée. J'en rêve même la nuit !

— Ça ressemble plus à une intoxication alimentaire qu'à de l'amour ! fit remarquer Eloise en tapo-
tant amicalement la main de John.

Ils avaient conservé d'excellentes relations après leur divorce et continuaient à déjeuner ensemble deux à trois fois par an. John avait même présenté Sasha à Eloise. Et, quand ils s'étaient revus ensuite, Eloise ne s'était pas gênée pour déclarer qu'il pouvait trouver mieux.

— A ta place, dit-elle, j'essaierais d'écrire cette histoire.

— Personne ne me croirait, Ellie ! Et tu sais bien que ce n'est pas mon métier. Il n'empêche que cette enquête me rend complètement fou.

— Il faut que tu termines ce travail, John. C'est la seule manière de t'en débarrasser. Moi, aussitôt que j'ai fini un livre, mes personnages disparaissent de mon univers. Et pour de bon. Mais tant que je n'ai pas écrit la dernière ligne, ils ne me laissent pas une minute de repos. Un peu comme s'ils me hantaient...

— C'est exactement ça ! s'écria John.

Hilary le hantait littéralement et, quand il cessait de se tourmenter à son sujet, il pensait à Alexandra. D'ailleurs, il lui avait téléphoné dès son retour à New York pour lui annoncer qu'ils avaient retrouvé Hilary et il savait qu'elle brûlait d'impatience de rencontrer bientôt ses deux sœurs. John tentait d'accélérer les recherches pour retrouver Megan car Arthur semblait faiblir de jour en jour.

— Est-ce une enquête difficile ? demanda Eloise tandis qu'ils mangeaient leur salade.

— Très. Il me manque encore une pièce du puzzle. Quand je l'aurai trouvée, ce sera fini. Je suis sûr que c'est une histoire qui te plairait. Je t'en reparlerai quand le dossier sera clos.

— Qui sait si je ne pourrai pas en tirer un roman..., fit remarquer Eloise, qui était toujours à l'affût de nouvelles intrigues. Je me remets au travail la semaine prochaine. Pour être tranquille, j'ai loué une maison à Long Island. Je compte écrire là-bas tout l'été.

La nouvelle ne surprit pas John. Il savait qu'Eloise travaillait comme une forcenée. Et au fond, elle avait raison puisqu'elle adorait son métier.

— Comment va ta danseuse ?

Eloise avait posé cette question sans manifester aucune jalousie. Elle considérait maintenant John comme une sorte de grand frère et, même si Sasha ne lui avait pas fait une grosse impression, elle espérait qu'il était heureux avec elle.

— Pas terrible. Tu sais, les danseurs vivent uniquement dans leur monde. Sasha ne comprend rien à la vie. A la mienne, en tout cas...

— Les danseurs sont pires que les écrivains ?

— Bien pires ! Quand je vivais avec toi, tu ne me cassais pas les oreilles à longueur de journée avec tes muscles et tes tendons. Eux sont incapables de respirer sans se demander aussitôt si cela ne va pas les empêcher de danser le lendemain...

— Ça m'a l'air épuisant !

Eloise ne put s'empêcher de sourire. John était vraiment quelqu'un d'extrêmement sympathique. Il lui arrivait d'ailleurs parfois de regretter qu'ils aient été obligés de divorcer. Peut-être avaient-ils eu tort... Mais non ! Cela n'aurait pas marché. Eloise savait qu'elle n'était pas faite pour le mariage. Elle avait besoin de vivre seule pour écrire. Quant à

John, pour être vraiment heureux, il faudrait qu'un jour il se remarie et ait des enfants.

— Tu sais, je pense que Sasha n'est pas la femme idéale pour toi.

— Aujourd'hui, je partage ton avis. Mais il m'a fallu un sacré bout de temps avant de m'en rendre compte. Et puis Sasha m'intriguait. Les gens qui m'intéressent vraiment ne courent pas les rues. Et toi, où en es-tu ? Toujours pas de prince charmant à l'horizon ?

— Je n'ai pas le temps de m'occuper de ça, John ! Il est très difficile de réussir à la fois sa vie affective et sa carrière.

— Cela est possible... mais il faut le vouloir !

— Peut-être que je ne désire rien d'autre que ce que j'ai déjà : ma machine à écrire et mes vieilles chemises de nuit.

— C'est terrifiant de penser des choses pareilles ! Un jour, tu risques de te dire que tu as gâché ta vie.

— Je ne crois pas. Je n'ai aucune envie de me remarier et j'aurais détesté avoir des enfants.

— Pourquoi ?

— Ils auraient trop exigé de moi et m'auraient distraite de mon travail. Jamais je ne l'aurais supporté ! Avec toi, c'était pareil, John : je n'étais pas une bonne épouse parce que je faisais passer mon travail d'écrivain avant toi. Je suis peut-être folle, mais écrire des livres est la seule chose qui me rende vraiment heureuse.

— Au moins, toi, tu es honnête ! s'écria John en éclatant de rire.

Puis, après avoir payé l'addition que venait de lui apporter le garçon, il ajouta :

— Figure-toi que j'ai rencontré une femme très bien. Mariée à un baron français. Malheureusement, elle n'est pas libre.

— Mieux que ta danseuse ?

— Oui. Mais il n'y a pas de place pour moi dans sa vie. Dommage... Elle est vraiment ravissante.

— Un de ces jours, tu finiras bien par tirer le bon numéro, John. Mais suis mon conseil : évite le genre artiste ! Ce ne sont jamais de bonnes épouses. Je suis bien placée pour le savoir !

Avec un sourire de regret, Eloise se pencha vers John et l'embrassa gentiment sur la joue.

— Ne sois pas trop dure avec toi-même ! dit-il au moment où ils se levaient de table. Nous étions tous les deux très jeunes, Ellie.

— Et toi, formidable !

Après avoir salué son éditeur, qui déjeunait à une autre table, Eloise rejoignit John dans la rue. Il arrêta un taxi pour elle et, après lui avoir souhaité bonne chance pour son prochain livre, il regagna son bureau.

Quand il arriva, une surprise l'attendait. Un de ses assistants avait réussi à retrouver les Abrams et il expliqua à John que le couple vivait maintenant à San Francisco.

Cela faisait plusieurs semaines qu'ils travaillaient à cette enquête et, jusqu'ici, leurs recherches n'avaient pas abouti. Ils avaient donc abandonné la piste de David Abrams pour s'intéresser à sa femme, Rebecca. Et c'est ainsi qu'ils avaient retrouvé leur trace en Californie. Les Abrams avaient quitté Los Angeles au début des années soixante et participé à la marche de Martin Luther

King dans le sud des Etats-Unis et à de nombreuses campagnes en faveur de l'inscription des Noirs sur les listes électorales. En Géorgie, en Louisiane et dans le Mississippi, ils avaient fourni à la population noire une assistance judiciaire gratuite. Puis ils avaient monté un bureau d'aide juridique à Biloxi. Finalement, après avoir vécu quelque temps à Atlanta, ils étaient revenus en Californie en 1981. David n'exerçait plus car il avait subi une grave intervention chirurgicale. Quant à Rebecca, elle travaillait dans un cabinet de San Francisco, uniquement composé de femmes et spécialisé dans la défense des causes féministes. Au fond, ils avaient suivi tous deux l'itinéraire classique des libéraux de gauche.

L'assistant de John avait suivi ses instructions à la lettre : il n'avait pas pris contact avec les Abrams et s'était contenté de revenir à New York pour y faire son rapport. C'était à John maintenant d'aller voir Rebecca Abrams et il demanda à sa secrétaire de lui obtenir un rendez-vous avec l'avocate le lendemain après-midi.

Maintenant qu'il approchait du but, il se dit que le moment était venu de faire une chose à laquelle il pensait depuis plusieurs jours et qui lui rappellerait l'époque où il usait encore ses semelles comme simple détective privé.

A quatre heures, il quitta son bureau et se fit conduire en taxi jusqu'au gratte-ciel qui abritait les bureaux de CBA. A l'entrée, il exhiba un laissez-passer qu'il avait eu un mal fou à se procurer et qui attestait qu'il appartenait à un service de sécurité.

Aussitôt, le garde posté devant l'immeuble le laissa entrer.

Il prit l'ascenseur, puis déboucha dans l'immense hall de réception avec autant de naturel que s'il connaissait les lieux depuis toujours. Après s'être assuré que personne n'avait remarqué sa présence, il s'approcha d'un téléphone intérieur et composa le numéro du poste qui l'intéressait. Une secrétaire lui répondit que la personne en question était en réunion.

— Ici ou là-haut ? demanda John, exactement comme s'il faisait partie de la maison.

— Ici. Elle est avec M. Baker.

— Vous avez une idée de l'heure à laquelle elle aura fini ?

— Elle a dit qu'elle devait partir à cinq heures et demie.

— Merci, dit John avant de raccrocher.

Puis il s'installa confortablement pour attendre. A cinq heures et quart, quand elle entra dans le hall, il sut aussitôt que c'était elle et ne fut pas étonné d'entendre la réceptionniste lancer :

— Bonsoir, mademoiselle Walker.

Hilary la salua distraitement, puis elle se dirigea vers la rangée d'ascenseurs. Aussitôt, John lui emboîta le pas et quand une des cabines s'arrêta à l'étage, il y entra derrière elle. Il put observer en détail son épaisse chevelure noire coiffée en chignon, ses mains racées et son cou délicat, et même apprécier en connaisseur le discret parfum dont elle se servait. Quand, en sortant de l'ascenseur, il la heurta du coude, elle se retourna pour lui jeter un regard qui était tout sauf amical. « Ne me touchez pas, ne m'approchez pas », semblaient dire ses yeux verts. John bredouilla une vague excuse, puis il lui laissa prendre un peu d'avance. Dans Madison Avenue, Hilary s'approcha d'un arrêt de bus et il eut tout juste le temps de monter derrière elle. Elle s'arrêta dans la 59ᵉ Rue et, après avoir parcouru à pied un pâté de maisons, pénétra dans un cabinet médical. John attendit patiemment qu'elle ressorte et, lorsqu'elle héla un taxi, il fit de même et demanda à son chauffeur de la suivre. Cette fois-ci, Hilary se fit déposer devant le restaurant Elaine et rejoignit dans un des box de la salle une femme qui, semblait-il, l'attendait.

Par chance, John put s'installer dans le box voisin et suivre leur conversation. La femme était une présentatrice connue de la chaîne CBA qui venait d'être renvoyée. L'affaire avait fait du bruit puisque John avait eu l'occasion de lire un article à ce sujet dans le journal quelques jours plus tôt. La présentatrice pleurait en donnant sa version de l'affaire et elle paraissait bouleversée. Peut-être espérait-elle obtenir l'aide de Hilary. Mais celle-ci, sans manifester la moindre compassion, se contenta de répondre que le renvoi avait été décidé à un très haut niveau et qu'il était trop tard pour intervenir. Quand, un quart d'heure plus tard, elle sortit du restaurant, elle semblait contrariée et John en déduisit qu'elle était désolée de ne pas pouvoir appuyer cette femme.

Il reprit sa filature et, tandis que Hilary marchait devant lui d'un pas décidé, admira le gracieux mouvement de ses hanches. En arrivant dans la 72ᵉ Rue, elle ralentit un peu l'allure et se dirigea vers un bâtiment de grès brun, situé juste à côté d'un petit jardin public. Quand elle fut entrée dans la maison, il se contenta de vérifier sur les boîtes aux lettres qu'elle habitait bien là et ne fut pas autrement étonné de découvrir qu'elle vivait seule. Puis, toujours à pied, il regagna son propre appartement qui se trouvait quelques rues plus loin.

Sa filature de ce soir ne lui avait pas appris grand-chose. Mais au moins lui avait-elle apporté la satisfaction de voir en chair et en os cette femme qui, comme il l'avait expliqué à Eloise, le hantait. Il aurait juré que Hilary vivait seule et qu'elle consacrait toute sa vie à son travail. Elle avait l'air dure et résolue d'une femme qui a construit une véritable forteresse autour d'elle sans y laisser pénétrer personne depuis des années. Elle lui faisait vraiment de la peine et, en rentrant chez lui, il se retint de décrocher son téléphone pour l'appeler. Mais que lui dirait-il ? Qu'il voulait devenir son ami ? Qu'il avait fait la connaissance d'Alexandra et que celle-ci voulait la revoir ? Elle risquait de lui raccrocher au nez. Et, au fond, elle n'aurait peut-être pas tout à fait tort...

Ce soir-là, incapable de s'endormir, John se tournait et se retournait dans son lit. Au bout d'une heure, comme il ne dormait toujours pas, il ralluma la lumière et décida de téléphoner à Sasha, qui se trouvait à Denver. Elle venait juste de rentrer dans sa chambre d'hôtel après le spectacle et, bien entendu, ses pieds la faisaient atrocement souffrir.

— Rien de changé, si je comprends bien ! remarqua John en éclatant de rire.

Il était heureux d'entendre sa voix. Peut-être avait-il un peu exagéré quand il avait parlé d'elle avec Eloise... Au fond, aussi égoïste soit-elle, elle apportait une note de fantaisie dans sa vie et, ce soir, il aurait bien aimé qu'elle soit avec lui.

— Peut-être pourrions-nous nous retrouver à San Francisco ? proposa-t-il.

— Quand ?

— Je prends l'avion demain, expliqua John. Sur place, j'en ai pour deux jours environ. Nous pourrions nous donner rendez-vous là-bas dans trois jours... Tout dépend de la date à laquelle tu quittes Denver.

— Nous partons demain pour Los Angeles. Le spectacle que nous devions donner à San Francisco a été annulé.

— Aucune importance ! Je peux très bien venir te rejoindre à Los Angeles.

— Il ne vaudrait mieux pas.

Il y eut un long silence, et John fut le premier à le rompre.

— Et pourquoi donc ?

— Cela pourrait gêner les autres danseurs, répondit Sasha.

— Tu veux dire que cela pourrait gêner quelqu'un de bien précis ? demanda John, qui n'était pas dupe d'une aussi vague excuse.

— Mais non... Ecoute, il est trop tard pour parler de ça.

Elle ne devait pas être seule dans sa chambre car John entendit une voix masculine.

— Qui est avec toi ? Dominique, Pierre ou Petrov ?

— C'est Ivan. Il s'est claqué un tendon en dansant ce soir et le pauvre est dans tous ses états.

— Tu t'occuperas d'Ivan et de son tendon plus tard ! Sasha, je veux que tu me dises ce qui se passe. Je suis trop vieux pour jouer à ce jeu-là.

— Tu n'as aucune idée du stress auquel nous sommes soumis pendant une tournée, se plaignit Sasha.

— Que veux-tu dire ?

— Que les danseurs ont besoin d'être avec d'autres danseurs.

— Nous abordons enfin le cœur du problème ! Si je comprends bien, tu es en train de m'expliquer pourquoi tu as besoin qu'Ivan couche dans ta chambre ce soir.

— Non... Oui... Si tu veux ! Mais ce n'est pas ce que tu penses.

— Comment diable pourrais-tu savoir ce que je pense alors que tu passes ton temps à t'inquiéter pour tes pieds, tes tendons et tes muscles ?

— Tu es injuste ! s'écria Sasha en se mettant à pleurer.

John n'essaya même pas de la consoler. Il savait qu'entre eux c'était fini.

— Je suis peut-être injuste, continua-t-il, mais je dis la vérité. Je crois que la meilleure chose que nous ayons à faire, toi et moi, c'est de tirer notre révérence et de quitter la scène. Quand le troisième acte est fini, le rideau tombe et la pièce est terminée. C'est comme ça.

— Pourquoi ne pas attendre mon retour pour en parler ?

— Parler de quoi ? De tes pieds ? Du fait que les danseurs ont absolument besoin des autres danseurs ? Moi, c'est d'autre chose que j'ai besoin. Très précisément, d'une femme que j'aime et qui m'aime, qui soit prête à partager ma vie et à avoir des enfants. Est-ce que ça te tente ?

— Non, reconnut Sasha.

Il n'était pas question pour elle de s'arrêter de danser, et de devoir ensuite livrer un combat acharné pour retrouver ses muscles. Jamais.

— Et je ne comprends pas pourquoi tu tiens tant à être papa, poursuivit-elle.

— Peut-être tout simplement parce que j'ai quarante-deux ans et que j'en ai assez de perdre mon temps. Pendant des années, j'ai fréquenté le milieu artistique. Mais maintenant, j'ai envie de quelque chose de différent.

— Avoir un enfant n'est pas aussi important que tu le crois, John.

— A mes yeux, si. Mais il n'y a pas que ça, Sash ! La vérité, c'est que tu n'as pas besoin de moi. Ni de qui que ce soit d'autre, d'ailleurs...

A l'autre bout du fil, il y eut un long silence. John aurait aimé pouvoir raccrocher. Ils s'étaient dit tout ce qu'ils avaient à se dire. Il n'y avait rien à ajouter.

— Au revoir, Sash. Prends soin de toi. On pourra se voir à ton retour, peut-être pour un déjeuner...

Il savait qu'elle voudrait récupérer les affaires qu'elle avait laissées dans son appartement, mais en réalité, il n'avait pas très envie de la revoir.

— Es-tu en train de m'annoncer que c'est fini entre nous ? demanda Sasha, qui semblait complètement éberluée.

— Je crois, oui, reconnut John.

— Et c'est pour ça que tu m'as téléphoné ?

— Non. C'est venu tout seul. J'imagine que c'était le moment...

— Y a-t-il quelqu'un d'autre dans ta vie ?

Pas quelqu'un en particulier... mais trois femmes qu'on lui avait demandé de retrouver et auxquelles il pensait jour et nuit. Inutile d'essayer d'expliquer cela à Sasha, elle ne comprendrait pas.

— Il n'y a personne d'autre, lui dit-il. Au revoir, Sasha.

Après avoir raccroché, il éteignit la lumière et s'allongea à nouveau dans son lit. Cette fois-ci, il n'eut aucun mal à s'endormir. Il était content d'avoir appelé Sasha : pour la première fois depuis des mois, il se sentait merveilleusement libre.

QUATRIÈME PARTIE

MEGAN

24

Il était trois heures de l'après-midi quand l'avion de John se posa à San Francisco. Comme il avait rendez-vous avec Rebecca Abrams à quatre heures, il prit un taxi et se fit conduire directement à son bureau. La maison qui abritait le cabinet d'avocats où elle travaillait était située dans un vieux quartier de style victorien qui ne payait pas de mine. Mais l'intérieur était complètement rénové, décoré avec goût et rempli de plantes vertes.

Rebecca, qui semblait parfaitement à l'aise dans cet environnement, ne correspondait pas du tout à l'idée que l'on se fait en général d'une avocate. Agée d'une soixantaine d'années, une grosse fleur rouge piquée dans sa natte de cheveux gris, elle portait un jean bleu clair et une chemise blanche, et était chaussée d'espadrilles rouges. Mais cette allure bohème ne l'empêchait pas d'avoir l'air très intelligente et tout à fait efficace.

Après avoir adressé un grand sourire à John, elle le fit entrer dans son bureau.

— Vous ne ressemblez pas à nos clients habi-tuels, monsieur Chapman, avoua-t-elle quand il fut assis en face d'elle.

« Et pour cause ! » songea John, qui n'avait évidemment pas indiqué le motif de sa visite.

Le bureau de Rebecca possédait une kitchenette dont la porte était restée ouverte et, après avoir jeté un coup d'œil dans cette direction, elle lui proposa :

— Voulez-vous boire une tasse de café ou de thé ? Ou bien une infusion ?

John refusa poliment. Il regrettait sincèrement de devoir exposer à cette femme une affaire qu'elle ne manquerait pas de prendre comme une mauvaise nouvelle.

— Je viens vous voir pour une affaire personnelle, madame Abrams. Cela fait un certain temps que je vous recherche, vous et votre mari, et j'ai eu beaucoup de mal à vous retrouver. Je ne connaissais que votre adresse à New York en 1958...

— Depuis cette date, nous avons beaucoup bougé en effet, répondit Rebecca en souriant. Nous avons vécu de nombreuses années dans le Sud et nous ne sommes revenus en Californie que parce que mon mari était malade. Il a dû subir un quadruple pontage il y a six ans et demi et nous avons pensé qu'il était temps pour nous de profiter un peu de la vie. Maintenant, je travaille en solo. Je veux dire : sans David... En réalité, je ne suis pas seule puisque je fais partie de ce cabinet d'avocates. Et, sur le fond, mes activités n'ont pas vraiment changé : ici aussi, je me bats pour le respect des droits civiques.

— Et votre mari ?

— Il donne des cours à Berkeley deux fois par semaine. Il jardine. Le reste du temps, il s'occupe de mille choses passionnantes.

— Et votre fille ? demanda John en retenant son souffle.

— Elle va très bien et habite toujours dans le Kentucky. Comment se fait-il que vous connaissiez aussi bien notre famille, monsieur Chapman ? demanda Rebecca avec un léger froncement de sourcils.

— Je ne la connais pas... enfin, pas directement. Je suis moi-même avocat et je dirige un cabinet à New York, Chapman et Associés. Comme la pratique du droit ne m'attirait guère, j'ai commencé à faire des enquêtes et suis devenu détective privé. C'est d'ailleurs à ce titre que je suis ici aujourd'hui. Je suis venu vous voir de la part d'un de mes clients qui s'appelle Arthur Patterson. Je ne sais pas si ce nom vous dit quelque chose... Il s'agit de l'avocat qui vous a confié Megan en 1958.

Cette fois, l'aimable sourire de Rebecca avait disparu.

— Pourquoi M. Patterson désire-t-il prendre contact avec nous ? demanda-t-elle, une lueur d'affolement au fond des yeux.

— Pour une raison très simple, madame Abrams : il est mourant. Et, avant de disparaître, il désire s'assurer que les trois filles de son ami Sam Walker vont bien et qu'elles n'ont besoin de rien. Par ailleurs, il aimerait pouvoir les réunir avant de mourir afin qu'elles puissent faire connaissance...

— Maintenant ? s'écria Rebecca, qui semblait horrifiée. Au bout de trente ans, pourquoi auraient-elles envie de se revoir ?

— Je vous comprends, mais pour elles, cela peut être important.

— Au moment de l'adoption, nous avions bien précisé à M. Patterson que nous ne voulions plus avoir de contact ni avec lui ni avec les sœurs de Megan. C'est pourquoi d'ailleurs nous avons quitté New York. Et notre position n'a pas changé !

— Peut-être pourriez-vous au moins demander à votre fille ce qu'elle en pense. Vous m'avez dit qu'elle habitait le Kentucky...

— Megan est médecin et a choisi de se spécialiser en obstétrique, précisa Rebecca, non sans fierté. Elle termine son internat.

— Peut-être pourrais-je prendre contact avec elle ?

— Il n'en est pas question, monsieur Chapman ! coupa Rebecca en lui lançant un regard outré. Vous ne croyez quand même pas que je vais laisser quelqu'un comme vous faire de la peine à Megan et jeter le trouble dans son esprit. Savez-vous dans quelles conditions ses parents sont morts ?

— Oui. Et Megan, le sait-elle ?

— Non, bien sûr ! Et pour tout vous dire, monsieur Chapman, Megan ne sait même pas que nous l'avons adoptée.

John était stupéfait. Comment des gens qui affichaient des idées aussi larges avaient-ils pu ne rien dire à leur fille ?

— Avez-vous d'autres enfants, madame Abrams ?

— Non. Mais la question n'est pas là. Quand nous avons adopté Megan, c'était encore un bébé. Elle a toujours pensé que nous étions ses parents et nous n'avons jamais jugé utile de la détromper.

— Pourquoi ne pas profiter de ma visite pour lui dire la vérité ?

384

Il suffit à John de regarder Rebecca Abrams dans les yeux pour comprendre qu'elle n'allait pas lui faciliter la tâche. De toute façon, maintenant qu'il savait où se trouvait Megan, il pourrait toujours lui rendre visite, que sa mère le veuille ou non. C'était peut-être cruel, mais Megan avait le droit de savoir qu'elle avait deux sœurs.

Après avoir réfléchi, Rebecca finit par dire :

— Je ne pense pas qu'il soit utile de dire la vérité à Megan. En outre, il faut que j'en discute avec mon mari. Mais avant de lui en parler, je consulterai son médecin. Il n'est pas en très bonne santé et mieux vaut lui éviter les émotions fortes.

— Je comprends. Peut-être pourriez-vous me faire signe dans un jour ou deux ? Je suis descendu à l'hôtel Mark Hopkins.

— Je vous ferai signe quand je pourrai, monsieur Chapman, rétorqua Rebecca en se levant pour montrer que l'entretien était terminé.

Malgré sa tenue décontractée, elle avait l'air aussi sévère que si elle portait un strict tailleur bleu marine.

— Je pense que vous n'allez pas tarder à rentrer à New York...

— Je ne quitterai pas San Francisco tant que je n'aurai pas eu votre réponse, madame Abrams. Peut-être votre mari désirera-t-il me voir.

— Dans ce cas, je vous le ferai savoir, répondit Rebecca en lui serrant la main avec un regard froid.

Après le départ de John, elle courut s'enfermer dans son bureau et éclata en sanglots. Voilà qu'au bout de trente ans on essayait de lui enlever sa fille... Pourquoi éveiller chez Megan une curiosité qu'elle n'avait jamais eue et lui faire rencontrer des sœurs dont elle ignorait l'existence ? C'était vraiment trop injuste vis-à-vis de ceux qui l'avaient élevée et aimée comme leur fille.

En fin d'après-midi, Rebecca se rendit chez le médecin de son mari. Celui-ci la rassura aussitôt : David était assez fort pour supporter une telle nouvelle.

Malgré tout, elle attendit deux jours avant de trouver le courage de lui parler de la visite de John Chapman et, finalement, ce fut David qui fut obligé de la soutenir car elle s'effondra en pleurant dans ses bras.

— Personne ne va nous enlever Meg, ma chérie, lui dit-il en lui caressant tendrement les cheveux.

Il n'était pas surpris par la réaction de sa femme. Lorsque Megan était petite, elle s'était toujours sentie très menacée par le passé de leur fille.

— Et si tout d'un coup Megan veut savoir la vérité au sujet de ses parents biologiques ?

— Eh bien, nous la lui dirons.

— Ne risque-t-elle pas de moins nous aimer ?

— Pourquoi veux-tu que ses sentiments changent ? Megan nous aime, pour elle nous sommes ses parents, au plein sens du terme. Elle peut néanmoins avoir envie de rencontrer ses sœurs… Si un beau jour on m'annonçait que j'ai deux sœurs que je n'ai jamais vues, je voudrais certainement faire leur connaissance. Mais ce n'est pas pour ça que je vous aimerais moins, toi et Megan.

Rebecca, qui craignait toujours de perdre sa fille, passa une partie de la nuit à discuter avec son mari. Il fallut encore une journée pour que David réussisse à la convaincre qu'il valait mieux dire la vérité à Megan. Elle téléphona alors à John Chapman, qui se rongeait les sangs dans sa chambre d'hôtel et qui lui proposa de venir leur rendre visite le soir même.

Après avoir longuement discuté avec les Abrams de la meilleure façon d'annoncer la chose à Megan, John dut se rendre à leurs arguments. David et Rebecca désiraient dire eux-mêmes la vérité à leur fille et ils attendraient pour cela qu'elle vienne passer le week-end chez eux, deux semaines plus tard. Ensuite, ils téléphoneraient à John et, selon la réaction de Megan, celui-ci pourrait alors lui rendre visite dans le Kentucky. Mais pas avant.

Le samedi soir, en rentrant à New York, John téléphona à Arthur et lui annonça qu'il avait retrouvé les Abrams. Il lui expliqua aussi qu'il ne pourrait rencontrer Megan avant deux semaines. C'était un délai qu'ils se devaient d'accorder aux Abrams, mais la santé d'Arthur se détériorait rapidement.

— Et ensuite ? demanda-t-il.

— Dès que j'aurai vu Megan, nous fixerons la date de la réunion qui doit avoir lieu dans le Connecticut. Je téléphonerai alors à Alexandra. Puis, au dernier moment, je préviendrai Hilary.

John savait qu'en ne la prévenant pas à l'avance, il aurait beaucoup plus de chances qu'elle accepte de venir.

— Merci pour tout, John. Vous avez vraiment fait du bon travail. Je ne pensais pas que ce serait aussi facile...

— Moi non plus, reconnut John.

Dans quelques semaines, les trois sœurs se trouveraient réunies et son travail serait terminé. Si Eloise disait vrai – et elle se trompait rarement –, il serait libre à nouveau. A cette idée, il se sentait à la fois soulagé et étrangement triste.

25

Deux semaines plus tard, quand David Abrams téléphona, John comprit au son de sa voix qu'il n'avait pas dû être facile pour les Abrams de dire la vérité à leur fille.

— Elle a très bien pris la chose..., dit-il d'une voix mal assurée. Nous sommes très fiers d'elle... Nous l'avons toujours été... Elle vous téléphonera dès qu'elle sera rentrée dans le Kentucky.

— Pourrais-je lui parler maintenant ? demanda John.

A l'autre bout du fil, David Abrams s'entretint avec quelqu'un et, quelques secondes plus tard, une voix qui ressemblait étrangement à celle d'Alexandra demandait :

— Monsieur Chapman ?

— Oui.

— Pour une surprise, c'est une surprise, commença Megan.

— Je suis vraiment désolé.

— Ce n'est pas votre faute, monsieur Chapman. J'ai cru comprendre que vous désiriez me rencontrer.

— En effet. Je comptais aller vous voir avant d'organiser la rencontre dans le Connecticut. J'aurais d'ailleurs besoin de savoir à quelle date vous pourriez vous libérer.

— Je vous répondrai lorsque j'aurai contacté l'hôpital. Si vous voulez, je vous appelle dès mon retour.

— Parfait, répondit John avant de raccrocher.

Comme promis, Megan téléphona dès qu'elle fut de retour dans le Kentucky. Elle proposa à John de venir la voir le dimanche suivant. Mais elle ne pourrait pas se libérer pour partir dans le Connecticut avant trois semaines.

Le délai sembla bien long à John, qui craignait qu'Arthur ne vive pas jusque-là. Quand il eut fait part de ses inquiétudes à Megan, celle-ci lui répondit :

— Je peux toujours essayer de m'arranger avec les autres médecins... Mais, même si je réussis à me faire remplacer, cela ne nous avancera que de quelques jours. Nous sommes complètement débordés, monsieur Chapman ! Vous jugerez par vous-même quand vous viendrez me voir.

— Vous êtes certaine de pouvoir vous libérer dans trois semaines ?

— Oui, certaine. A moins qu'au dernier moment il y ait une urgence. Mais ça, on ne peut jamais le prévoir.

— Je comprends.

Comme Megan semblait différente d'Alexandra ! Elle n'avait que trente et un ans, mais était déjà totalement impliquée dans son travail et possédait certainement une grande force de caractère. Elevée dans un système de valeurs très particulier, il lui paraissait tout à fait normal de se consacrer aux plus défavorisés et, toute sa vie certainement, elle lutterait contre les ravages de la pauvreté.

Quand John avait déjeuné avec Alexandra à Paris, celle-ci avait comparé le destin de Hilary et le sien, si différents, aux images changeantes d'un kaléidoscope. Pour elle, des fleurs, et pour Hilary, des démons... Et maintenant que John avait retrouvé Megan, il avait l'impression que le kaléidoscope avait tourné une fois de plus. Cette fois-ci, des sommets enneigés apparaissaient – ceux des montagnes du Kentucky où il n'allait pas tarder à rejoindre Megan...

Après avoir fixé avec elle la date de la rencontre dans le Connecticut au 1er septembre, il téléphona à Arthur pour l'avertir et, le lendemain matin, appela Alexandra, qui se trouvait toujours sur la côte d'Azur.

— Déjà ? Vous les avez retrouvées toutes les deux ? demanda-t-elle, tout excitée. Qu'est devenue Megan ?

— Elle est médecin et exerce dans le Kentucky.

— Mon Dieu ! Et Hilary, comment va-t-elle ?

— Très bien.

— Est-elle d'accord pour nous rejoindre le 1er septembre ?

Sa voix était pleine d'espoirs, qui s'évanouirent quand John lui confia qu'il ne l'avait pas encore appelée.

— Je ne veux pas qu'elle ait le temps de réfléchir à ma proposition. Je ne la contacterai qu'au dernier moment.

— Et si jamais elle s'absente entre-temps...

— Ne vous inquiétez pas ! J'arriverai toujours à la retrouver. Maintenant que je vous tiens, toutes les trois...

Cette plaisanterie les fit rire et, dès que John eut raccroché, Alexandra appela sa mère.

Finalement, Henri avait cédé et autorisé sa belle-mère à venir voir ses petites-filles. Comme d'habitude, Margaret était descendue à l'hôtel du Cap, au cap d'Antibes, et c'est là qu'Alexandra lui téléphona.

— Maman..., commença-t-elle dès qu'elle eut sa mère au bout du fil.

— Oui, ma chérie. Qu'y a-t-il ?

— Il les a retrouvées toutes les deux.

Margaret venait juste de se lever, elle était en train de boire son café dans sa chambre en lisant le *Herald Tribune*, et elle tombait des nues.

— De qui diable me parles-tu ?

— De mes sœurs ! Chapman les a retrouvées toutes les deux !

Si Alexandra était ravie, Margaret était loin de partager son enthousiasme. Au fond d'elle-même, elle avait toujours espéré que John Chapman échouerait dans sa mission.

— C'est une bonne nouvelle, dit-elle en s'efforçant de paraître heureuse. Est-ce qu'elles vont bien ?

— Très bien ! La plus jeune est médecin et l'aînée travaille pour une chaîne de télévision à New York.

— Et toi, tu es baronne. Quel beau trio ! On devrait tourner un film sur vous. Je suis sûre qu'il aurait du succès.

Margaret avait beau plaisanter, Alexandra savait que cette nouvelle était loin de l'enchanter.

— Ne t'inquiète pas, maman ! Le fait que Chapman ait retrouvé mes sœurs ne changera rien aux sentiments que j'éprouve pour toi.

Comme Rebecca Abrams, Margaret craignait avant tout de perdre sa fille.

— Quand dois-tu les rencontrer ?

— Le 1er septembre. Je viens juste de l'apprendre.

— Que vas-tu dire à Henri ?

— Je n'y ai pas encore réfléchi. Je lui dirai peut-être que je pars avec toi à New York... Ou alors que j'y vais pour m'occuper de tes affaires...

— Cela m'étonnerait qu'il te croie.

— Tant pis ! De toute façon, je ne peux pas lui dire la vérité. Je trouverai bien une excuse quelconque...

Après avoir parlé avec sa mère, Alexandra raccrocha. Cinq minutes plus tard, Margaret la rappelait.

— Je pars avec toi, annonça-t-elle.

— Quoi ! Enfin, maman... C'est impossible...

— Pourquoi pas ?

Si Margaret accompagnait Alexandra aux Etats-Unis, non seulement elle lui fournirait un excellent alibi, mais elle pourrait contrôler une situation qui ne manquait pas de l'inquiéter.

— Cela va bouleverser tous tes plans, dit Alexandra. Tu m'as dit que tu comptais passer quelques semaines à Rome en quittant le cap d'Antibes et que tu ne serais pas de retour à Paris avant la fin de septembre.

— Et alors ? Je peux très bien attendre le mois d'octobre pour aller à Rome. A part ma vieille amie

Marisa, personne ne m'attend là-bas et elle comprendra très bien que je retarde mon voyage pour aller à New York avec toi. A moins que tu ne veuilles pas de moi, bien sûr...

Alexandra sentit les larmes lui monter aux yeux. Sa mère avait peur de la perdre. Sa mère, qu'aucun ami, mari, amant ne pourrait jamais remplacer dans son cœur.

— Ne dis pas de bêtises, voyons ! Je serai ravie que tu m'accompagnes. Je ne voulais pas te déranger...

— Cela ne me dérangera pas, au contraire ! Si je reste à Paris à t'attendre, je me ferai dix fois plus de soucis. Et puis, si je suis là, nous pourrions peut-être en profiter pour emmener Marie-Louise et Axelle...

— Excellente idée ! reconnut Alexandra, qui n'avait aucune envie de laisser ses filles à Paris. Et pour Henri, ce seront des vacances en famille. Tu t'occuperas d'Axelle et de Marie-Louise pendant que je serai dans le Connecticut. Ensuite, comme la rentrée scolaire n'est que le 11 septembre, nous passerons quelques jours à New York toutes les quatre.

— Formidable ! Je vais téléphoner dès aujourd'hui à l'hôtel Pierre pour retenir nos chambres. Toi, de ton côté, occupe-toi des billets d'avion. Au fait, quel jour comptes-tu partir ?

— Le 1er septembre est un vendredi. Peut-être pourrions-nous voyager le jeudi...

— Parfait. Je retiens nos chambres pour dix jours. Si jamais nous voulons rentrer plus tôt, il sera toujours temps de modifier notre réservation.

— Maman..., commença Alexandra, la gorge nouée par l'émotion. Je t'adore, tu sais !

— Tout se passera bien, dit Margaret.

Et, pour la première fois depuis qu'elle avait rencontré John Chapman, elle en était en effet persuadée.

Alexandra attendit une semaine avant d'annoncer la nouvelle à Henri. Un après-midi qu'ils étaient tous les deux installés sur la terrasse de la maison, elle jeta, d'un air aussi désinvolte que possible :

— Ma mère aimerait que j'aille avec elle à New York au début de septembre.

Aussitôt, Henri se renfrogna. Même s'ils n'avaient jamais reparlé de leur dispute, elle savait qu'il lui en voulait toujours.

— Qu'est-ce que c'est que cette histoire ?

— Ce n'est pas une histoire, Henri ! Ma mère doit se rendre à New York pour s'occuper de ses affaires. Elle m'a proposé de l'accompagner. Et nous en profiterons pour emmener les filles.

— Ce projet est complètement ridicule ! Tu ne vas pas aller à New York juste avant la rentrée des classes.

Henri n'était pas né de la dernière pluie, et il se doutait bien que ce départ cachait quelque chose.

— Nous comptons partir le 31 août, expliqua Alexandra. Et les filles apprécieront ces vacances un peu différentes.

— Si tu as envie d'aller à New York, attends cet hiver. Tu laisseras les filles à Paris.

Ce n'était pas un conseil, mais un ordre. Ce qu'il ignorait, c'est que personne ne pourrait l'empêcher de s'y rendre.

— Non, Henri ! Je pars le 31 août. Avec ma mère. Et les enfants.

— Tu m'as l'air bien indépendante tout d'un coup ! Dois-je te rappeler que, dans cette maison, c'est moi qui prends les décisions ? Aussi bien en ce qui te concerne qu'au sujet des enfants ?

Il en avait toujours été ainsi en effet... jusqu'au jour où John Chapman était venu voir Alexandra. Depuis, les choses avaient changé.

— Ne te mets pas en colère pour ça, Henri. Ma mère nous invite, c'est tout...

— Et si moi je t'interdis d'y aller ? l'interrompit Henri, le visage rouge de fureur.

— J'irai tout de même, puisque ma mère m'a demandé de l'accompagner.

— Elle n'est pas invalide, que je sache ! Je vais lui téléphoner pour lui dire que tu ne pars pas à New York avec elle.

Pour la première fois, Alexandra osa défier son mari. Quittant la chaise sur laquelle elle était assise, elle se plaça en face de lui et, d'une voix calme mais inflexible, déclara :

— Je regrette de te désobéir, mais je dois aller à New York avec ma mère.

— Pourquoi ? Donne-moi au moins une raison valable.

— C'est trop compliqué à expliquer. Il s'agit d'une affaire de famille.

— Alexandra, tu mens !

Henri avait raison, bien sûr. Mais Alexandra n'avait pas le choix. La vérité était bien trop effroyable pour qu'elle puisse la confier à son mari.

— Ne dis pas ça, Henri ! Je ne serai pas absente longtemps. Juste quelques jours...

— Dis-moi pourquoi, nom de nom ! s'écria-t-il en tapant du poing sur la table.

— Tu n'es pas raisonnable, Henri ! Ma mère désire rendre visite à sa famille et elle aimerait que je l'accompagne. Il n'y a pas de mal à ça.

— Sauf que je t'interdis de partir et que je ne vois pas pourquoi tu ferais ce voyage.

— Tout simplement parce que j'en ai envie.

— Tu n'as pas à prendre ce genre de décision sans mon accord. Tu n'es pas célibataire !

— Je ne suis pas non plus une esclave. Tu ne peux pas tout décider à ma place. Nous sommes au XXe siècle, Henri, pas au Moyen Age !

— Très bien. Mais si tu as l'intention de devenir une de ces femmes libérées qui ne font que ce qui leur plaît, il est hors de question que tu continues à vivre sous mon toit. Tâche de t'en souvenir si tu persistes à vouloir aller à New York.

— Tu te comportes avec moi exactement comme si j'avais commis un crime.

— Pas du tout ! Je tiens seulement à te rappeler que tant que nous vivons ensemble, c'est moi qui prends les décisions.

— Et si je refuse ? demanda Alexandra.

Elle était profondément ulcérée par la manière dont Henri s'arrogeait le droit de contrôler sa vie. Pendant quatorze ans, elle lui avait obéi au doigt et à l'œil. A présent, cette relation l'étouffait.

— Tu vas te heurter à moi, dit-il, je préfère te prévenir tout de suite.

— Et moi, je te préviens poliment que le 31 août je pars aux Etats-Unis avec ma mère.

— Cela reste à voir. Et même si je te laissais partir, tu n'emmènerais pas mes filles. C'est clair ?

Ce qui était clair, c'est qu'Henri abusait de son pouvoir. Il ne lui manquait plus que la cravache.

— Axelle et Marie-Louise sont prisonnières, elles aussi ?

— Tu te sens donc prisonnière ?

— Ces derniers temps, oui, reconnut Alexandra. Très exactement depuis le jour où tu m'as envoyée sur la côte d'Azur pour une faute que je n'avais pas commise. D'ailleurs, pendant tout l'été, tu m'as traitée comme une criminelle.

— Peut-être est-ce ta propre culpabilité qui te donne cette impression, ma chère...

— Pas du tout ! Et je refuse de me sentir coupable parce que je vais passer quelques jours à New York avec ma mère. Je considère aussi que je n'ai pas à mendier ta permission pour pouvoir partir. Je suis adulte et j'ai le droit d'aller où j'en ai envie.

— Notre petite baronne veut voler de ses propres ailes, si je comprends bien. Essaies-tu de me prouver que tu n'as pas besoin de moi compte tenu de l'importance de tes revenus ?

— Comment oses-tu dire une chose pareille, Henri !

Alexandra était consternée de voir tant d'amertume chez son mari. Il était furieux que, pour la première fois, elle ne se plie pas à ses désirs.

— De toute façon, ma décision est prise : tu ne partiras pas.

Alexandra lui lança un regard incrédule. Henri choisissait si mal le moment d'exercer son autorité ! Il ne comprenait pas que personne au monde n'aurait pu l'empêcher de faire ce qu'elle avait décidé – même pas son mari.

26

En arrivant dans le Kentucky, John se crut débarqué sur une autre planète. Après avoir changé deux
fois d'avion, il fut secoué dans une jeep sur des
routes défoncées pendant trois heures et parvint
finalement dans une sorte de motel où on lui proposa une chambre avec les toilettes sur le palier. Ce
soir-là, pelotonné au fond de son lit, il entendit
avant de s'endormir le hululement des hiboux et
bien d'autres bruits qu'il ne parvint pas à identifier.

Après une nuit agitée, il se leva très tôt et alla
prendre son petit déjeuner dans le seul restaurant
de la ville, où on lui servit des œufs au plat, du
gruau de maïs et une tasse de café au goût abomi-
nable.

A une heure, la même jeep que la veille vint le
chercher à son hôtel, conduite cette fois-ci par un
gamin de seize ans déjà complètement édenté. Le
véhicule s'engagea dans la montagne pour rejoindre
l'hôpital, empruntant une route qui serpentait à travers des pins aux troncs élancés. Au passage, John
aperçut des cabanes où s'entassaient des familles
nombreuses dont les enfants, pieds nus pour la plupart, couraient en tous sens au milieu de hordes de

chiens faméliques. Jamais il n'aurait pensé qu'un pays aussi beau puisse abriter des populations aussi déshéritées. Dire qu'il se trouvait seulement à quelques heures d'avion de New York ! Quelle tristesse de voir ces adolescents qui, à cause des conditions de travail, de la maladie et de la malnutrition, marchaient le dos courbé comme des vieillards, ces jeunes femmes qui perdaient leurs cheveux et leurs dents, et ces enfants au ventre ballonné par le manque de nourriture !

En arrivant à l'hôpital, la jeep contourna les bâtiments et se gara devant la porte d'un service situé à l'arrière de la structure hospitalière.

Quand John entra dans le hall de réception, il aperçut une trentaine de femmes enceintes qui attendaient, assises sur des bancs. La plupart d'entre elles n'avaient pas vingt ans et, à en juger par le nombre d'enfants qui s'accrochaient à leur jupe, elles n'en étaient certainement pas à leur première grossesse.

Debout à côté du bureau de réception se tenait une charmante jeune femme en jean et chaussures de marche. Ses longs cheveux roux étaient attachés en deux tresses et elle ressemblait beaucoup à Alexandra.

Dès qu'elle vit John, elle s'avança vers lui avec un large sourire.

— Comment allez-vous, docteur ? demanda-t-il en lui serrant la main.

Puis il la suivit dans une petite pièce dont elle referma aussitôt la porte pour qu'ils puissent parler tranquillement. John sortit de sa serviette le dossier qu'il avait apporté avec lui et, avant de le lui montrer, s'enquit avec une pointe d'inquiétude :

— Vous est-il toujours possible de nous rejoindre dans le Connecticut le 1ᵉʳ septembre ?

Megan le rassura aussitôt d'un sourire qui rappelait celui de Rebecca.

— Je l'espère bien. Mais tout dépendra de mes patientes, ajouta-t-elle en montrant la file d'attente que l'on apercevait par la porte vitrée.

— J'ai été terrifié par ce que j'ai vu en venant à l'hôpital !

— Je m'en doute ! C'est d'ailleurs pour ça que je suis ici. Ces gens ont désespérément besoin d'aide : d'aide médicale bien sûr, mais aussi de nourriture, et de conseils d'hygiène. On a du mal à croire qu'une situation pareille puisse encore exister dans notre pays.

Très impressionné par l'activité de Megan, John ne put que hocher la tête en signe d'assentiment. Puis il lui proposa de consulter le dossier. Après l'avoir lu, Megan lui posa les mêmes questions qu'Alexandra. Pourquoi son père avait-il tué sa mère ? Et qu'étaient devenues ses deux sœurs ? Les renseignements que John avait recueillis sur Hilary l'attristèrent et, quand il lui eut expliqué qu'Alexandra était baronne, elle remarqua en riant :

— Entre l'avenue Foch et le fin fond du Kentucky, il y a une sacrée différence, n'est-ce pas, monsieur Chapman ?

Mais cela n'empêchait pas Megan d'avoir envie de rencontrer ses sœurs.

— Ma mère est très effrayée à l'idée de cette rencontre, avoua-t-elle.

— Je l'ai constaté le jour où je suis allé la voir à San Francisco. Heureusement, votre père est là pour la rassurer.

— Les parents adoptifs se sentent toujours menacés quand leur enfant cherche à revoir sa famille naturelle. En tant que médecin, j'ai été plusieurs fois confrontée à ce genre de problème. Mais ma mère n'a rien à craindre.

Elle lui adressa un sourire rayonnant de sérénité. Megan était une femme qui savait qui elle était, qui avait choisi sa voie et qui savait pour quelle raison. Au fond, elle ressemblait énormément à ses parents adoptifs. David et Rebecca, eux aussi, avaient vécu en accord avec leurs convictions. Intelligents et intègres, ils n'avaient jamais servi que des causes qui leur tenaient à cœur. Et Megan suivrait leur exemple.

— J'ai promis à ma mère de lui téléphoner après avoir rencontré mes sœurs, reprit-elle. Et connaissant mes parents, je parie qu'ils viendront me voir ici dès mon retour.

Ils éclatèrent de rire tous les deux. John ne regrettait pas d'avoir fait tous ces kilomètres pour rencontrer Megan. C'était vraiment une fille fantastique ! Pleine de vie et qui adorait son travail. Contrairement à Sasha, qui était continuellement obsédée par ses problèmes personnels, Megan ne pensait qu'à ceux qui l'entouraient et qui avaient besoin d'elle.

Vers le milieu de l'après-midi, elle fut appelée d'urgence pour une césarienne.

— Cela arrive souvent, lui expliqua-t-elle en le rejoignant deux heures plus tard. C'est pourquoi, même quand j'ai un après-midi de congé comme aujourd'hui, je ne m'éloigne pas trop.

Puis elle l'invita à dîner chez elle. Elle habitait juste à côté de l'hôpital, dans une petite maison en bois garnie de meubles très simples.

Elle servit à John un ragoût, puis ils passèrent la soirée à discuter en buvant du vin. Megan raconta sa jeunesse et parla de ses études. Elle aimait profondément ses parents et leur était reconnaissante de ce qu'ils avaient fait pour elle. Malgré tout, le fait d'apprendre qu'elle était née dans un milieu radicalement différent de celui dans lequel elle avait été élevée l'intriguait beaucoup.

— Au fond, c'est très excitant, toute cette histoire, dit-elle en souriant malicieusement par-dessus son verre.

Des trois femmes que John avait eu pour mission de retrouver, c'était certainement Megan qui s'en sortait le mieux. Elle était très sûre d'elle et menait exactement la vie qu'elle désirait.

A la fin de la soirée, elle prit la jeep que lui avait offerte son père au moment de son départ pour le Kentucky et raccompagna John jusqu'à son motel. Celui-ci aurait bien passé toute la nuit à parler avec elle à la lueur des étoiles. Malheureusement, Megan reprenait son service à quatre heures et demie du matin et elle devait se coucher.

— Est-ce que je vous verrai dans le Connecticut le 1er septembre ? lui demanda-t-elle en partant.

— Oui. J'ai promis à M. Patterson de vous accueillir toutes les trois.

— A bientôt, alors.

— A bientôt, dit John au moment où la jeep démarrait.

Longtemps il resta dehors à écouter le hululement des oiseaux de nuit et à respirer l'air vivifiant de la montagne. Et, en entrant dans sa chambre, il se surprit à penser qu'il ne serait pas si désagréable de rester ici avec Megan pour toujours...

CINQUIÈME PARTIE

LES RETROUVAILLES

27

Alexandra avait déjà bouclé ses valises et il ne lui restait plus qu'à préparer celles de ses filles, quand Henri l'arrêta dans le couloir.

— Je croyais que tu m'avais compris, dit-il en la prenant par le bras. Tu ne pars pas à New York.

— Je dois y aller, Henri !

Il était inutile qu'ils se disputent à nouveau. Alexandra était décidée à partir et rien ne l'arrêterait. Furieux, Henri la suivit dans la chambre et lui demanda en voyant ses valises :

— Pourquoi te montres-tu aussi obstinée ?

Il était persuadé qu'Alexandra allait rejoindre un homme.

— Pour moi, c'est très important, Henri !

— Comment expliques-tu qu'un voyage à New York avec ta mère devienne tout d'un coup aussi important ?

Alexandra faillit se mettre à pleurer. Henri avait été odieux avec elle pendant tout l'été et voilà qu'il recommençait à la tarabuster.

— Je ne peux pas t'expliquer. C'est en rapport avec quelque chose qui a eu lieu il y a très long-temps…

— Et à laquelle un homme est mêlé, n'est-ce pas ?

Pourquoi cette insistance ? Est-ce que par hasard Henri avait peur ? Peur que sa femme le trompe avec un homme plus jeune que lui... Alexandra eut soudain envie de le rassurer.

— Cela n'a rien à voir avec un homme, dit-elle. C'est une histoire qui concerne mes parents.

— Dans ce cas, explique-moi de quoi il s'agit !

Incapable de lui tenir tête plus longtemps, Alexandra se laissa tomber dans un fauteuil et se mit à pleurer. Henri ne s'approcha pas d'elle pour la consoler. Il se sentait dans son bon droit et considérait que sa femme lui devait des éclaircissements.

— Je ne voulais rien te dire..., commença Alexandra en lui lançant un regard implorant. C'est très difficile à expliquer... Moi-même, je ne suis au courant de tout ça que depuis le mois de juin.

« Je me suis trompé ! » se dit soudain Henri. La faute pour laquelle, depuis deux mois, il punissait Alexandra n'était peut-être pas celle qu'il croyait. Un bref instant, il se sentit coupable de l'avoir traitée avec autant de mépris. Mais ce bon mouvement ne dura pas, et il attendit la suite.

— Il y a quelque chose que mes parents auraient dû te dire, reprit Alexandra. Quelque chose dont, moi aussi, j'aurais dû te parler si je m'en étais souvenue... Mais j'avais tout oublié...

Elle se tut pendant quelques secondes. Puis, prenant son courage à deux mains, elle lui avoua dans un souffle :

— Je ne suis pas la fille du comte de Borne, Henri. Il m'a adoptée lorsque j'avais six ans.

— Pourquoi ton père ne m'a-t-il jamais rien dit ? demanda celui-ci en lui jetant un regard horrifié.

Maintenant qu'Alexandra avait commencé à dire la vérité, elle était décidée à aller jusqu'au bout.

— J'ai aussi été adoptée par Margaret et son premier mari.

La nouvelle frappa Henri de plein fouet. Il pâlit brusquement et s'assit sur le lit.

— Tu n'es donc pas la fille biologique de Margaret et Pierre de Borne ?

— Non, reconnut Alexandra en baissant la tête.

Henri n'aurait pas paru plus abasourdi si on lui avait annoncé que le Renoir qu'il avait payé cinq millions de dollars était un faux. Ainsi sa ravissante épouse à la lignée irréprochable n'était pas une comtesse, comme il l'avait toujours cru, mais une enfant née de parents inconnus !

— Quand je pense au souci que je me suis fait en pensant que toi ou les enfants, vous pourriez un jour ressembler à Margaret ! s'écria Henri en éclatant d'un rire sans joie. Et tes parents alors, qui sont-ils ? Est-ce que tu le sais, au moins ?

Henri était dans tous ses états. Penser que dans sa famille, depuis neuf cents ans, on s'entourait de toutes sortes de précautions avant de se marier et d'avoir des enfants et que lui, il avait épousé une quelconque roturière qui avait toutes les chances de sortir du ruisseau !

— Cela ne fait que deux mois que je le sais, Henri ! J'aurais aimé t'en parler avant, mais je n'osais pas. Maintenant tu connais mon secret.

411

La colère d'Henri ne s'était nullement apaisée. Quittant le lit où il était assis, il se mit à faire les cent pas dans la pièce et lança soudain :

— J'aurais cent fois préféré que ce soit un homme !

— Désolée de te décevoir !

Mais Alexandra, elle aussi, était déçue. Et terriblement triste. Elle avait espéré que, le jour où elle avouerait la vérité à Henri, celui-ci l'aimerait suffisamment pour accepter qu'elle ne soit pas la fille du comte de Borne. Malheureusement, c'était loin d'être le cas...

— Sais-tu qui sont tes vrais parents ?

— Ma mère était française, répondit Alexandra. Elle s'appelait Solange Bertrand, c'est tout ce que je sais. Mon père l'a rencontrée au moment de la Libération. Il faisait partie des forces alliées qui ont libéré Paris. Il s'appelait Sam Walker et, après la guerre, il est devenu un des acteurs les plus célèbres de Broadway. Il paraît qu'il aimait beaucoup ma mère. Ils ont eu trois filles. Et moi, j'étais la deuxième. Un jour... continua-t-elle, la voix étranglée par l'émotion, mon père a tué sa femme dans un accès de folie. Puis, après le procès, il s'est suicidé dans sa cellule, laissant derrière lui trois orphelines. Mes sœurs et moi avons été placées chez une tante pendant quelque temps. Ensuite, grâce à un ami de mes parents qui était avocat, nous avons été adoptées, chacune par une famille différente. J'ai d'abord été adoptée par Margaret et son premier mari, un juriste du nom de George Gorham. Quelques mois plus tard, George est mort, ma mère... enfin, je veux dire, Margaret, est venue en France et c'est là qu'elle a rencontré Pierre de Borne. Ils se sont mariés et Pierre m'a adoptée à son tour. Comme j'étais trop jeune pour me souvenir de tout ça, j'ai toujours pensé que Margaret et Pierre de Borne étaient mes parents. D'ailleurs, eux-mêmes m'ont toujours considérée comme leur fille...

— Un vrai conte de fées ! la coupa Henri, qui semblait fou furieux. Comment avez-vous osé me mener ainsi en bateau pendant toutes ces années ? Et même si toi, tu avais oublié ce qui s'était passé, comme tu le prétends, ta mère n'a certainement pas cette excuse... Et ton soi-disant père non plus ! Je pourrais demander le divorce en arguant du fait que vous m'avez trompé, et exiger des réparations par-dessus le marché ! Ne serait-ce qu'à cause du préjudice subi...

— Qu'entends-tu par « préjudice » ? demanda Alexandra, qui pleurait à chaudes larmes. Veux-tu parler de tes filles, par exemple ?

— Je ne pense pas seulement à mes filles, mais à toute cette affaire qui est vraiment scandaleuse ! Et ce voyage à New York... Pourquoi veux-tu aller là-bas ? Pour fleurir la tombe de tes parents ?

— L'avocat qui s'est occupé de l'adoption était le meilleur ami de mes parents et il est mourant. Cela fait des mois qu'il nous recherche et, maintenant qu'il nous a trouvées, il aimerait nous réunir dans sa maison du Connecticut. Il est plus ou moins responsable du fait que nous n'avons pas été élevées ensemble et je crois qu'il aimerait réparer ses torts. Surtout vis-à-vis de ma sœur aînée, qui a eu beaucoup moins de chance que moi...

— Qu'est-elle devenue ? Elle fait le trottoir à New York ? Mais enfin, Alexandra, c'est incroyable ! En moins d'une heure, je viens d'hériter d'une belle-famille où l'on compte déjà un meurtre et un suicide... sans parler du reste ! Et tu voudrais que je pousse des cris de joie à l'idée que tu vas enfin retrouver deux sœurs dont, depuis trente ans, tu ne t'es jamais préoccupée... Et ta mère ? Je veux dire, Margaret... Quel rôle joue-t-elle là-dedans ? Est-ce elle qui t'a mise en contact avec cet avocat ? Je sais qu'elle me trouve assommant. Une fois de plus, elle a dû penser que tu manquais de distractions. Mais j'avoue que je ne trouve pas ça drôle du tout !

— Elle non plus, fit remarquer Alexandra en redressant fièrement la tête.

Maintenant qu'elle avait révélé ses véritables origines à Henri, s'il choisissait de la repousser, tant pis pour lui. Elle avait fait tout ce qu'elle pouvait pour lui cacher la vérité et c'est lui qui avait exigé qu'elle réponde à ses questions. Il agirait comme bon lui semblerait.

— Ma mère a été bouleversée de devoir me dire la vérité. Et, si je l'avais écoutée, jamais je ne t'en aurais parlé. Ce n'est pas elle qui me pousse à revoir mes sœurs, c'est moi qui veux savoir ce qu'elles sont devenues. Et non, aucune d'elles ne fait le trottoir. L'aînée dirige une chaîne de télévision et l'autre est médecin. Je ne sais pas si elles me plairont ou même si je m'entendrai avec elles. Mais j'éprouve le besoin de les connaître. Je crois que cela m'aidera à voir clair en moi-même...

— Ainsi ça ne te suffit plus d'être ma femme ? Il faut en plus que tu nous imposes ta nouvelle

famille ! Est-ce que tu te rends compte des conséquences que cela peut avoir sur ma carrière si
jamais cela se sait ? Que dira-t-on de moi à la
banque ? Et dans ma famille ? Et que penseront
mes relations politiques ? Imagine quel effet cela
fera à tes filles d'apprendre que leur grand-père a
assassiné sa femme. Moi-même, je n'ose pas imaginer...

Complètement abasourdi, Henri dut s'asseoir.

— Je ne vois pas pourquoi cela se saurait, fit
remarquer Alexandra. J'ai dit à Axelle et Marie-
Louise que leur grand-mère les invitait à New
York. Sur place, je leur expliquerai que je dois
aller passer un week-end avec des amis dans le
Connecticut et elles m'attendront à New York
avec Margaret.

— Je ne comprends pas pourquoi tu les
emmènes avec toi.

— Peut-être ai-je besoin d'être soutenue morale-
ment. C'est un peu effrayant de revenir trente ans
en arrière pour rencontrer des gens qu'on ne connaît
pas mais qu'on a aimés autrefois... D'ailleurs,
ajouta soudain Alexandra, si tu veux te joindre à
nous, tu es le bienvenu, Henri.

— Non seulement je ne veux pas t'accompagner,
répondit-il en lui lançant un regard empreint de
tristesse, mais je te conjure de ne pas y aller. Je ne
sais pas encore ce que nous pourrons sauver de
notre mariage, mais je suis certain que cela ne te
servira à rien de revoir tes sœurs. De toute façon,
elles n'appartiennent pas à notre milieu. N'y va pas,
je t'en prie !

Depuis quatorze ans, Alexandra se montrait une épouse obéissante et soumise. Mais cette fois-ci, cela lui était impossible. Il fallait absolument qu'elle rencontre ses sœurs. Ne serait-ce que pour retrouver sa tranquillité d'esprit et chasser une bonne fois pour toutes les fantômes de son passé.

— Je suis désolée, Henri. Je dois y aller... Pour moi, c'est extrêmement important. J'aimerais que tu le comprennes... Je ne désire pas te faire de la peine, et encore moins renoncer à notre mariage. C'est une chose qui ne regarde que moi et qu'il faut que j'accomplisse.

S'approchant d'Henri, Alexandra voulut le serrer dans ses bras. Mais aussitôt, celui-ci recula.

— Tu es une étrangère pour moi maintenant.

— Mon arbre généalogique a donc tant d'importance ? demanda Alexandra.

En réalité, elle connaissait déjà la réponse et ne fut pas étonnée qu'Henri hoche la tête en signe d'assentiment.

Dès qu'il eut quitté la chambre, elle essuya ses larmes et, les yeux secs, se dirigea vers la chambre de ses filles pour préparer leurs valises. Quoi qu'il pût arriver à son mariage, elle devait aller à New York. Et elle irait.

28

Trois jours avant la réunion dans le Connecticut, John retourna à CBA. Grâce à son laissez-passer, il put pénétrer sans difficulté dans l'immeuble de la chaîne et gagner l'étage où se trouvait le bureau de Hilary. L'air dégagé, comme s'il faisait partie de la maison, il s'approcha de la secrétaire, à la réception, et lui demanda si Mlle Walker était encore dans son bureau.

— Elle ne va pas tarder à partir, répondit la secrétaire.

En voyant que John se dirigeait résolument vers le bureau de Hilary, la secrétaire haussa les épaules. Il y avait trop d'allées et venues pour qu'elle puisse contrôler tous les gens qui allaient voir Mlle Walker. De toute façon, ce visiteur avait bonne allure. Il était même plutôt séduisant. Peut-être était-ce un de ses petits amis. Qui sait ?

Elle se retourna pour l'examiner à nouveau, mais John était déjà entré dans le bureau et il refermait la porte derrière lui.

— Oui ? demanda Hilary en levant la tête, croyant qu'on lui apportait un script ou un dossier urgent.

Il y avait tellement de nouvelles têtes dans la maison qu'elle ne fut pas étonnée de n'avoir encore jamais vu l'homme qui s'approchait d'elle. Elle trouva pourtant qu'il la regardait d'une bien étrange manière : on aurait dit qu'il la connaissait depuis toujours... Un peu inquiète, elle jeta un coup d'œil en direction du téléphone posé à portée de sa main, puis songea qu'elle était complètement idiote d'avoir peur : son visiteur semblait parfaitement sain d'esprit et on ne peut plus correct.

— Mademoiselle Walker... Pardonnez-moi de faire ainsi irruption dans votre bureau, mais j'aimerais parler avec vous pendant quelques minutes.

Hilary se leva et le toisa d'un air glacial.

— J'allais partir, dit-elle sèchement. Prenez rendez-vous avec ma secrétaire pour demain. A quel département appartenez-vous ?

Question délicate à laquelle John ne pouvait pas répondre. Il n'avait aucune envie que Hilary appelle le service de sécurité et qu'on le jette dehors. Il préféra tenter le tout pour le tout.

— Je viens de la part de Megan et d'Alexandra, dit-il. Elles aimeraient vous voir.

Le regard de Hilary vacilla pendant une fraction de seconde.

— Qui êtes-vous ? demanda-t-elle en approchant une main tremblante de son téléphone.

Plus rapide qu'elle, John saisit le combiné.

— Je vous en prie... Accordez-moi cinq minutes. Je ne vous veux aucun mal. C'est une longue histoire. Mais je vous promets d'être bref.

Soudain, Hilary comprit que c'était l'homme qui lui avait téléphoné quelques mois plus tôt.

— Je ne veux pas les voir, dit-elle.

— Vous ne pouvez pas refuser, plaida John, qui essayait de gagner du temps. Vos sœurs se sont déplacées spécialement pour vous voir. Alexandra a fait le voyage depuis la France et Megan vient du Kentucky.

Une lueur de tristesse passa dans le regard de Hilary. Mais elle se reprit aussitôt.

— C'est ce salaud qui vous envoie, n'est-ce pas ? Qu'est-ce qui lui arrive ?

— Il est mourant.

— Tant mieux !

— Peut-être se repent-il d'avoir mal agi à votre égard... En tout cas, il désire vous réunir toutes les trois dans sa maison du Connecticut ce week-end. Cela fait des mois qu'il vous cherche et...

— Des foutaises, tout ça ! le coupa Hilary. J'en sais quelque chose ! Quand je suis allée le voir il y a plus de vingt ans, il ne savait rien et s'en fichait éperdument. Qui a réussi à nous retrouver ? Vous ?

John hocha la tête en se demandant si Hilary n'allait pas le haïr lui aussi. Voilà qu'il revenait la torturer avec un passé qu'elle avait presque réussi à oublier. Elle avait abandonné tout espoir de retrouver ses sœurs après sa visite à Arthur Patterson, elle avait enterré son rêve. Elle ne voulait plus de ses sœurs, ni de tout ce qui pourrait lui rappeler son passé. Elle n'avait pas non plus besoin d'homme, ni d'enfants, ni d'amour dans sa vie. Seul le travail avait pu apaiser sa souffrance. Elle avait choisi d'être seule.

— Il est trop tard, monsieur...

— Chapman. John Chapman.

— Dites-lui que ça ne m'intéresse pas, monsieur Chapman. Qu'il arrive vingt... non, trente ans trop tard.

Hilary haussa les épaules avec lassitude, puis elle se rassit derrière son bureau. Par certains côtés, elle paraissait frêle et plus jeune que son âge. Son regard en revanche était celui d'une femme âgée et profondément déçue par la vie.

— Et vos sœurs, que dois-je leur dire ?

— Dites-leur..., commença Hilary d'une voix hésitante. Dites-leur que je les ai aimées mais que pour moi, maintenant, il est trop tard.

John s'assit en face d'elle. Il priait le ciel pour que les souffrances qu'elle avait éprouvées dans son enfance n'aient pas tué en elle toute trace de sentiment.

— Il n'est pas trop tard, Hilary. A une certaine époque de votre vie, vous étiez tout pour vos sœurs. Aujourd'hui qu'elles reviennent vous voir, vous ne pouvez pas leur tourner le dos comme s'il ne s'était rien passé.

Il savait par Arthur que, après la mort de Solange, Hilary s'était occupée de ses deux sœurs comme si elle était leur mère. Si seulement il pouvait rendre à cette femme brisée ce qu'elle avait eu de plus précieux !

— Elles n'ont plus besoin de moi, monsieur Chapman. Elles sont grandes maintenant. Que sont-elles devenues... Secrétaires ? Femmes au foyer ?

— Vous n'y êtes pas du tout, corrigea John en souriant. L'une vit en France. C'est une baronne et elle a deux enfants. L'autre est médecin dans le

Kentucky. Ce sont deux femmes très intéressantes et je suis sûr qu'elles vous plairaient.

— Laquelle des deux est médecin ? demanda Hilary avec curiosité.

— Megan. C'est une fille fantastique. Alexandra, elle, est très chaleureuse, et dotée d'un cœur d'or.

— Enfant, elle était déjà comme ça...

La voix de Hilary n'était plus qu'un murmure. Les coudes appuyés sur son bureau, elle laissa tomber son visage dans ses mains et secoua la tête d'un air accablé.

— Dire que pendant huit années, ma seule raison de vivre a été qu'un jour j'arriverais à les retrouver ! Dans ce but, j'ai volé dix mille dollars à ma tante et, dès que j'ai pu, je suis venue à New York. Là, quand il m'a dit qu'il ne savait pas où elles étaient, j'ai compris que je ne les retrouverais jamais... A quoi bon se revoir maintenant ? demanda Hilary en relevant la tête, les yeux pleins de larmes. Remuer tous ces tristes souvenirs ne peut que nous faire du mal.

— Non, Hilary. Pas à vos sœurs. Megan était trop jeune pour se rappeler quoi que ce soit et Alexandra ne se souvient que de vous. Ce qui est arrivé à vos parents n'a plus d'importance maintenant. Ce qui compte, c'est que vous puissiez vous revoir toutes les trois.

— Ce salaud a détruit notre famille ! Et maintenant qu'il est mourant, il veut apaiser sa conscience en nous réunissant à nouveau. Mais je ne lui donnerai pas ce plaisir ! Ce n'est pas parce que je reverrai mes sœurs que ma vie changera. Elles sont mortes pour moi... Comme mes parents. Comme ma vie passée.

— Vos parents sont morts, oui. Mais vos sœurs, elles, sont toujours vivantes et elles veulent faire votre connaissance. Si, lorsque vous les rencontrerez, vous vous apercevez que vous ne les aimez plus, vous aurez au moins essayé.

Hilary avait quitté son fauteuil et ses grands yeux verts étincelaient.

— Non ! Et pendant que vous y êtes, dites à Patterson que je le hais !

— Pourquoi ? Parce qu'il vous a séparées ? Y a-t-il une autre raison ?

Cette question, John se la posait depuis qu'Arthur Patterson lui avait confié le dossier.

— Ça n'a plus d'importance, répondit Hilary. Lui sait ce qu'il a fait. Qu'il se débrouille avec sa conscience ! Pour moi, c'est fini. J'ai ma vie, mon travail... Et je ne désire rien d'autre.

— C'est une vie bien vide, Hilary. Je vous en parle en connaissance de cause parce que je suis dans le même cas que vous. A qui vous confiez-vous la nuit lorsque vous n'arrivez pas à vous endormir ? Qui s'occupe de vous lorsque vous êtes fatiguée ou malade ? Qui vous rassure quand vous êtes inquiète ? Moi encore, j'ai ma famille et mon ex-femme. Mais vous ? Pouvez-vous vous permettre de ne pas répondre à l'appel de vos sœurs ?

— Sortez ! ordonna Hilary en allant ouvrir la porte.

Au lieu de lui obéir, John sortit un papier de sa poche, sur lequel étaient inscrits l'adresse d'Arthur dans le Connecticut, le numéro de téléphone de la maison, ainsi que le jour et l'heure du rendez-vous. Il posa le papier bien en évidence sur le bureau de Hilary puis se dirigea vers la porte.

— Je connais votre vie comme si je l'avais moi-même vécue, dit-il en la regardant dans les yeux. Je suis allé à Charlestown et à Jacksonville. J'ai rencontré la femme qui vous a découverte sur le porche de sa maison la nuit où votre oncle a failli vous tuer, j'ai vu la famille où vous aviez été placée et aussi le centre d'éducation surveillée. Je sais que vous avez eu une enfance misérable. Mais ce n'est pas une raison pour refuser maintenant de voir vos sœurs. Elles ont besoin de vous. Et vous, vous avez besoin d'elles. Hilary, je vous en prie…, ajouta-t-il d'un ton suppliant. Venez dans le Connecticut. Je serai là pour vous aider. Je ferai tout ce qui est en mon pouvoir pour vous…

Après lui avoir serré le bras en signe d'encouragement, il quitta son bureau et gagna les ascenseurs sans se retourner.

Hilary le suivit des yeux jusqu'à ce qu'il ait disparu à l'intérieur de la cabine. Et, rentrée dans son bureau, elle resta debout devant la fenêtre, perdue dans ses pensées. Jamais elle ne supporterait de revoir ses sœurs, de se rappeler les boucles rousses d'Axie, les pleurs de Megan pendant la nuit… Ce serait trop douloureux. Le passé était mort. Elle n'avait aucune envie de le ressusciter. Même pas pour plaire à ce John Chapman.

29

— Tu pars vraiment ? demanda Henri en entrant dans leur chambre.

A Saint-Jean-Cap-Ferrat, ils ne faisaient pas chambre à part. Mais, la veille au soir, après qu'Alexandra lui eut tout avoué, il était allé dormir dans la chambre d'amis.

— Oui, Henri.

Axelle et Marie-Louise étaient prêtes et Alexandra avait demandé aux domestiques de descendre leurs valises. Elle avait rendez-vous avec Margaret à l'aéroport de Nice pour prendre un avion qui les emmènerait directement à New York, sans passer par Paris.

— Tu ne veux pas revenir sur ta décision ?

— Désolée, chéri, c'est impossible !

Elle s'approcha d'Henri pour l'embrasser avant le départ, mais celui-ci recula avec raideur.

— Non, je t'en prie, dit-il.

Puis il ajouta simplement :

— Bon voyage.

— Je ne rentrerai pas plus tard que le 10. Si tu as besoin de me joindre, tu peux me téléphoner à l'hôtel Pierre. Je t'appellerai pour te donner de nos nouvelles.

— Inutile. Je risque d'être très occupé.

Puis, sans ajouter un mot, il quitta la chambre et se rendit sur la terrasse. Là, il assista au départ d'Alexandra et de ses filles sans que celles-ci le voient. Et quand la voiture eut disparu au bout de l'allée qui menait à la route, il faillit se mettre à pleurer. Il aimait profondément sa femme et il craignait de l'avoir perdue pour toujours. Il avait encore du mal à croire à ce qu'elle lui avait avoué la veille. Comment une chose pareille avait-elle pu se produire ? Maintenant que sa colère était tombée, il se rendait bien compte qu'Alexandra n'était pas fautive. Comme lui, elle était victime des circonstances. Mais elle n'aurait jamais dû accepter de revoir ses sœurs. C'était une folie...

Margaret avait insisté pour qu'elles voyagent en première classe et, dès que l'avion eut décollé, Axelle et Marie-Louise commandèrent des milkshakes. Elles jouaient à se souffler dessus avec leurs pailles quand Alexandra les rappela à l'ordre :

— Ça suffit, les filles !

Aussitôt Margaret prit leur défense. Elles avaient bien le droit de s'amuser...

Quand, un peu plus tard, les deux petites filles quittèrent leur siège pour aller voir s'il n'y avait pas d'autres enfants dans l'avion, elle se tourna vers Alexandra et l'interrogea au sujet d'Henri.

La veille au soir, Alexandra lui avait téléphoné pour lui annoncer qu'elle avait été obligée de dire la vérité à son mari.

— Comment a-t-il réagi ? demanda Margaret.

— Même s'il ne me l'a pas signifié clairement, je pense que c'est fini entre nous, répondit Alexandra. Je ne serais pas étonnée si, à mon retour, il m'informait qu'il a pris contact avec ses avocats.

— Pourquoi lui as-tu parlé de tout ça ? Tu n'avais qu'à lui dire que je tenais absolument à t'emmener à New York.

— Henri se doutait de quelque chose. Et quand il a voulu des explications, j'ai préféré lui dire la vérité.

Tant pis si sa sincérité lui coûtait cher... Au moins, maintenant, elle avait la conscience tranquille.

— Il me semble que tu as fait une grosse erreur, conclut Margaret.

Elle ne se faisait aucune illusion. Son gendre ne demanderait pas le divorce, il l'exigerait. Et Alexandra pourrait s'estimer heureuse si elle parvenait à obtenir la garde de ses filles.

Elle fut tirée de ces sombres pensées par le retour d'Axelle et de Marie-Louise. Bien que l'avion fût plein, les deux petites filles déclarèrent qu'il n'y avait « personne ».

— Vous voulez dire qu'il n'y a pas d'enfants, si je comprends bien..., corrigea Margaret en riant. Tant mieux ! Vous allez être obligées de rester avec nous.

Elle joua à la bataille navale avec ses petites-filles, puis leur enseigna le gin-rummy et ensuite, elles regardèrent un film.

Une fois installée à l'hôtel, Alexandra téléphona à la réception et demanda que l'on prenne rendez-vous pour elle au salon de coiffure de Bergdorf. Elle s'y rendit dès qu'elle fut prête.

Quand elle rejoignit Margaret et ses filles pour déjeuner, elles n'en crurent pas leurs yeux : ses longs cheveux blonds étaient devenus roux.

— Tu as les mêmes cheveux que moi, maman ! hurla Axelle, folle de joie.

Et Margaret demanda en souriant :

— Peut-on savoir ce qui t'a donné cette idée ?

— Cela faisait longtemps que j'en avais envie. Maintenant je suis moi-même, pour le meilleur et pour le pire. Je n'ai plus rien à cacher.

— Je t'adore, ma petite chérie, murmura Margaret en lui prenant tendrement la main. Et je suis fière de toi.

Après avoir déjeuné au 21, Margaret insista pour s'arrêter chez Schwarz, parce qu'elle voulait faire un « petit cadeau » à Axelle et à Marie-Louise. Puis elles regagnèrent leur hôtel où les attendait la voiture avec le chauffeur qui devait emmener Alexandra dans le Connecticut.

— Je vous téléphonerai ce soir en arrivant, promit Alexandra au moment du départ.

— Mamie a dit qu'elle allait nous emmener au cinéma ! claironna Axelle.

Alexandra embrassa ses deux filles et serra sa mère dans ses bras. Puis elle monta à l'arrière de la voiture et leur adressa un signe de la main à travers la vitre. Elle crut apercevoir des larmes sur les joues de sa mère. Elle-même se sentait très émue.

Comment ne pas l'être quand on va retrouver deux sœurs que l'on n'a pas vues depuis trente ans ? Ce voyage, à la fois dans le passé et le futur, l'effrayait et l'excitait en même temps.

30

Pendant les deux heures que dura le trajet entre New York et Stonington, Alexandra eut largement le temps de penser à ceux qu'elle laissait derrière elle. A Margaret et à l'affection que celle-ci lui prodiguait depuis trente ans, à ses deux filles qu'elle chérissait plus encore maintenant qu'elle craignait de les perdre... Et même à Henri, qui lui en voulait tant de l'avoir « trompé ». Elle avait renoncé à lui téléphoner avant de quitter New York. Que se seraient-ils dit ? Henri lui avait interdit de partir et, pour la première fois depuis qu'ils étaient mariés, elle lui avait désobéi. Mais au lieu de se sentir coupable, elle éprouvait un étrange sentiment de liberté qui lui rappelait l'exaltation qu'elle ressentait étant enfant lorsqu'elle partait pour de longues promenades dans la campagne avec son père, les cheveux au vent, sûre d'elle et profondément heureuse. Elle avait l'impression que Pierre de Borne était à ses côtés aujourd'hui et qu'il l'encourageait à entreprendre ce voyage vers le passé. Comme si soudain elle était redevenue Alexandra de Borne... « Ou plutôt : Alexandra Walker », songea-t-elle au moment où elle arrivait chez Arthur Patterson.

La propriété était entourée de hauts murs et un portail à commande électronique en défendait l'entrée. Cette mesure de sécurité mise à part, l'endroit paraissait très simple. Après avoir emprunté une allée sinueuse, la voiture d'Alexandra s'arrêta devant une charmante maison de style victorien dont la large galerie était garnie de meubles en osier et que flanquait à l'arrière une vieille grange.

Au moment où elle descendait de voiture, Alexandra aperçut John Chapman. Vêtu d'un pantalon de toile beige et d'une chemise bleu ciel, ne portant ni veste ni cravate, il avait l'air parfaitement décontracté et l'accueillit comme s'ils s'étaient quittés la veille.

— Vous avez fait un bon voyage ? demanda-t-il en lui serrant amicalement la main.

— Très bon, merci. Cette maison est adorable.

— N'est-ce pas ? J'ai passé l'après-midi à fureter à gauche et à droite et j'ai découvert dans la grange toutes sortes d'objets anciens et merveilleux. M. Patterson doit avoir acheté cette maison il y a très longtemps… Venez voir à l'intérieur, proposat-il en prenant sa valise. Je suis certain que cela vous plaira.

Alors qu'ils se dirigeaient tous deux vers la porte d'entrée, John, qui n'avait pas manqué de remarquer la flamboyante chevelure rousse d'Alexandra, lui dit soudain :

— Vos cheveux sont magnifiques !

— J'ai repris ma teinte naturelle en l'honneur de ce voyage, répondit-elle en riant. Nous allons déjà avoir assez de mal à nous reconnaître sans compliquer encore les choses... Est-ce que mes sœurs sont arrivées ? demanda-t-elle en retrouvant son sérieux.

John ne put s'empêcher de froncer les sourcils. Il n'était pas du tout certain que Hilary vienne et cela l'inquiétait.

— Vous êtes la première. Megan m'a dit qu'elle serait là vers six heures. Quant à Hilary...

Il n'eut pas besoin de terminer sa phrase, Alexandra avait compris. Cela l'attrista sans toutefois la surprendre.

— Elle a refusé de venir, n'est-ce pas ?

— Pas franchement, mais c'est ce que j'ai cru deviner. J'ai insisté sur l'envie que ses deux sœurs avaient de la rencontrer. Je pense que c'est la vérité et qu'il fallait qu'elle le sache.

« Cela suffira-t-il à la décider ? » se demanda Alexandra. Elle savait à quel point Hilary avait souffert, et comprenait qu'elle ne tienne pas à remuer d'aussi pénibles souvenirs.

— Croisons les doigts, ajouta John.

Comme ils pénétraient tous les deux dans le salon et qu'il n'y avait toujours personne, Alexandra s'étonna de ne pas voir Arthur Patterson.

— Il se repose dans sa chambre à l'étage, répondit John.

Arthur était venu à Stonington accompagné de deux infirmières et, le matin même, John s'était demandé comment l'avocat avait fait pour tenir jusque-là. Il semblait au plus mal et avait vieilli de vingt ans en l'espace des quatre derniers mois. Il devait souffrir nuit et jour maintenant, mais cela ne l'empêchait pas d'avoir encore toute sa tête.

« Etes-vous sûr qu'elles viendront ? » avait-il demandé à John d'une voix pressante.

Celui-ci avait répondu par l'affirmative en priant le ciel que Hilary ne les décevrait pas. Elle détestait tellement son parrain que John en venait à se demander s'il était vraiment souhaitable qu'elle le rencontre à nouveau. Arthur était-il en état de supporter pareille confrontation ? Après le déjeuner, les infirmières l'avaient obligé à se coucher et elles avaient expliqué à John qu'il devait absolument se reposer jusqu'à l'heure du dîner. Arthur comptait en effet descendre dîner avec ses trois invitées. En serait-il capable ? Mais cela n'était plus du ressort de John. D'ailleurs, quand les trois jeunes femmes seraient là et qu'il aurait fait les présentations, il comptait s'éclipser discrètement et les laisser s'expliquer ensemble... Avec Arthur.

Quittant le salon, Alexandra venait de pénétrer dans la salle à manger et admirait les meubles de style victorien parfaitement cirés.

— Notre hôte a dû venir souvent ici, car la maison est meublée avec goût et semble très bien entretenue, fit-elle remarquer avec sa politesse habituelle.

— Je ne suis pas sûr qu'il y ait passé beaucoup de temps, répondit John sans s'avancer.

Un peu plus tôt, Arthur lui avait expliqué qu'il était venu ici aujourd'hui pour y mourir. Il préféra taire cette information à Alexandra.

— Voulez-vous que nous montions à l'étage ? proposa-t-il.

— Avec plaisir.

« Quel âge peut-il avoir ? » se demanda-t-elle en jetant un regard intrigué à John. Il était à la fois si sérieux et si amusant. Et tellement différent d'Henri... Pour Alexandra, habituée aux manières énergiques de son mari, à son visage sévère, à cette façon qu'il avait de s'occuper de tout dès qu'il entrait quelque part, tous les hommes semblaient des gamins comparés à lui. Le plus curieux, c'est qu'Henri, aussi exigeant soit-il, lui manquait. Accepterait-il de reprendre la vie commune lorsqu'elle rentrerait à Paris ou serait-elle obligée de s'installer chez sa mère ? Pour l'instant, elle ne savait pas au juste ce qui l'attendait et cela l'inquiétait.

En arrivant au premier étage, John lui montra une pièce charmante située à l'angle de la maison et que baignaient les derniers rayons du soleil couchant. Cette chambre, comme le reste de la maison, contenait des meubles de style victorien, un lit recouvert d'une courtepointe de dentelle d'un blanc immaculé, un fauteuil ancien à bascule, un lavabo en porcelaine et, sur la commode, on avait posé un vase rempli de fleurs fraîchement coupées.

Lorsque John lui dit que c'était là qu'elle passerait la nuit, Alexandra faillit se mettre à pleurer.

— C'est tellement étrange de se retrouver ici, avoua-t-elle. J'ai l'impression d'être redevenue enfant et de rentrer chez moi. C'est un peu comme si je visitais mon propre passé... J'avoue que je suis un peu perdue.

— Je comprends.

Un quart d'heure plus tard, quand Alexandra quitta sa chambre, elle avait retrouvé son calme.

Elle portait un tailleur en lin beige Chanel, des chaussures en daim assorties, avait retouché son maquillage et brossé ses cheveux. Elle était parvenue au pied de l'escalier et s'apprêtait à entrer dans le salon quand soudain elle entendit des voix derrière elle. Arthur, soutenu par ses deux infirmières, descendait péniblement les marches. Il était d'une maigreur effroyable et marchait courbé comme un vieillard. Aussitôt, Alexandra fit demi-tour pour aller à sa rencontre. Lorsqu'il l'aperçut, Arthur laissa échapper un sanglot d'étonnement, et ses joues se mouillèrent de larmes.

— Bonjour, monsieur Patterson, dit Alexandra en l'embrassant sur la joue. C'est très aimable à vous de m'avoir invitée ici.

Incapable de parler, Arthur tremblait violemment et serrait sa main dans les siennes avec le peu de force qui lui restait. Soutenu d'un côté par Alexandra et de l'autre par une des infirmières, il descendit les dernières marches et prit place dans un des fauteuils du salon.

— Mon Dieu, comme tu ressembles à ta mère ! dit-il d'une voix enrouée. Qui es-tu ? Alexandra ou Megan ?

— Alexandra, monsieur.

— Tu as exactement le même accent qu'elle, reprit Arthur. Même après avoir passé tant d'années aux Etats-Unis, elle parlait anglais avec une intonation française.

Alexandra était troublée d'apprendre qu'elle ressemblait à quelqu'un dont elle n'avait aucun souvenir, et qui pourtant était sa mère.

Quand John s'approcha d'elle pour lui proposer un verre de vin, elle refusa d'un signe de tête. Elle était déjà tellement excitée à l'idée de revoir ses sœurs qu'il valait mieux qu'elle ne boive pas d'alcool.

— Vous aimiez beaucoup ma mère, reprit-elle à l'adresse d'Arthur.

— Oui, je l'aimais beaucoup... Elle était si belle et si fière. Si forte et si pleine de vie...

Arthur ne résista pas au plaisir de raconter à Alexandra comment Sam et lui avaient rencontré sa mère rue d'Arcole à Paris, juste après la Libération.

— Ce jour-là, elle nous a menacés d'appeler la police. Et je pense qu'elle l'aurait fait. Mais ton père avait un tel charme... Il était impossible de lui résister longtemps ! C'était aussi un très grand acteur...

Arthur relatait à Alexandra les nombreuses pièces que son père avait interprétées à Broadway quand soudain une voiture s'arrêta devant la maison. Aussitôt John quitta le salon. Quelques secondes plus tard, il introduisait la nouvelle arrivante. Comme Alexandra lorsqu'elle était entrée, elle jeta un coup d'œil autour d'elle, puis pénétra d'un pas timide dans le salon.

Se levant lentement de son fauteuil, Alexandra alla à sa rencontre en ouvrant les bras, et Arthur, qui ne pouvait pas bouger, remarqua alors à quel point les deux sœurs se ressemblaient : elles étaient rousses toutes les deux, à peu près de la même taille, mais si Alexandra avait les yeux bleus, Megan avait hérité des yeux verts de Solange.

— Megan ? demanda celle-ci, bien qu'elle connût déjà la réponse.

Les larmes aux yeux, elles se précipitèrent dans les bras l'une de l'autre. Avant de venir, elles s'étaient toutes deux juré de ne pas pleurer, mais elles avaient bien du mal à contrôler leur émotion.

— C'est fou ce que nous nous ressemblons ! s'écria Megan en riant à travers ses larmes. La seule différence, c'est que je m'habille beaucoup mieux que toi...

N'ayant pas eu le temps de se changer avant de quitter l'hôpital, elle portait un jean, un tee-shirt et de grosses chaussures de marche. Sa plaisanterie fit rire Alexandra, qui la prit aussitôt par la main et s'approcha d'Arthur pour faire les présentations.

— Comment allez-vous, monsieur Patterson ? demanda Megan en lui serrant poliment la main.

Elle aussi, elle ressemblait à Solange. Elle était moins belle que sa mère et beaucoup moins élégante que sa sœur, mais son visage exprimait un mélange de pureté et d'intelligence qui plut beaucoup à Arthur.

— Ainsi, tu es médecin, Megan...

— Oui, monsieur. Je suis en train de terminer mon internat. J'aurai fini à Noël.

Arthur hocha la tête d'un air satisfait. Il était extrêmement heureux de ne voir aucune trace d'amertume ou de colère chez ces deux jeunes femmes. En ce qui les concernait, il n'avait pas fait d'erreur, Dieu soit loué ! Pas comme avec cette malheureuse Hilary... John Chapman l'avait averti que les sentiments de sa filleule n'avaient guère évolué et que, si elle venait, elle ne se montrerait pas tendre avec lui. Malgré tout, Arthur avait envie de la voir.

Assis dans le salon, ils attendirent Hilary, en vain, jusqu'à huit heures. Ils parlaient tous les trois à la fois, ou se taisaient soudain, nerveux et un peu mal à l'aise. Arthur évoqua Sam et Solange ; Alexandra et Megan parlèrent de leurs vies respectives. Puis elles sortirent les photos qu'elles avaient apportées avec elles, les posant au fur et à mesure sur la table du salon. Ici, l'hôpital où travaillait Megan, là, la maison de Saint-Jean-Cap-Ferrat. Une photo d'Henri prise devant son château en Dordogne. Rebecca, vêtue d'un jean et une fleur dans les cheveux, et Margaret en robe du soir au moment où elle se rendait au grand bal de Monte Carlo... D'un simple coup d'œil, on voyait à quel point leurs vies avaient été différentes.

Alors qu'ils se dirigeaient tous les quatre vers la salle à manger, Megan fit d'ailleurs remarquer à Alexandra :

— Nous sommes sœurs. Nous nous ressemblons beaucoup physiquement et nous avons peut-être hérité de certains traits de caractère de nos parents. Malgré tout, nos vies n'ont rien de commun. Toi, tu as été élevée en France dans un milieu aristocratique et richissime pendant que moi, j'étais trimballée à gauche et à droite au gré des engagements politiques de mes parents...

C'était une simple constatation, sans trace de jalousie ou d'amertume. Megan était même fière d'avoir été élevée ainsi. Elle s'étonnait simplement de ce que le destin de sa sœur ait été aussi différent du sien.

Lorsqu'ils furent assis tous les quatre à table, Arthur encadré par Megan et Alexandra, et John installé à côté de Megan, ils ne purent s'empêcher de jeter un coup d'œil en direction de la chaise vide qui se trouvait au bout de la table. Il était évident maintenant que Hilary ne viendrait pas. Alexandra s'efforça de meubler le silence pesant et Arthur commença à dodeliner de la tête. On allait leur servir à dîner quand soudain une voiture s'arrêta devant la maison. Aussitôt, John quitta la salle à manger.

— Que se passe-t-il ? demanda Arthur, réveillé en sursaut.

Instinctivement, il avait agrippé la main d'Alexandra. Mais celle-ci, au lieu de lui répondre, fixait la porte ouverte. Et soudain, elle la vit entrer. Grande, mince, élancée comme son père, de longs cheveux noirs et d'immenses yeux verts qui en cet instant se tournaient vers eux. Hilary ne s'était pas changée et elle portait un tailleur en lin bleu marine. Jusqu'au dernier moment, elle avait pensé qu'elle resterait à New York. Mais, en quittant la chaîne ce soir-là, elle avait soudain décidé de louer une voiture pour se rendre chez Arthur et lui dire une bonne fois pour toutes ce qu'elle pensait de lui. Elle espérait ainsi se débarrasser pour toujours de ce qu'elle avait sur le cœur et n'avait même pas eu une pensée pour ses sœurs. Pourtant, lorsqu'elle se dirigea vers lui, elle fut bien obligée de remarquer les deux jeunes femmes rousses assises à ses côtés. Elle s'arrêta net et John, qui se tenait juste derrière elle, vit tout son corps se crisper, comme traversé par une insupportable douleur. Il eut envie de l'entourer de ses bras. Lentement, Alexandra se leva et fit le tour de la table. Elle semblait hypnotisée et s'approcha de sa sœur comme une somnambule.

— Hillie..., hoqueta-t-elle avant de se jeter en avant, aveuglée par les larmes.

Spontanément, Hilary ouvrit les bras pour la recevoir.

— Axie... Ma chérie...

Trente ans avaient passé depuis que Hilary avait serré une dernière fois dans ses bras sa jeune sœur avant qu'elle ne quitte pour toujours Charlestown. Alexandra était devenue une femme ravissante, élégante jusqu'au bout des ongles. Mais pour Hilary, elle était toujours « la petite Axie » et elle ne put s'empêcher de lui dire à nouveau en pleurant :

— Je t'aime, Axie...

Megan s'était levée elle aussi. Soudain Arthur fut secoué par une quinte de toux. John alla aussitôt lui chercher un verre d'eau et ses pilules. S'écartant d'Alexandra, Hilary se tourna alors vers sa plus jeune sœur et lui dit en riant à travers ses larmes :

— Tu as drôlement changé, Megan, depuis la dernière fois que nous nous sommes vues.

Elles éclatèrent de rire toutes les trois. Puis, lâchant la main d'Alexandra, Hilary se tourna vers Arthur.

— Je m'étais juré de ne jamais te revoir. C'est pourquoi j'avais dit à John Chapman que je ne viendrais pas.

Arthur se contenta de hocher la tête en lui jetant un regard craintif et malheureux. Hilary ne lui avait pas pardonné. Elle le détestait toujours autant. Et il savait mieux que quiconque qu'il le méritait.

— Je suis contente que tu sois venue, Hillie, intervint Alexandra. J'avais tellement envie de te voir... De vous voir toutes les deux, corrigea-t-elle aussitôt en souriant à Megan.

Mais Hilary ne l'écoutait pas.

— Pourquoi as-tu voulu nous réunir ? demanda-t-elle à Arthur. Pour que nous regrettions encore plus de ne pas avoir été élevées ensemble ?

— En vous réunissant chez moi, j'ai simplement voulu réparer mes torts, répondit Arthur en s'agrippant des deux mains à la table.

— Tu as cru qu'en m'invitant à dîner tu pourrais effacer d'un coup trente ans de solitude et de souffrance ?

— Tes sœurs ont eu plus de chance que toi, Hilary. Elles, elles ne me détestent pas.

— Et pour cause ! Elles ne savent pas... N'est-ce pas, Arthur ?

Sans s'en rendre compte, Hilary avait élevé la voix. Mais c'était inutile : Arthur avait parfaitement compris à quoi elle faisait allusion.

— C'est le passé, Hilary, se défendit-il.

— Ah oui ? Le fait d'avoir tué mes parents ne t'a donc pas empêché de dormir ?

— Hillie..., intervint à nouveau Alexandra en touchant gentiment le bras de sa sœur. Tout ça n'a plus d'importance maintenant.

— Plus d'importance ! s'écria Hilary en se retournant brusquement vers sa sœur. Qu'est-ce que tu en sais ? Toi, en France, tu n'as manqué de rien. Tandis que moi, j'ai été enfermée dans une maison de correction après m'être fait violer. Ma seule raison de vivre, c'était qu'un jour j'arriverais à vous retrouver. Et quand je suis allée voir ce salopard, sais-tu ce qu'il m'a répondu ? Qu'il ignorait où vous étiez. S'il s'était intéressé un tant soit peu à nous, crois-tu qu'il aurait aussi facilement perdu notre trace ? Et avant, Axie ? Le jour où il est venu vous chercher à Charlestown, crois-tu qu'il a eu pitié de moi ? Et tu voudrais que maintenant je le remercie pour tout ça ! Ou que je lui pardonne d'avoir tué nos parents...

— Mais ce n'est pas lui qui les a tués, reprit Alexandra. La seule chose qu'on puisse lui reprocher, c'est de ne pas avoir réussi à nous laisser toutes les trois ensemble. Et encore ! Peut-être qu'à l'époque il ne pouvait pas faire autrement...

Megan n'était pas intervenue, mais elle était de l'avis d'Alexandra. Elle comprenait pourquoi Hilary haïssait Arthur. Cela justifiait-il cependant qu'elle l'accuse de la mort de leurs parents ?

— Vous parlez sans savoir, reprit Hilary en regardant ses sœurs à travers ses larmes. Vous étiez trop jeunes quand tout ça est arrivé. Mais moi, la nuit où maman est morte, je ne dormais pas. J'ai entendu ses cris quand notre père a commencé à la frapper... Elle criait... Elle criait... Et puis, je n'ai plus rien entendu du tout... Il l'avait étranglée.

Incapable de continuer, Hilary éclata en sanglots. Craignant qu'elle ne s'effondre, John s'approcha d'elle. Il désirait tant l'aider. Tout au long de son enquête, il n'avait pensé qu'à elle, et au réconfort qu'il pourrait lui apporter. Mais elle ne remarqua même pas sa présence et, ravalant ses larmes, se tourna à nouveau vers Arthur. Elle s'adressait à ses sœurs, mais c'est lui qu'elle regardait. Depuis trente ans, elle attendait l'occasion de lui jeter la vérité au visage.

— J'ai tout entendu, reprit-elle. Notre père venait de rentrer à la maison et ils se disputaient dans l'entrée. Maman disait qu'elle en avait par-dessus la tête, qu'il la trompait depuis des années et qu'il couchait avec tous les premiers rôles. Et lui, il répondait que ce n'était pas vrai, qu'elle était complètement folle... Alors, elle lui a dit qu'elle avait des preuves, qu'elle savait avec qui il était parti en Californie et avec qui il avait couché la nuit précédente... Ensuite elle a ajouté que de toute façon elle s'en fichait maintenant, qu'il pouvait bien faire ce qu'il voulait, qu'elle aussi elle avait un amant et que s'il continuait, elle le quitterait et nous emmènerait avec elle... Et lui, il a dit que si elle faisait une chose pareille, il la tuerait... Elle s'est mise à rire. Puis, comme il ne voulait pas la croire, elle lui a dit avec qui elle le trompait...

Hilary se tut pendant quelques secondes et observa Arthur qui, toujours assis en face d'elle, tremblait violemment.

— Tu sais qui était l'amant de notre mère, n'est-ce pas, Arthur ? cria-t-elle. Et moi aussi je le sais, parce que, cette nuit-là, maman a dit à papa qu'elle couchait avec toi. Toi, le meilleur ami de notre père... Il était fou de rage et il l'a prévenue que si elle le quittait, jamais il ne la laisserait emmener ses filles... Elle lui a ri au nez et a dit que si les deux premières étaient de lui, Megan n'était pas sa fille.

Elle a dit que tu étais le père de Megan, Arthur ! Et c'est là qu'il l'a tuée.

Exténuée, Hilary se laissa tomber dans un fauteuil et, la tête cachée dans ses mains, se mit à sangloter. Alexandra s'approcha d'elle et la prit tendrement par les épaules. Debout à côté d'elle, Megan semblait abasourdie.

— Elle ne me l'a jamais dit…, commença Arthur en regardant Megan, bouleversé. Il faut me croire ! J'ai toujours pensé que vous étiez toutes les trois les filles de Sam. Si j'avais su…

— Qu'est-ce que ça aurait changé ? demanda Hilary en relevant soudain la tête. Crois-tu que tu te serais mieux occupé de Megan ? Tu n'aurais rien fait, oui ! Tu as trahi ton meilleur ami et, au lieu d'avoir le courage de lui avouer la vérité, tu as laissé ma mère lui annoncer la nouvelle. Ce n'est pas toi qui l'as étranglée, mais tu es responsable de sa mort. Et aussi de celle de notre père. Car après l'avoir trompé comme tu l'as fait, jamais tu n'aurais dû accepter de le défendre devant un tribunal.

— Je ne voulais pas, Hilary… C'est lui qui m'a supplié. Quand je lui ai proposé de lui trouver un autre avocat, il a refusé net. La vérité, c'est que depuis que Solange était morte, il n'avait plus envie de vivre. Moi non plus, d'ailleurs… Quand j'ai appris qu'il l'avait tuée, j'ai eu l'impression que ma vie était terminée. Je l'aimais… Depuis le premier jour où je l'ai vue rue d'Arcole à Paris, je l'ai toujours aimée…

La voix d'Arthur se brisa, et ses joues étaient mouillées de larmes. Hilary le regarda d'un air surpris, un peu comme si elle le voyait pour la première fois. Elle comprit soudain qu'il était vieux et mourant. Pour lui, tout ça était le passé. Le sang qui lui tachait les mains avait séché depuis longtemps, et les acteurs de ce drame avaient disparu pour toujours. Lui aussi ne tarderait pas à quitter cette vie...

— J'étais venue ici pour régler mes comptes avec toi, Arthur, mais je me rends compte que tout ça n'a plus d'importance..., dit-elle. Je vous ai beaucoup aimées, ajouta-t-elle en regardant Alexandra, puis Megan. Mais peut-être que ça aussi fait maintenant partie du passé.

Hilary semblait à bout de forces comme si, à présent qu'elle avait déversé sa haine sur Arthur, il ne lui restait plus rien. Voyant qu'elle se levait pour partir, Alexandra voulut intervenir. Mais Megan la devança.

— Pour nous aussi, tout ça est bien loin, dit-elle. Et pourtant, nous avons accepté de venir. Même moi qui ne me souvenais de rien, qui ignorais que M. Patterson était mon père... Nous sommes venues en souvenir du passé, mais nous ne devons pas en rester là. Nous avons toutes une nouvelle vie maintenant. C'est trop facile de nous dévoiler de telles choses, puis de repartir comme si de rien n'était, ajouta-t-elle en regardant Hilary dans les yeux. Tu as souffert, nous non. Maintenant, tu dois nous laisser t'aider à panser tes plaies. Il n'y a que nous qui puissions le faire. C'est pour cette raison que nous sommes ici.

Si John avait osé, il aurait applaudi Megan. Elle avait raison. Si Hilary s'en allait maintenant, sa vie était fichue à jamais.

Hilary se tourna vers Alexandra et du regard quêta son avis.

— Je t'en prie, Hillie, dit doucement Alexandra, reste avec nous... A moi aussi, il m'a fallu du courage pour venir. Mon mari m'avait interdit de faire ce voyage et je suis venue malgré lui. Il exigera peut-être le divorce quand je rentrerai à Paris... J'ai dû aussi faire beaucoup de peine à ma mère, enfin, ma mère adoptive... Elle redoute encore que, lorsque j'aurai retrouvé mes sœurs, je sois perdue pour elle.

Megan hocha la tête, les larmes aux yeux elle aussi à la pensée de sa mère, Rebecca, qui était terrifiée par ces retrouvailles des trois sœurs. La veille au soir, elles avaient parlé au téléphone pendant plus d'une heure, et Megan avait promis de l'appeler le plus tôt possible pour la rassurer.

— De nous trois, c'est toi qui as été meurtrie par la vie, reprit Alexandra en la prenant tendrement par l'épaule. Mais maintenant que tu nous as retrouvées, tu n'es plus seule. Megan a raison : tu n'as pas le droit de nous repousser. D'ailleurs, je ne te laisserai pas faire.

Pendant un long moment, Hilary se tint très droite en face de sa sœur comme si elle délibérait en elle-même. Puis elle se jeta dans ses bras et se mit à pleurer sans bruit. Au fond, ce n'était pas la faute d'Alexandra si elle avait eu une enfance aussi horrible. Ni celle de Megan... Peut-être même qu'Arthur n'était pas aussi coupable qu'elle le croyait. Il avait commis des erreurs, mais il les avait payées cher.

445

— Me pardonnerez-vous jamais ce qui est arrivé ? demanda Arthur d'une voix pleine d'espoir. Sa question s'adressait aux trois sœurs, mais c'est Hilary qu'il regardait. Elle hésita avant de lui répondre.

— Je ne sais pas, dit-elle. Je ne sais plus...

— Je suis content que vous soyez venues, reprit Arthur. Il fallait qu'un jour ou l'autre vous puissiez vous revoir. Si j'avais été moins lâche, j'aurais tenu tête à ma femme et jamais vous n'auriez été séparées. Aujourd'hui, je le regrette profondément. Malheureusement, il est trop tard... J'ai terriblement mal agi, ajouta-t-il en regardant Megan. Mais j'ai payé ! J'ai mené une vie solitaire, sans joie, depuis la mort de votre mère...

Tremblant violemment, Arthur se leva. John se précipita à ses côtés pour l'aider et Megan l'imita. Les révélations de Hilary l'avaient bouleversée au moins autant qu'Arthur. Etait-elle aussi responsable de la mort de sa mère ? Si elle n'était pas née, Sam aurait-il tué Solange ? Mais elle savait qu'il ne servirait à rien de revenir sur le passé. Il était temps maintenant de tourner la page.

— Vous pouvez rester dans cette maison aussi longtemps que vous le voudrez, annonça Arthur. De toute façon, elle vous appartiendra bientôt, je vous l'ai léguée par testament. J'espère qu'elle deviendra une maison où vous pourrez vous retrouver toutes les trois et amener vos familles respectives. En attendant, j'aimerais que vous y passiez le week-end à faire connaissance. N'ayez aucune crainte, je ne vous importunerai pas... Je ne sortirai pas de ma chambre.

Megan et Alexandra le remercièrent, mais Hilary ne souffla mot. Et, quand il eut disparu en compagnie de John et de Megan, elle se tourna vers sa sœur et lui dit :

— Je ne sais pas si un jour j'arriverai à lui pardonner, Axie.

— Il faudra bien, répondit celle-ci en souriant gentiment. Tu n'as plus de raison de le haïr et il ne va pas tarder à mourir. Moi, je lui suis reconnaissante de nous avoir réunies avant qu'il ne soit trop tard.

Puis, prenant sa sœur par le bras comme si elles étaient des amies de toujours, Alexandra l'emmena à l'étage pour lui montrer sa chambre. Elle s'assit sur le lit et Hilary s'installa à côté d'elle dans le fauteuil à bascule. Cette dernière n'avait pas encore décidé si elle passerait la nuit dans la maison ou si elle rentrerait à New York.

— Parle-moi de tes filles, dit-elle à sa sœur.

— Marie-Louise a douze ans et de grands yeux verts, comme les tiens... Quant à Axelle, elle a six ans et les mêmes cheveux roux que moi. Entre les deux, j'ai eu un garçon. Mais je l'ai perdu...

Hilary ne put s'empêcher de repenser à son avortement. Depuis cette date, elle avait évité tout contact avec les enfants. Et voilà qu'elle se retrouvait avec deux nièces.

— Est-ce que tu te souviens de ton français ? demanda Alexandra.

— Un petit peu... J'ai rarement l'occasion de le parler.

— Grâce à ma mère, Marie-Louise et Axelle parlent couramment anglais.

— Et ton mari, comment est-il ?

Hilary voulait soudain tout savoir de sa sœur. Elle se demandait avec inquiétude si elles avaient encore des points communs.

— C'est un homme difficile, répondit Alexandra en soupirant. Intelligent, mais très exigeant. Il veut tout diriger, aussi bien au bureau que chez lui. Et il faut toujours que tout soit parfait.

— Cela ne te gêne pas ? demanda Hilary en lui lançant un coup d'œil étonné.

— Pas vraiment. J'ai l'habitude. Je sais que malgré ses manières un peu brusques, il m'aime beaucoup. Qu'il m'aimait beaucoup, plutôt... Je ne sais pas ce qui va se passer maintenant. Il a très mal réagi lorsque je lui ai raconté l'histoire de nos parents.

— Ce n'est pas une histoire particulièrement plaisante...

— Surtout pour Megan, ajouta Alexandra.

A ce moment-là, cette dernière les rejoignit dans la chambre. Arthur souffrait énormément. Elle lui avait administré un sédatif et elle espérait qu'il ne tarderait pas à s'endormir.

— Il n'en a plus pour longtemps, expliqua-t-elle à ses sœurs. Les métastases se sont étendues à tout son organisme maintenant. Mais il est encore parfaitement lucide.

— Le salaud..., ne put s'empêcher de marmonner Hilary à voix basse.

— Tu n'as pas le droit de dire ça de lui ! s'écria Megan, les yeux brillants. Il regrette profondément ce qui s'est passé et il a fait tout ce qu'il a pu pour que nous soyons à nouveau réunies. Que veux-tu de plus ?

— Quelque chose qu'il ne pourra jamais nous donner, répondit Hilary avec un sourire las. Un passé... Quelque chose que nous aurions pu partager toutes les trois au lieu d'être séparées comme nous l'avons été.

— Nous nous en sommes sorties quand même, lui rappela Megan. Même toi, Hilary. Tu as un travail fantastique, et une vie normale.

« Une vie complètement vide, oui... », songea Hilary. Ses deux sœurs ignoraient la solitude. Tandis qu'elle n'aimait personne, n'était aimée de personne, en tout cas à sa connaissance.

A cet instant John apparut dans l'encadrement de la porte. Il était temps pour lui de prendre congé maintenant. Elles n'avaient plus besoin de lui et elles passeraient certainement une partie de la nuit à parler ensemble. Son travail était terminé.

— J'espère que nous nous reverrons, John, dit Alexandra.

— Je ne sais pas, répondit-il. A moins que vous ayez besoin de moi pour retrouver quelqu'un... Ce que je ne vous souhaite pas ! Vous allez me manquer, en tout cas, ajouta-t-il en souriant tristement.

C'est vrai qu'à force d'enquêter à leur sujet il s'était attaché à elles. Hilary surtout lui manquerait. Il avait eu tellement mal pour elle lorsqu'il avait fouillé son passé, mal de penser qu'il était trop tard pour l'aider.

— Bonne chance à toutes ! dit-il en guise d'adieu.

Alexandra et Hilary lui serrèrent la main et Megan l'embrassa gentiment sur la joue. Il lui plaisait beaucoup.

— Si jamais vous repassez dans le Kentucky, téléphonez-moi, dit-elle en souriant.

— Vous comptez y rester longtemps ? demanda John, qui ne pouvait se résoudre à partir.

— En décembre, j'aurai terminé mon internat. Mais il y a de grandes chances que je continue à travailler dans cet hôpital. Je n'en ai pas encore parlé à mes parents, mais je crois qu'ils s'en doutent. Ils me connaissent suffisamment pour savoir que je suis capable de faire une telle folie, conclut-elle en riant.

— Merci pour tout, John ! dit Alexandra. Je ne vous oublierai jamais.

— Ne vous faites plus jamais décolorer les cheveux, lança-t-il, feignant de prendre un air sévère. Votre teinte naturelle est magnifique.

Alexandra le remercia en rougissant et Hilary s'approcha à son tour.

— Je suis désolée de vous avoir aussi mal reçu à New York, s'excusa-t-elle. Ce n'est pas à vous que j'en voulais... Et je suis tellement heureuse d'être venue ! ajouta-t-elle en regardant ses sœurs, les larmes aux yeux.

Sans un mot, John s'approcha d'elle et la prit dans ses bras. Elle resta là pendant quelques secondes, la tête nichée contre son épaule, à pleurer sans retenue.

— C'est fini maintenant, Hilary... Tout va s'arranger...

La voix douce et calme de John réveillait en elle des sentiments qu'elle avait crus morts à jamais, et ce n'est qu'à regret qu'elle s'écarta de lui. Quant à lui, s'il l'avait pu, il l'aurait bien gardée pour toujours dans ses bras. La vie lui devait encore tant !

— Venez me voir à mon bureau, dit-elle timidement.

— D'accord. Nous déjeunerons ensemble.

Trop émue pour lui répondre, Hilary détourna la tête pour cacher ses larmes. D'un geste maternel, Alexandra ramena doucement en arrière les longs cheveux noirs de sa sœur, et elle la prit tendrement par les épaules. Puis elles accompagnèrent toutes les trois John jusqu'à sa voiture et lui firent de grands signes de la main au moment de son départ.

Hilary prit dans sa voiture le petit sac de voyage qu'elle avait apporté avec elle et suivit Alexandra à l'étage. Sa chambre était située juste à côté de celle de sa sœur et, après avoir passé une chemise de nuit, elle vint la rejoindre pour continuer à parler. Megan était déjà là et, quand Hilary entra, elle expliquait qu'elle ne savait pas si elle aurait des enfants un jour car elle craignait que cela la gêne dans sa carrière professionnelle. Alexandra lui répondit que ses filles étaient sa plus grande joie.

— Je n'ai jamais voulu avoir d'enfants et je ne le regrette pas, intervint Hilary en s'installant dans le fauteuil à bascule. Je dis ça, mais au fond je n'en sais rien..., corrigea-t-elle aussitôt. De toute façon, maintenant il est trop tard.

— Quel âge as-tu ? demanda Megan.

Elle se rendit compte trop tard que c'était une question à laquelle elle aurait pu répondre elle-même en faisant un rapide calcul...

— Trente-neuf ans, répondit Hilary.

— Aujourd'hui, beaucoup de femmes attendent d'avoir cet âge-là pour avoir leur premier enfant, fit remarquer Megan. Dans nos sociétés en tout cas... Mais là où je travaille, il m'arrive très souvent d'accoucher des jeunes filles de douze ou treize ans...

Comme l'hôpital semblait loin, depuis qu'elle était arrivée dans la confortable maison d'Arthur ! Elle se sentait totalement dépaysée, un peu comme si elle venait d'arriver dans un pays qu'elle ne connaissait pas encore. Et ses sœurs devaient éprouver exactement le même sentiment.

— C'est fou comme nos vies peuvent être différentes, reprit-elle en riant. Moi, je travaille au fin fond du Kentucky. Toi, Alexandra, tu vis dans un hôtel particulier à Paris. Et Hilary ne va pas tarder à diriger une chaîne de télévision. C'est incroyable, non ?

— Ça l'aurait été encore plus si nous nous étions rencontrées il y a vingt-cinq ans, remarqua Hilary. A cette époque, ma vie n'était pas drôle...

— Comment était-ce ? demanda Alexandra.

Et, petit à petit, Hilary raconta tout. Les mauvais traitements, l'agression de Jack Jones, les viols qui se répétaient nuit après nuit chez Louise, et ses années en centre d'éducation surveillée. Elle parla pendant deux heures, sans cesser de pleurer, et, quand elle eut fini, elle se sentit soulagée d'avoir pu partager son lourd secret avec ses sœurs.

Lorsqu'elles étaient enfants, c'est elle qui les protégeait et maintenant, elles lui rendaient la pareille en la consolant à leur tour.

Puis Megan prit le relais. Elle raconta à ses sœurs comment ses parents l'avaient élevée, l'emmenant dans toutes les manifestations politiques auxquelles ils participaient. Elle leur parla de la nuit où son père avait été blessé par une balle en Géorgie. Elle aimait tendrement David et Rebecca. Ils étaient bons, honnêtes, et ils croyaient entièrement aux causes qu'ils défendaient.

A son tour, Alexandra parla de Margaret et de Pierre de Borne et raconta comment elle avait rencontré son mari. Elle avoua à ses sœurs qu'elle craignait qu'Henri demande le divorce à son retour à Paris.

— S'il fait ça, c'est que c'est un imbécile, lança Hilary.

Le geste qu'elle fit en rejetant brusquement ses longs cheveux par-dessus son épaule ramena un souvenir fulgurant à la mémoire d'Alexandra.

— Reconnais que pour un homme obsédé par son arbre généalogique, notre passé sort un peu de l'ordinaire, fit remarquer Alexandra.

Et cela les fit rire toutes les trois.

Le jour se levait et, après s'être embrassées, souhaité bonne nuit et parlé encore, elles allèrent se coucher.

Quand Alexandra se réveilla, elle s'aperçut qu'il était plus de midi. Aussitôt, elle téléphona à l'hôtel Pierre. Apprenant que Margaret et ses filles étaient sorties, elle laissa un message disant que tout allait bien et annonçant son retour à New York le dimanche soir. Elle songea ensuite à appeler Henri mais, ne sachant ce qu'elle lui dirait, y renonça.

Lorsqu'elle descendit dans la salle à manger pour prendre son petit déjeuner, Megan s'y trouvait déjà. Vêtue d'un jean propre et d'un chemisier blanc, ses longs cheveux roux retenus par un ruban, on aurait dit une toute jeune fille. C'est en tout cas ce que pensa Alexandra. Elle s'installa à table et se mit à bavarder avec elle en buvant son café et en mangeant des toasts. Puis sa jeune sœur remonta à l'étage pour s'occuper d'Arthur qui, d'après les infirmières, avait passé une très mauvaise nuit. Elle venait juste de quitter la salle à manger quand Hilary entra à son tour. Elle était pieds nus, portait une jupe-culotte et un chemisier en soie et avait coiffé ses cheveux en un chignon serré. Elle aussi, elle semblait plus jeune que la veille au soir. Alexandra elle-même avait l'impression que le fait de revoir ses sœurs et de pouvoir discuter avec elles lui avait retiré un énorme poids des épaules. Ses craintes concernant son mari s'étaient envolées. Jusque-là, elle était terrifiée à la pensée que, si un jour Henri la quittait, elle se retrouverait seule au monde. Tandis que maintenant, en plus de Margaret, elle pouvait compter sur ses deux sœurs. Et pour la première fois depuis longtemps, l'avenir ne lui faisait plus peur.

— C'est ce qu'on appelle se coucher aux aurores, non ? fit remarquer Hilary en souriant. Qu'allons-nous faire aujourd'hui ? Si nous recommençons à parler de nous, demain à la même heure nous y serons encore...

Elles pouffèrent comme des gamines.

— Il faut que je sois rentrée à New York demain soir, annonça Alexandra.

— Moi aussi. Lundi matin, j'ai des rendez-vous importants que je ne peux pas décommander.

— Et moi, j'ai laissé Axelle et Marie-Louise avec ma mère à l'hôtel Pierre. Elles n'ont pas dû lui accorder une minute de répit et demain soir elle sera sur les genoux ! Et puis, elle sera contente de me revoir. Elle a tellement peur que je l'aime moins, maintenant que j'ai deux sœurs...

Hilary hocha la tête d'un air pensif.

— Nous pouvons partir toutes les deux dans ma voiture, si tu veux. Et puisque tu passes une semaine à New York, nous pourrons déjeuner ensemble un jour...

Elle levait vers Alexandra des yeux pleins d'espoir, comme un enfant timide qui vient de gagner un nouvel ami.

— Merveilleux ! Et comme ça, tu feras la connaissance de mes filles. Ensuite, tu viendras nous voir à Paris.

« Et au diable Henri de Morigny ! » faillit-elle ajouter.

— Formidable ! s'écria Hilary au moment où Megan les rejoignait.

— Qu'êtes-vous en train de comploter ? demanda celle-ci en s'asseyant en face de Hilary.

— Juste une petite sortie ensemble à New York. Veux-tu venir avec nous ? Tu pourrais passer la nuit chez moi...

— Ou alors à l'hôtel Pierre, proposa Alexandra.

Mais Megan avait d'autres projets.

— Cela m'aurait fait très plaisir, répondit-elle, et j'espère bien vous rendre visite dès que possible. Mais je préfère rester ici quelques jours, ajouta-t-elle en lançant un coup d'œil en direction de l'étage et de la chambre d'Arthur. De cette façon, je serai sur place si quelque chose arrive...

En tant que médecin, Megan était bien placée pour savoir que son père n'en avait plus pour longtemps. Elle en parla avec Alexandra un peu plus tard dans l'après-midi alors qu'elles se promenaient toutes deux dans le jardin.

— Il a l'air si pitoyable et si fragile, dit-elle. Il me fait vraiment de la peine. Je sais que Hilary lui en veut, mais moi, je n'ai rien à lui reprocher. David et Rebecca ont été pour moi des parents merveilleux et j'ai eu une vie formidable. Peut-être que si j'avais appris plus tôt qu'Arthur était mon père, cela aurait changé quelque chose à ma vie, mais maintenant il est trop tard. La seule chose que je puisse faire pour lui, c'est d'être auprès de lui pour l'aider à mourir.

— Tu as raison d'agir ainsi, Megan.

Ce soir-là, elles dînèrent toutes les trois dans la salle à manger, servies par la vieille gouvernante qui s'occupait de la maison. Elles en profitèrent pour parler de John Chapman.

— Le jour où il est venu me voir à mon bureau, se souvint Hilary en riant, il me regardait d'une manière tellement étrange que j'ai failli décrocher mon téléphone pour appeler au secours !

— Moi, la première fois que je l'ai vu, j'ai trouvé qu'il était plutôt bel homme, dit Alexandra en rougissant comme une gamine.

— J'ai pensé exactement la même chose, ajouta Megan.

Et comme elles se demandaient si John était ou non marié, Alexandra fit remarquer :

— Il me semble qu'il m'a dit qu'il était divorcé.

Hilary haussa les épaules. De toute façon, cela n'avait guère d'importance. Ce qui comptait pour elle, c'est d'avoir pu enfin revoir ses sœurs. Pour la première fois depuis trente ans, elle avait l'impression d'être en sécurité.

31

Le dimanche en fin d'après-midi, Hilary et Alexandra quittèrent la maison d'Arthur pour rentrer à New York. Megan leur avait promis de dîner avec elles dans quelques jours quand elle passerait par New York avant de regagner le Kentucky. Après les avoir embrassées toutes les deux en pleurant, elle agita la main jusqu'à ce que leur voiture ait disparu au tournant de l'allée.

Avant de partir, Alexandra était allée saluer Arthur. Quand elle avait frappé à sa porte, il dormait ; Megan venait de lui faire une piqûre. Il avait simplement ouvert un œil et lui avait souri. Mais elle ne savait pas s'il l'avait vraiment reconnue ou s'il l'avait confondue avec sa mère. Il s'était rendormi aussitôt et n'avait certainement pas vu Hilary. Celle-ci était restée debout sur le seuil, sans se décider à entrer. Puis, sans un mot, elle était redescendue.

— Crois-tu qu'il va mourir bientôt ? demanda Alexandra à sa sœur alors qu'elles roulaient en direction de New York.

— Probablement. Maintenant qu'il a fait ce qu'il voulait faire, il n'a plus de raison de lutter.

C'était un simple constat, froid mais sans plus aucune trace de haine.

Quand Hilary arrêta sa voiture en face de l'hôtel Pierre, il était plus de huit heures et Alexandra lui proposa de monter pour voir ses filles et Margaret. Hilary commença par alléguer qu'il était trop tard, qu'elle n'était pas présentable... Puis elle finit par accepter et suivit Alexandra à l'intérieur de l'établissement. Bientôt, celle-ci ouvrait la porte de la suite avec sa clé et aussitôt Axelle se précipita pour embrasser sa mère.

— Regarde, chérie, qui j'ai amené avec moi, dit Alexandra, aussi fière que si elle arrivait en compagnie du père Noël.

Un peu éberluée, Axelle observa cette grande femme brune qui semblait prête à pleurer.

— Qui est-ce ? demanda-t-elle.

— C'est ma sœur, répondit Alexandra, les larmes aux yeux. J'ai aussi une autre sœur qui s'appelle Megan. Nous ne nous sommes pas vues depuis très, très longtemps. C'est ta tante Hilary, ma chérie.

Pleurant à chaudes larmes, Hilary serra Axelle dans ses bras.

— Oh, Axie..., murmura-t-elle.

Puis Marie-Louise s'approcha d'elle pour l'embrasser à son tour. Elle découvrit alors à quel point sa nièce lui ressemblait. Un peu comme si elle avait été sa fille...

— Maman, je te présente Hilary, annonça Alexandra. Hilary, voici ma mère, Margaret de Borne...

Au lieu de lui serrer la main, Margaret ouvrit ses bras à Hilary et l'attira contre elle.

— Tout s'est bien passé ? demanda-t-elle. Je me suis fait tellement de souci pour vous !

Alexandra s'essuyait les yeux, et Hilary fit de même.

— Que c'est bête de pleurer comme ça, n'est-ce pas ? dit-elle en souriant aux deux petites filles. Mais cela fait tellement longtemps que je n'ai pas vu votre maman...

— Pourquoi ? demanda Axelle.

— Il nous est arrivé beaucoup de choses très tristes quand nous étions petites, répondit Alexandra. J'ai été séparée de mes sœurs. Hilary a été élevée de son côté et elle a été très malheureuse. Et ce n'est que maintenant que j'ai pu enfin la revoir.

— Ah bon..., dit Axelle, toute prête à accepter les explications de sa mère même si cela la dépassait un peu. Nous, nous nous sommes bien amusées, ajouta-t-elle aussitôt. Hier, nous sommes allées au zoo et après, au Radio City Music Hall. C'était super !

Tout le monde éclata de rire et Margaret commanda une bouteille de champagne. Alexandra partit coucher ses filles dans la chambre voisine. Dès qu'elle fut sortie, Margaret se tourna vers Hilary.

— Je suis tellement heureuse que tout se soit bien passé, dit-elle.

— Vous n'aviez aucun souci à vous faire, dit Hilary. Alexandra vous aime profondément. Elle nous a parlé de vous et de son père. Il n'y a aucune raison que ses sentiments envers vous changent. A ses yeux, vous êtes ses parents et vous le resterez toujours.

Elle comprenait les inquiétudes de Margaret, qui lui avait plu immédiatement. C'était une femme chaleureuse, et très courageuse. En outre, elle avait de la personnalité et un réel sens de l'humour, deux qualités que Hilary appréciait beaucoup.

— Je parie qu'elle vous a aussi parlé d'Henri, reprit Margaret, qui, dans son émotion, avait pris la main de Hilary dans les siennes. Il ne l'a pas appelée une seule fois depuis que nous sommes arrivées à New York. Il a très mal pris la nouvelle. C'était un choc terrible pour lui ! A mon avis, Alexandra aurait mieux fait de ne rien dire.

— Je crois qu'elle veut qu'on l'accepte telle qu'elle est. Pour elle, c'est très important. Et au fond, elle n'a pas tort. Il faudra bien que son mari s'adapte à cette nouvelle situation. Comme nous toutes.

— Vous ne connaissez pas son mari…, murmura Margaret en souriant tristement.

Elle allait poursuivre quand Alexandra les rejoignit. Elle avait eu beaucoup de mal à coucher ses filles, qui voulaient absolument rester avec leur tante.

— Figure-toi que tes nièces ont décidé que tu déjeunais avec nous demain, dit-elle. Est-ce que tu es libre au moins ?

— Pour vous, évidemment ! répondit Hilary avec un grand sourire.

La pensée que ses nièces allaient venir la chercher à la chaîne CBA la rendait tout heureuse. Elle leur ferait visiter les studios, les emmènerait déjeuner au 21. Voilà qu'elle était soudain devenue tante, et elle était ravie.

Quand, un peu plus tard, elle prit congé et que Margaret l'embrassa comme si elle était sa fille, elle faillit se remettre à pleurer.

— Toi aussi, tu es heureuse, n'est-ce pas ? demanda Margaret à Alexandra dès que Hilary eut refermé la porte derrière elle.

— Oh oui ! Pour moi, cela signifie vraiment quelque chose d'avoir rencontré mes sœurs. Plus encore que je ne l'imaginais... Je ne regrette pas d'être venue. Et je suis très contente que tu m'aies accompagnée, ajouta-t-elle en enlaçant tendrement sa mère.

— Moi aussi, je suis très contente d'être ici, reconnut Margaret.

Puis, quand Alexandra lui eut raconté les révélations de Hilary au sujet d'Arthur et de Megan, elle s'écria, horrifiée :

— Pour M. Patterson, cela a dû être terrible !

— Oh oui ! Surtout qu'il est mourant... D'ailleurs, Megan est restée là-bas avec lui. Elle pense qu'il n'en a plus que pour quelques jours à vivre.

Pauvre Arthur... Mais peut-être Hilary avait-elle raison : maintenant qu'il avait réparé ses torts, il mourrait en paix. Et il ne serait pas seul. Sa fille serait à ses côtés quand il rendrait son dernier soupir.

32

Le lendemain midi, Alexandra et ses filles déjeunèrent avec Hilary, sans Margaret. Celle-ci avait prétexté des courses à faire. En réalité, elle pensait qu'il valait mieux laisser les deux sœurs seules. Et elles passèrent un après-midi délicieux.

Hilary avait fait des pieds et des mains pour se libérer et, après avoir emmené sa sœur et ses nièces à Central Park, elle leur proposa de prendre le thé au Plaza. Elle raconta alors à Alexandra que, lorsqu'elles étaient enfants, leur mère leur offrait souvent à goûter dans cet hôtel. Et elles se demandèrent toutes les deux ce qu'aurait pu être leur vie si leurs parents n'étaient pas morts aussi tragiquement. Elles auraient continué à habiter à Sutton Place et à venir goûter avec leur mère au Plaza...

— Nous ne saurons jamais ce qui se serait passé, conclut Hilary en souriant. Mais ceci n'est pas si mal.

En sortant, Hilary les raccompagna jusqu'à l'hôtel Pierre, qui se trouvait à deux pas, et elle accepta l'invitation à dîner de Margaret. A la fin de la soirée, quand elle rentra chez elle, elle s'aperçut qu'elle était exténuée. Elle n'avait pas l'habitude des enfants et ses nièces, aussi adorables soient-elles, l'avaient plus fatiguée que si elle avait dû travailler toute la journée.

Elle allait se coucher quand soudain le téléphone sonna. C'était John Chapman. Megan lui avait téléphoné une heure plus tôt pour lui annoncer qu'Arthur venait de mourir. Il s'était éteint paisiblement dans son sommeil. L'enterrement aurait lieu dans deux jours. Megan restait dans la grande maison jusqu'à cette date, puis elle rentrerait dans le Kentucky.

— J'ai cru bon de vous mettre au courant, expliqua John. Je compte me rendre à l'enterrement et, si vous le désirez, je peux passer vous prendre.

Hilary hésita longuement.

— Je n'irai pas, John, répondit-elle finalement. Je pense que ce n'est pas ma place.

— Vous lui en voulez toujours ?

— Il est encore trop tôt pour que je réponde à cette question. Il me semble simplement que je n'ai pas de raison d'assister à son enterrement.

Au moins, Hilary était honnête. John profita de ce qu'il l'avait au bout du fil pour lui demander :

— Comment avez-vous trouvé le week-end ?

— J'ai vécu l'un des meilleurs moments de ma vie. Et aujourd'hui, j'ai passé tout l'après-midi avec mes nièces. Elles sont vraiment adorables. Alexandra aussi est adorable. Et Megan aussi. John... ajouta-t-elle, un peu gênée. Je voulais vous remercier. C'est grâce à vous si j'ai pu revoir mes sœurs.

— Disons que c'est surtout grâce à M. Patterson. Moi, je n'ai fait que vous retrouver...

« Et penser à vous jour et nuit jusqu'à en perdre le sommeil », faillit ajouter John.

— Voulez-vous que nous déjeunions ensemble cette semaine ? proposa-t-il. Dès que je serai rentré du Connecticut... Ce que je vais vous dire va peut-être vous paraître complètement fou, mais vous me manquez, Hilary !

Quelques jours plus tôt, un tel aveu aurait fait rire Hilary ou alors elle aurait haussé les épaules. Mais le week-end qu'elle venait de passer avec ses sœurs lui avait apporté ce qui, depuis trente ans, lui manquait tant : l'amour. Et avec lui, elle découvrait le désir de s'ouvrir aux autres, de les écouter, de comprendre. Le mélange de tendresse et de force qu'elle sentait chez John éveillait en elle un sentiment qu'elle n'aurait jamais cru possible.

— J'ai pris l'habitude de penser à vous, reprit John, qui se sentait plus de courage pour se livrer au téléphone. Et de me faire du souci pour vous.

— Pourquoi ? demanda-t-elle, surprise. Vous ne me connaissiez même pas.

— Nous ne nous étions pas encore vus, mais je vous connaissais... Vous allez penser que je suis complètement fou, ajouta-t-il en se rendant compte soudain de ce qu'il était en train de dire.

— Un peu, reconnut Hilary en riant. Mais votre folie m'est bien sympathique. En tout cas, vous prenez votre travail très à cœur !

— Pas toujours... Mais cette fois-ci, oui ! Bon, quand déjeunons-nous ensemble ? Est-ce que jeudi vous irait ?

— Parfait, répondit Hilary en songeant que, de toute façon, elle se débrouillerait pour être libre.

Inutile que je vous donne l'adresse de mon bureau, n'est-ce pas ?

Ils rirent en chœur.

— Je viendrai vous chercher à midi et quart. Et si je suis en retard, ne vous inquiétez pas. Parfois, il m'est impossible de quitter mon bureau à l'heure où je le souhaiterais.

— Je sais ce que c'est, dit-elle. Moi aussi, je serai peut-être retenue par une réunion. Je ferai tout mon possible pour être libre à midi. Même si pour ça, je dois virer quelques personnes, ajouta-t-elle en riant.

Quand John raccrocha, il souriait encore. Comme jeudi lui paraissait loin !

33

L'enterrement d'Arthur eut lieu dans la plus stricte intimité. Seuls y assistèrent Megan, Alexandra, qui était surtout venue pour tenir compagnie à sa sœur, et John Chapman. Après la cérémonie, John les ramena à New York dans sa voiture. Il les déposa devant l'hôtel Pierre, où elles avaient rendez-vous pour dîner avec Hilary, Margaret et les deux filles d'Alexandra. L'avion de Megan ne partait qu'à minuit et la soirée qu'elle passa avec ses sœurs lui fit du bien. Elle venait de vivre une semaine très éprouvante. En l'espace de quelques jours, non seulement elle avait appris qu'Arthur était son père, mais elle l'avait vu mourir dans ses bras. Avant de partir, il lui avait fait le plus beau cadeau du monde en lui ramenant ses deux sœurs.

Quand elles eurent fini de dîner, elles discutèrent de la maison qu'Arthur leur léguait. La gouvernante avait proposé de rester pour s'en occuper, Arthur ayant laissé de quoi payer ses gages pendant plusieurs mois. Arthur n'avait aucun héritier, et toute sa fortune serait divisée entre les trois sœurs. Lorsque sa succession serait réglée, elles engage-raient quelqu'un pour veiller à l'entretien de la maison puisqu'elles étaient décidées à la garder. Alexandra proposa qu'elles se retrouvent toutes les trois dans le Connecticut cet été.

— Nous pourrions très bien faire cela tous les ans, ajouta-t-elle en souriant. Comme une sorte de tradition...

— Quand je viendrai, est-ce que je pourrai amener un de mes copains ? demanda Megan avec un sourire en coin.

— Pourquoi pas, répondit Hilary avec un air mystérieux.

Elle pensait à John Chapman. Le lendemain, elle devait déjeuner avec lui, mais elle préféra ne pas en parler à ses sœurs. Elle craignait en effet de se trahir. Alexandra et Megan auraient tôt fait de deviner qu'elle était en train de tomber amoureuse.

Elle devait conduire Megan à l'aéroport, et Alexandra insista pour l'accompagner. Il n'était pas loin d'une heure du matin quand elle déposa sa sœur devant son hôtel et celle-ci ne lui proposa pas de monter. Elles étaient épuisées toutes les deux.

Quand Alexandra entra dans sa suite, toutes les lumières étaient éteintes et elle se dit que Margaret avait dû se coucher sans attendre son retour. Malgré tout, elle aperçut un rai de lumière qui filtrait sous la porte de sa chambre et fut un peu étonnée d'entendre du bruit, comme si quelqu'un marchait de long en large dans la pièce. Au moment où elle s'approchait de la porte, celle-ci s'ouvrit en grand et elle faillit pousser un cri en reconnaissant Henri. Il était arrivé un quart d'heure plus tôt et, après l'avoir accueilli, Margaret avait préféré se retirer dans sa chambre. Henri s'était alors installé dans la chambre d'Alexandra comme si sa visite était prévue de longue date et que sa femme l'attendait.

— Henri! s'écria Alexandra, presque aussi effrayée que si elle venait de voir un fantôme.

— Tu attendais quelqu'un d'autre?

La question ne contenait aucun reproche. C'était plutôt une boutade. D'ailleurs, sans attendre la réponse d'Alexandra, Henri reprit aussitôt :

— J'espère bien que non! Comment vont les enfants?

— Très bien, Henri. Notre séjour est merveilleux.

— C'est ce que m'a dit ta mère.

Alexandra ne se tenait plus de curiosité. Que lui voulait Henri? Elle l'avait rarement vu aussi détendu. Assis dans un des fauteuils de la chambre, très à son aise, il buvait à petites gorgées une coupe de champagne, boisson qu'il avait dû commander en l'attendant.

— Veux-tu une coupe de champagne? demanda-t-il.

— Non, merci. Henri, pourquoi es-tu venu?

— J'avais envie de te voir... et de voir les enfants, répondit-il d'un ton hésitant, comme s'il ne savait pas très bien quoi dire. J'ai pensé que nous avions besoin de parler tous les deux, ajouta-t-il, l'air malheureux soudain.

— Pourquoi ne m'as-tu pas téléphoné?

Alexandra restait sur la défensive. Elle avait peur de lui, peur de souffrir par sa faute.

— Tu aurais préféré que je t'appelle au lieu de venir?

Henri semblait si triste tout à coup qu'Alexandra dut se retenir de ne pas se précipiter vers lui. Mais s'il la repoussait ? Peut-être était-il venu à New York simplement pour lui annoncer son intention de divorcer...

— Je ne comprends pas pourquoi tu es venu, Henri.

Après avoir posé son verre sur la table, Henri traversa la chambre à pas lents et, quand il fut en face d'Alexandra, il lui dit en la regardant dans les yeux :

— Pour te voir, c'est tout. Même si c'est parfois difficile à croire, je t'aime, Alexandra. Et que ton père s'appelle Pierre de Borne ou non n'a pas tellement d'importance... Sur le coup, bien sûr, ce que j'ai appris de ta famille m'a profondément choqué. Mais je crois que la plupart des hommes auraient réagi comme moi... Ce serait mentir que de te promettre que je vais changer et qu'à l'avenir je serai moins exigeant ou que je cesserai de t'emmener dîner à l'Elysée... Si j'ai fait le voyage jusqu'à New York, c'est parce que je voulais que tu saches que je suis prêt à t'accepter telle que tu es... Et j'espère que tu feras de même avec moi...

Abasourdie, Alexandra vit briller des larmes dans les yeux de son mari. Elle qui croyait qu'Henri ne voulait plus d'elle ! Et voilà qu'il était en train de lui avouer son amour mieux qu'il ne l'avait jamais fait.

— Je t'aime, répéta-t-il. Je te demande de revenir chez nous... dans quelques jours... Et si cela ne t'ennuie pas, je vais rester avec toi à New York.

Au moment où il la serrait dans ses bras, Alexandra comprit que jamais il ne changerait. Mais cela n'avait plus d'importance. Il avait fait le premier pas et, sachant ce que cela avait dû lui coûter, elle lui en était profondément reconnaissante. Levant la tête, elle lui tendit ses lèvres et ferma les yeux.

— Tu sais, tes cheveux me plaisent beaucoup ainsi, dit-il en caressant tendrement ses longues mèches rousses.

« Après tout, pensa Alexandra, peut-être que quelque chose a changé entre nous. » Depuis quatorze ans, ils vivaient ensemble, pour le meilleur et pour le pire... Et elle avait bien l'intention de continuer.

Après avoir fermé la porte de leur chambre, il l'entraîna vers le lit. Il était très heureux d'être venu à New York. Et il le fut bien plus encore, quelques minutes plus tard, quand Alexandra lui prodigua ses caresses amoureuses.

34

Pour leur dernière soirée à New York, Alexandra et Henri invitèrent Hilary à dîner au restaurant la Côte Basque. Margaret était avec eux, bien sûr, ainsi qu'Axelle et Marie-Louise. Hilary avait prévenu sa sœur qu'elle ne viendrait pas seule, ce qui avait un peu surpris Alexandra. Mais quand elle découvrit que c'était John Chapman qui l'accompagnait, elle ne se tint plus de joie. John lui plaisait beaucoup et elle fut heureuse de voir qu'Henri lui-même était favorablement impressionné par ses manières calmes, son intelligence et son excellente éducation. Ce fut une soirée très réussie. Margaret les fit rire aux larmes et Henri, oubliant ses principes, autorisa ses filles à boire une goutte de champagne. Leur séjour à New York se terminait comme un conte de fées. Au moment de prendre congé, Hilary et John promirent de les accompagner le lendemain à l'aéroport pour assister à leur départ.

Le trajet entre le parking et le hall de l'aéroport fut à lui seul une véritable expédition : Axelle portait une énorme poupée sous chaque bras, Marie-Louise n'avait pas voulu se séparer du merveilleux jeu de construction que lui avait offert sa tante

Hilary, et Alexandra avait dévalisé les grands magasins de New York. Quant à Margaret, en dix jours, elle avait considérablement augmenté sa collection de valises. Henri, qui avait bien du mal à surveiller tout son monde, s'occupa de l'enregistrement des bagages, et retira *in extremis* leurs passeports des mains d'Axelle. Pendant ce temps-là, Hilary et Alexandra, parlant à une vitesse folle, faisaient des projets. Hilary irait les rejoindre à Noël à Saint-Moritz, à moins que Megan ne vienne à New York. Auquel cas, elle se rendrait en France au printemps...

Quand ils arrivèrent à la porte d'embarquement, il fallut bien se séparer. Margaret partit la première en emmenant ses petites-filles, qui se retournèrent plusieurs fois pour agiter la main dans la direction de leur tante. Puis Henri s'éloigna un peu en compagnie de John pour laisser sa femme faire ses adieux à sa sœur.

— Axie, je ne peux pas supporter de te voir partir une nouvelle fois, murmura Hilary en se mettant à pleurer.

Elle avait soudain l'impression de se retrouver trente ans en arrière, dans sa petite chambre de Charlestown, alors qu'elle serrait contre elle sa jeune sœur en lui murmurant : « Je t'aime, Axie... Je t'aime... »

Mais cette fois-ci, ce fut Alexandra qui la prit dans ses bras et lui dit pour la rassurer :

— Ne t'inquiète pas, Hillie ! Nous allons bientôt nous revoir. Et je te promets de te téléphoner très souvent.

Elle savait bien que l'avion n'allait pas tarder à décoller et qu'elle devait embarquer avant la fermeture des portes. Mais elle ne pouvait se résoudre à abandonner Hilary.

C'est alors que John s'approcha et sépara gentiment les deux sœurs. Serrant contre lui Hilary, dont le visage était inondé de larmes, il se tourna vers Alexandra et lui dit :

— Bon voyage. Et à bientôt !

Alexandra rejoignit Henri et, après un dernier signe de la main en direction de Hilary, s'éloigna.

— Au revoir, Axie, dit encore Hilary.

— Ne t'inquiète pas, ma chérie, murmura John en l'entourant de ses bras protecteurs.

Pour la première fois depuis trente ans, Hilary se sentait en sécurité. Elle lui sourit à travers ses larmes.

— Ne t'inquiète pas, Hillie, répéta tendrement John. Maintenant, tout ira bien...

Vous avez aimé ce livre ?
Vous souhaitez en savoir plus sur Danielle STEEL ?
Devenez, gratuitement et sans engagement, membre du
CLUB DES AMIS DE DANIELLE STEEL
et recevez une photo en couleurs dédicacée.

Pour cela il suffit de vous inscrire sur le site
www.danielle-steel.fr
ou de nous renvoyer ce bon accompagné d'une enveloppe
timbrée à vos nom et adresse au
Club des Amis de Danielle Steel
– 12, avenue d'Italie – 75627 PARIS CEDEX 13

Monsieur – Madame – Mademoiselle

NOM :
PRÉNOM :
ADRESSE :

CODE POSTAL :
VILLE :
Pays :

E-mail :
Téléphone :
Date de naissance :
Profession :

La liste de tous les romans de Danielle Steel publiés
aux Presses de la Cité se trouve au début de cet ouvrage.
Si un ou plusieurs titres vous manquent, commandez-les
à votre libraire. Au cas où celui-ci ne pourrait obtenir le
ou les livres que vous désirez, si vous résidez en France
métropolitaine, écrivez-nous pour le ou les acquérir par
l'intermédiaire du Club.

Composition et mise en pages
Nord Compo à Villeneuve-d'Ascq